U0720727

经济管理

多维视角探索

杨光 著

九州出版社
JIUZHOUPRESS

图书在版编目(CIP)数据

经济管理多维视角探索 / 杨光著. —北京:九州出版社,2024.1

ISBN 978-7-5225-2568-6

Ⅰ.①经… Ⅱ.①杨… Ⅲ.①经济管理—研究 Ⅳ.①F2

中国国家版本馆 CIP 数据核字(2024)第 033920 号

经济管理多维视角探索

作　　者　杨　光　著
责任编辑　沧　桑
出版发行　九州出版社
地　　址　北京市西城区阜外大街甲 35 号(100037)
发行电话　(010)68992190/3/5/6
网　　址　www.jiuzhoupress.com
印　　刷　唐山才智印刷有限公司
开　　本　700 毫米×1000 毫米　16 开
印　　张　13.5
字　　数　200 千字
版　　次　2024 年 1 月第 1 版
印　　次　2024 年 1 月第 1 次印刷
书　　号　ISBN 978-7-5225-2568-6
定　　价　69.80 元

前　　言

经济与管理活动是人类最基本的社会实践活动。科技进步、经济繁荣和社会发展都与经济管理密切相关。经济学是研究社会如何进行选择且以利用具有多种用途、稀缺的生产资源来生产各种商品，并将它们在不同人群中间进行分配的科学。简单地理解，经济学就是研究经济主体在经济活动中选择行为（资源配置行为）的科学。管理学是研究如何合理组织和协调人类活动，特别是人类有组织的集体活动，以提高稀缺资源的利用效率，增进人类福祉的科学。

本书从经济管理的意义与内容入手，阐述了经济管理的现代化内涵以及现代经济管理模式。其次从宏观视角与微观视角分析了经济管理的创新和企业经济管理的内容，阐明了企业经济管理信息化的构建策略。最后以多元视角下企业经济管理创新等内容为切入点进行探讨，提出了一些企业发展及经济管理的创新策略。本书体系完整，内容精练，重点突出，可作为高等院校非经济专业的学生学习经济管理理论的参考资料，也可作为高等教育自学考试的学习用书，还可作为广大企业非经济管理专业的工程师、管理者等了解经济管理知识的参考资料。

为了确保研究内容的丰富性和多样性，作者在写作过程中参考了大量理论与研究文献，在此向涉及的专家学者表示衷心的感谢。最后，限于作者水平有限，加之时间仓促，本书难免存在疏漏，在此，恳请读者朋友批评指正！

目　　录

第一章
经济管理概述

第一节　经济管理的意义与内容

一、现代经济的主要特征

不同经济阶段标志着一个时代的生产方式和经济特征及经济发展水平。现代经济具有以下明显的特征。

(一)现代经济是全球化的市场经济

近代以来,科学技术的进步,特别是交通、通信的发展,已使世界贸易成为现代经济必不可少的一环,国际贸易和国际收支总额在国内生产总值中占有相当大的比重。利用比较优势,各国有可能充分有效地利用全球资源,互相增大受益效应,同时又逐渐使各国经济成为全球化的市场经济。国际交换的实质是开放的全球市场经济。因此,高度开放性是现代经济区别于传统经济的一个重要标准,开放性是维持现代经济正常运转,保证市场机制充分发挥作用的必要条件,一个国家的经济开放程度越大,改变市场机制作用下的资源配置方式的可能性就越小。WTO规则下的全球市场经济体制初步规范了世贸成员之间的经济交往,即必须遵循反映价值规律的统一规则,实现等价交换。

(二)现代经济是一种信用经济

信用又称为信贷,简单地说,就是一种借贷行为。信用的产生与货币有关,货币作为支付手段的职能及其发展,是信用存在的基础。以信用为交易媒介代替以货币为交易媒介而起主导作用是现代经济的重要标志。现代经济的信用性还表现为市场主体以信用为条件,扩大自己所从事的经济活动的规模和空间,加快自己采取经济行为的速度或频率。可见,发达的信用制度是优化资源配置的过程和格局的重要保障,是提高社会经济效益的重要基础,也是国家和地区经济活动达到相当高水准的标志。如果把现代经济比作一座大厦,那么,信用制度就是这座大厦根基的重要组成部分。

(三)现代经济是一种法制经济

市场经济的发展必然推动适应市场经济发展的法制环境的形成。法制性是经济成熟的又一项重要标志。在现代经济中,市场主体的行为包括进出市场行为和市场交易行为以及其他市场行为,都要受到法律法规的严格约束,现代市场经济的平等性和信用性特征也要受到法律法规的保护。只有在法制完备的条件下,市场经济才能有秩序、有效率地运转,社会资源才能在市场机制的作用下真正实现最优配置。

(四)现代经济是一种损益经济

市场经济作为一种社会资源配置方式,在一定生产力水平上是不可替代的。但是,市场经济具有不确定性的特征:商品有的畅销,有的滞销;市场主体有的成功,有的失败。这种畅销和成功,构成现代经济收益的一面;而滞销和失败,则构成现代经济损失的一面。由于现代经济存在这种"损益"两面性,被称为损益经济。在现代经济中,"损"与"益"是矛盾的对立统一,"损"与"益"互为前提、互为条件,也互为动力或压力。企业乃至个人破产并不可怕,可怕的是社会没有一种信息识别系统和清除机制。现代经济如果没有"损"的特征,就无法确立"益"的特征,就不可能建立健全社会主义市场经济体制,也就无法实现资源的优化配置。因此,现代经济"损"和"益"的特征恰恰是社会经济进步的重要标志,也是市场机制发挥作用的条件。

(五)现代经济是第三产业在产业结构中占有大比重的经济

现代经济的一个重要特征就是第三产业在国家的产业结构中占的比重很大。无论从国内生产总值看,还是从社会总的就业人数看,第三产业所占比重都应在35％以上。第三产业占的比重大,标志着这个国家(地区)物质生产部门的技术水平、生产效率很高。第三产业的加快发展是生产力提高和社会进步的必然结果,第三产业水平是衡量现代社会经济发达程度的重要标志。从许多国家经济发展的规律来看,当经济发展到一定水平时,第三产业的发展速度普遍高于第一、第二产业,对于整个国民经济的发展具有明显的促进作用。

二、现代经济管理的意义

(一)现代经济管理的含义

关于"管理",管理学家已经从不同的角度下过许多定义。有的从责任的角度给管理下定义:管理是工作于某一事业机构或某一产业的员工对工作的责任,对工作伙伴的责任,以及他们对雇主等方面的责任。有的从职能的角度,把管理定义为:管理,就是实行计划、组织、指挥、协调和控制。有的从决策的角度下定义:决策和管理一词几近同义,管理就是决策。有的则从过程的角度,把管理定义为一个为了达到同一目标而协调集体所做努力的过程,等等。这些定义虽然不无道理,但它们只是从其一个或几个方面具体地展示了管理的特征,因而不能揭示管理的普遍意义和本质。而要真正揭示管理的普遍意义和本质,就必须从人与世界的角度来把握管理。同样,经济管理学也是这么一种状态。经济管理是经济主体对经济活动的运筹与控制。在社会生活中,管理活动无处不在,其中最广泛、最典型的就是经济管理。经济管理是最古老、最基本、最有生命力的管理。

经济管理是指管理机关或管理者在社会经济的各个领域为了达到一定的目标,通过管理的各项职能和手段对生产力和生产关系系统,以及对不同地区、不同社会集团之间的生产力各要素和经济利益关系进行合理的分配和有效的使用,高效率地实现既定目标的调控活动。[①] 由于生产力与生产关系及它们之间的矛盾运动是通过人的经济活动来体现的,因此也可以说,经济管理就是对人们的经济活动(生产、交换、分配、消费)的管理。经济管理活动的目的和任务,就是要通过对管理客体的合理调配和有效使用,高效率地达到经济活动的既定目标。这是经济管理活动的全部意义,也是经济管理的实质。经济管理是人类社会生活中最基本的管理。所谓"最基本",其含义有二。其一,经济管理是人类社会存在和发展的"最基本"的保证。因为离开了经济管理,社会经济秩序就会混乱,人们谋得物质生活资料的生产活动就无法顺利进行。其二,经济管理又是其他管理活动产生和发展的"最基本"的前提。从管理产生的历史来看,先有经济管理,后有其他管理,其他管理是由经济管理派生的;其他管理产生之后,也仍然由经济管理所决定,受经济管理水平及其成果的制约。经济管理还是最有生命力的管理。与其他

---

① 王成,李明明.经济管理创新研究[M].北京:中国商务出版社,2023.02.

管理相比,经济管理不仅最早产生,而且永远不会消亡。其他管理,如政治管理、国家管理、军事管理等,都只是一定历史时代的产物,随着阶级的消灭和国家的消亡,它们将失去其存在的价值。唯有经济管理是与人类共始终的管理。虽然随着人类社会的进步,它会不断改变其形式和内容,但它却永远不会消亡。

(二)决定现代经济管理的主要因素

首先,我国的经济管理模式取决于国家采取的经济体制。比如,按所有制来分,是公有制经济体制还是私有制经济体制,或者是混合所有制的经济体制?按资源配置来分,是计划经济体制还是市场经济体制,还是两者不同程度结合的经济体制?我国经过多年的改革探索才确定我国实行社会主义市场经济体制。这种体制以公有制为主体,多种所有制经济共同发展。在资源配置的方式上以市场机制调节为主。

其次,在一定的经济体制下,采取什么样的经济运行模式决定了政府对经济运行的干预程度和管理方式。如我国过去在社会主义计划经济体制下,经济运行主要是"行政运行",即政府下达的计划指令、法规、制度等行政命令和行政手段推动经济运行。有的经济学家称之为"命令经济"。市场经济体制的经济运行主要是"价值运行",即市场价格信号、价值规律、供求关系在市场的变化推动市场经济的运行。两种运行的优缺点和特征这里不做赘述。世界各国根据国情都不同程度地把两种经济运行机制结合起来,以推动该国的经济有效运行。当前我国的经济运行也根据改革的深度和经济的发展状况不断地开创新局面。在以"价值运行"为主的基础上,不断巧妙地运用政府各种行政干预来保持我国经济有序有效地运行。这就是市场"看不见的手"和政府"看得见的手",两手都要运用,"看得见的手"要以间接调控为主。

经济管理是宏观经济多方面、多层次的综合管理和专业管理的结合,它需要建立与之相适应的经济管理的组织体系,保证经济管理的有效运作,保证庞大的复杂多变的经济能正常有效地运行和发展。

(三)现代经济管理意义的体现

我国在计划经济体制下,经济管理职能是国家对经济进行全面的、直接的、行政性的管理,包括对宏观经济和微观经济的计划、组织、领导、控制和调节的管理,从而造成宏观经济没有市场调节,微观经济没有企业自主权,政企不分。现在,在市场经济体制下我国的经济管理职能已经发生了深刻的变化。在宏观管理上,主要是培育和完善社会主义统一市场,对市场进行宏观调控;在微观管理上,政企分开,企业自主管理,成为市场主体,市场对资源配置起基础性的调节作用,因此,经济管理的重大意义主要体现在如下六方面。

1. 经济管理是保证我国以经济建设为中心,实现经济现代化的前提

要使我国能够坚持以经济建设为中心,逐步实现经济现代化,必须首先做好经济管理。这是保证"中心"得以贯彻和实现的前提。否则,以经济建设为中心和实现经济现代化就没有保证,就会落空。

2. 经济管理是保护和充分有效运用国家经济资源的重要手段

我国地大物博,但人口众多,人均资源拥有量相对贫乏。因此,不能忽视资源的保护和有效运用。要加强管理,防止资源的乱采滥伐、毁损污染、浪费流失等。加强经济管理、出台资源保护法、有效利用和监督是保护和运用国家经济资源的重要手段,对子孙后代都有重大意义。

3. 经济管理是保证经济改革和经济发展顺利进行的需要

我国从计划经济体制过渡到完善的市场经济体制,要调整经济结构、产业结构、生产力布局等。要想有效驾驭这种变革,关键在于加强对经济改革和经济发展的领导和管理,这就是当前我国加强经济管理的核心所在。只有采用先进的管理手段和科学的经济管理模式,才能保证我国改革和经济的顺利发展。

4. 经济管理是保证生活供给,不断提高人民生活水平的重要手段

从各国的经济改革实践来看,改革在过渡阶段,经济形势的变化很难驾驭。因此,在改革的过渡阶段,加强经济的宏观管理尤其重要。自改革开放以来,我国政府充分发挥宏观经济管理职能,调整产业结构,发展第三产业,抑制通货膨胀或紧缩,收到了较好的效果。

5. 经济管理是促进经济国际化和国际分工合理化的需要

我国要使经济国际化和国际分工合理化,必须通过加强经济管理,制定经济国际化的发展战略和实施政策,组织各种国际贸易、国际合作,进入国际市场,引入外国资本、物资、技术知识等。

6. 经济管理是完善和调控市场,保证经济有效运行的主要手段

我国经济改革的目标是建设社会主义市场经济体制。要建立和完善市场体系,必须通过各种经济管理和法律手段来实现。在市场经济的运作中,要保证其有效运行,必须加强经济管理,运用各种宏观调控手段,进行有效调控,保证市场经济的有效运行。否则,放任自由的市场经济必然造成市场的大起大落,使经济运行紊乱无序,经济蒙受损失。

三、现代经济管理的内容

经济管理的内容是多方面的、复杂的,各国所采取的经济体制、经济制度和运行方式不同,政府对经济的干预程度和管理方式不同,经济管理内容也就大为不同。我国现代经济管理主要包括以下五方面内容。

(一)现代经济管理组织体系

宏观经济管理主要是由国家政府执行管理职能的,它的组织体系主要由以下三部分组成。

①国家集中统一的最高层的全面综合管理组织机构。如中央政府要设立统管全局的制定国家经济发展战略并建立其经济预测和计划指导系统的组织机构;政府要设立集中、统一的宏观调控机构;政府还要设立某些专门的经济管理机构和调控机构及政府对经济的检查监督机构;政府对经济信息系统及咨询的组织机构的设立;等等。

②中心城市、省、市、区的各级政府对所辖范围的经济管理也要设立各种相应的经济管理机构,形成在中央政府高层的集中统一下垂直的分层次的经济管理组织体系,以及各级横向的专业经济部门和专业市场的管理组织体系,等等。

③从全国到各地区各城市的各种行业协会、同业公会、商会和专业研究会等半官方的以及群众团体等非官方的管理组织体系。在市场经济下应充分利用和发挥这些组织体系的作用,并将其作为政府经济管理职能的补充和完善。

(二)经济发展的预测和战略决策的制定

国家的经济发展要有正确的发展战略,科学地反映社会、经济、科学、文化等发展规律,不仅要对国内经济发展的趋势做出预测,还要对国际经济发展及国际经济分工的趋势做出预测。这就要有系统全面的信息资料的收集、分析和研究,由于经济预测长期性因素的不确定性和间接性,要广泛应用多种定性和定量的预测方法制订科学的多种可供选择的预测方案。经济决策就是在几种经济预测方案中进行选择,对经济发展战略做出决策。决策包括发展战略目标、战略方针政策、战略重点、重大战略措施以及战略规划。战略决策是指未来某一时点(年)经济发展要达到的目标。由于战略决策变化因素多,不确定因素多,决策难度大,所以必须应用科学的决策方法。

(三)经济结构与产业政策的制定

我国经济发展首先要明确经济结构中的核心问题,即所有制结构如何发展和达到什么目标,采取什么政策,等等。特别是我国今后多种所有制在经济发展中的地位和目标及政策是非常重要的,也是我国经济发展最基本的问题。其次,要确定经济结构中的产业结构。我国产业结构在现代市场经济下,在国际经济分工合理化下要不断优化安排好第三产业的发展,确定和发展支柱产业,发展高科技新兴产业与传统产业、内销产业与出口产业等。

经济管理要特别重视对经济资源的探测、开发、利用、分配、储备等的管理,既要注意物质的资源管理,也要注意非物质的资源管理。

(四)经济运行的调控

我国社会主义市场经济下的宏观经济运行主要靠市场机制调控,但我国还必须十分注意运用政府这只"看得见的手"对宏观经济运行进行宏观调控。所谓宏观调控,就是指政府用行政、法律、经济杠杆等进行的调节和控制。这种调控以间接调控为主,主要有财政税务手段的调控,金融货币手段的调控,价格手段的调控,工资收入及福利工程等手段的调控,外经贸及进出口等手段的调控。对宏观经济运行的调控主要是对国民经济的各地区、城市的总量、总体的调控。

政府的有效调控是建立在宏观经济监督基础上的,必须广泛建立国家、地区、社会的各种经济监督和经济信息机构。

(五)经济监督

前面已论及,国家经济管理中要有并行的经济监督机构和手段。经济监督包括税收、物价、统计等的监督。经济监督除了经济机关进行之外,还应有各种行政监督,如工商行政监督、海关监督、审计监督等,此外,还要有法律监督,包括各种经济立法、经济司法、经济仲裁等的监督。

第二节　经济管理的现代化

随着历史的演进,人类的管理思想已经发生了质的飞跃,管理的方法和手段产生了革命性的变革,管理活动已经从原始的、自发的、就事论事的状态发展到了现代的、科学的、系统的状态。历史雄辩地证明:管理的生命在于运动。因此,像技术基础本身从来不把某一生产过程的现有形式看成和当作最后的形式一样,管理活动也不应墨守成规,而是应该努力构思设计和实现能够保证社会不断发展所需要的管理系统。

一、经济管理现代化的含义和客观必然性

(一)经济管理现代化的含义

经济管理的现代化,就是运用一切同社会经济活动有关的现代科学,包括经济学、社会学、心理学、数学、计算机科学及其他技术科学的成果进行经济管理,使之同现代经济的发展相适应,符合社会化、现代化大生产的客观要求,达到当代世界的先进水平。要深刻理解经济管理现代化的概念,必须把握以下三个要点。

(二)经济管理现代化的必然性

1. 科学技术在生产领域的广泛应用,要求经济管理必须现代化

与科学技术相结合,将自然科学的成果转化为生产过程实用的技术和装备,这就极大地扩大了人们利用自然力的范围。因为科学技术转化为生产力大大提高了人的能动作用,突破了人的生理限制,增强了人类改造自然和驾驭自然力的能力。纵观社会生产力发展史,它的每一次飞跃无不与科学技术的革命有关。例如蒸汽机的发明和使用使人类从手工业劳动转变为机器工业生产,劳动的节奏和效率不再以人体动作的频率为转移,而是开始建立在机器运转频率的基础上;再如控制论和电子计算机的使用加快了机械化向自动化过渡的进程。这就是说,由于科学技术渗透到生产领域中,劳动生产率已经今非昔比。几千年来,人的体力并没有发生重大变化,可是人的劳动能力提高了不知多少倍,靠的就是科学技术和文化知识。

由于在物质生产领域有了延长人手和人脑的"工具",实现了生产过程的高效率,客观要求伴随这一过程的管理领域也要有延长人手和人脑的"工具",实现管理的高效率。手工业的管理方式已不能适应社会化大生产客观经济活动的需要了。管理劳动主要是信息劳动,它同信息的收集、整理、传递直接相关。经济管理要利用各种形态的经济信息来控制人、财、物的合理流通,这样才能最充分地发挥它们各自的最大效能,生产出更多符合社会需要的物质产品。如果信息不灵、反

应迟钝,就会贻误时机,造成浪费,不但起不到通过管理促进生产力发展的作用,而且会酿成相反的后果。只有管理现代化与生产力现代化同步进行,才能使管理活动促进生产力的发展。在科学技术日新月异、信息瞬息万变的现代社会,要有效地解决好信息处理在时间上、空间上、数量上和质量上的矛盾,就必须建立起现代化管理信息系统。

2. 现代经济高度社会化的特点,要求经济管理必须现代化

机器大工业生产规模的扩大,技术水平的提高,机器和机器体系各组成部分分工的深化,必然要求生产过程更加社会化。不仅企业内部劳动分工更加精细,生产协作更加紧密,而且企业之间、部门之间的分工与专业化协作也日益发展,联系也越发错综复杂。在进入机器大工业时代后,分散的小规模的个体生产变为集中的大规模的社会生产,生产的社会性质在许多方面得到了发展。不仅生产资料在使用上社会化了,而且生产过程和产品的实现过程也进一步社会化了。社会再生产过程的生产、流通、分配和消费在更大范围内联系起来,成为一个生产的社会化和社会化大生产统一发展的整体。专业化协作、联合化的发展,国民经济各部门依存制约关系程度的加深,使得跨部门、跨地区、跨领域的问题越来越多,使管理工作更趋复杂化。如何按照客观经济规律,组织众多部门、企业的产供销和实现国民经济的综合平衡,是一个迫切需要解决的管理问题。在这种情况下,管理的手工方式不能胜任对全社会经济活动的协调工作。

3. 人类自身的发展和精神文明的建设,要求实现管理的现代化

管理的现代化包含的一个重要内容就是实现管理工作的自动化。自动化能够显著地提高劳动生产率。自动化的特点要求在管理结构上进行一些革命,例如压缩管理人员,改变人员的使用结构,增加脑力劳动和服务行业的比重,增加软件人员,等等,这些都在客观上要求提高劳动者的科学文化素质。

自动化的结果也能够为人类改善自身的素质创造有利的条件。例如人们对时间支配的变革改变了人们的思维方式和生活方式。人一生的时间可以分为三部分:一是维持生命需要的时间;二是人类发展需要的时间(包括劳动和学习);三是物质和文化享受需要的时间。时间对每一个人、每一个企业、每一个民族和每一个国家都是公平的,每一天都是 24 小时。但是由于生产力水平和管理水平不同,上述三种时间分配的比例也大不相同。生产过程的现代化和管理过程的现代化能够创造个人全面发展的足够时间。这里关键是节约劳动时间,使人有更多的休闲时间、运动时间、学习时间以及其他文化享受与物质享受时间。可以说,现代化管理是最适合人类自身发展的条件之一。

二、经济管理现代化的内容

现代化是一个历史发展的过程,在不同时期有不同的内容。它指明了为实现我国经济管理现代化必须努力工作的方向。经济管理现代化的内容大体包括管理思想的现代化、管理组织的现代化、管理方法的现代化、管理手段的现代化和管理人才的现代化。

(一)管理思想的现代化

管理思想的现代化是经济管理现代化的核心和灵魂。因为管理组织、管理方法、管理手段、管理人才的现代化都是在现代化的管理思想指导下进行的。没有管理思想的现代化,就谈不上经济管理的现代化。当前,根据经济体制改革的精神,并结合经济管理现代化的要求,应树立以下六种观念。

1. 决策与战略观念

决策就是对各种经济活动做出选择和决定的全过程,它是整个经济管理的依据。在社会化大生产条件下,社会经济活动的范围日益广泛,涉及的因素日趋复杂,决策变得更加重要,也更加困难。这就要求必须抓住带有全局性的重大经济问题,即战略问题的正确决策。战略决策一旦失误,就会带来全局的失败。因此,经济管理工作者是否具有战略头脑,能否树立正确的决策观念,就成为决定其工作成败的关键。

2. 效率和效益观念

效率是指在一定时间内所完成的工作。效益是指用一定的活劳动和物化劳动生产出的符合社会需要的产品和服务。在现代科学技术和经济环境的发展变化日益加速的条件下,"时间就是金钱,效率就是生命"逐渐成为人们的共识。提高效率必须要以提高效益为前提。因为只有带来效益的增长速度才是实实在在的增长速度,才能给人们带来实惠,所以一切经济管理都必须以提高效益为中心,并把效益与效率统一起来。

3. 改革和创新观念

这里所说的改革和创新要求经济管理必须随着生产力的发展和客观经济条件的变化而发展、变化。在经营环境复杂多变、生产技术日新月异、竞争压力越来越大的市场经济条件下,企业要发展就必须解放思想,加速"转机建制"的步伐,大胆改革和创新。只有不断地开发新技术、新产品、新市场,才能长盛不衰,立于不败之地。

4. 民主管理观念

民主管理就是指每个经济单位的职工都能以主人的姿态,积极地参与管理,使管理成为他们的权力,也成为他们的责任。在现代的社会化大生产条件下,由于生产过程中技术因素的作用越来越大,人们主动性、创造性的发挥,对于生产过程的影响很重要,因而要求既要有集中统一的指挥,又要给予劳动者一定的自主管理的权力。因此,民主管理既是社会主义制度的具体体现,又是社会化大生产的客观要求。

5. 系统和信息观念

这里所讲的系统是指把各个经济单位的经济活动都看成是由相互联系、相互制约的部门、要素、环节所构成的有机整体,即经济系统。树立系统观念就要求管理必须用整体的、相互联系的观点来分析和处理问题,并通过系统分析寻找最优的管理方案。为此,全面、及时、准确地掌握系统内部和外部的各种相关信息,就成为制订最优管理方案和确保管理成功的必要条件。

6. 智力开发观念

现代社会条件下,在影响经济发展的因素中,人的因素具有决定性作用。在人的素质中,智力水平又显得特别重要。智力开发就是通过各种有效的教育,提高人的素质和智力水平,并通过有效的管理,合理地使用人才,发挥人才的作用。在科学技术飞速发展的今天,如果不努力提高和充分发挥人的智力,上述现代管理所要求的战略、决策、效率、效益、改革、创新等都将无从谈起,社会主义现代化建设的目标就无法实现。因此,当代一些经济发达国家都十分重视智力开发,并把它作为管理现代化的一种重要指导思想。

(二)管理组织的现代化

管理组织的现代化就是要使经济管理组织能够适应现代化大生产的要求,能够调动组织方方面面的积极性并保证管理的效率,从而推动生产力的发展。它是经济管理现代化的组织保证。具体来说,管理组织的现代化应遵循以下四项原则。

1. 任务目标原则

任何一个组织都有其特定的任务和目标。因此,每个组织、每个部门、每个管理层乃至每个成员都应有与其特定的任务目标相关联的分目标。组织的调整、合并或取消都应以是否对其实现目标有利为衡量标准。没有任务目标的组织就没有存在的必要。

根据这一原则,在设置组织机构时,首先要认真分析,为了保证特定任务目标的实现,必须办哪些事(工作),工作量有多大,需要具有哪方面能力的人才能完成,然后才可以决定设什么机构,需要几个部门、什么职务、配多少人。任务目标要求以事为中心,因事设机构,因事设职务,因事配人员,反对因人设职,因职找事。

2. 统一指挥原则

统一指挥原则,就是在经济管理工作中严格实行统一领导,建立明确的责任制,消除多头领导和无人负责的现象,保证经济活动的有效领导和正常进行。

根据这一原则,管理组织系统中下级组织只接受一个上级组织的命令和指挥,每个人只对一个上级领导负责。按照这一原则设置的管理组织上下级之间的上报下达,都要按管理层次进行,不得越级。

3. 有效管理幅度原则

管理幅度也叫管理跨度,是指一个管理者或领导者能直接而有效地领导下属的人数。由于专业性强、涉及面广、管理内容多、工作量大,现代经济管理需要多种专业知识和管理经验。一个领导人员受其精力、知识、经验等条件的限制,能够直接有效地领导的下级的人数是有一定限度的。超过一定限度,就不能做到具体、高效、正确的领导。一个领导人能够有效地领导的下级的人数,就称为有效管理幅度。影响管理幅度大小的因素,一般有管理层次、管理内容的繁简程度和技术性的高低,管理人员的思想水平、工作能力以及组织机构健全程度、信息反馈速度等。管理幅度与管理层次是相互联系、相互制约的。管理幅度越大,则管理的层次越少;管理的幅度越小,则管理的层次越多。根据有效管理幅度的原则,要尽可能在扩大有效管理幅度的基础上减少管理层次。因为管理层次多了,既会影响工作效率,又会增加管理人员和管理费用。

4. 精简、效率的原则

精简,就是精兵简政,队伍要精干,机构要精练;效率,就是办事效率、工作效率要高。精简与效率是互相制约的,只有精兵简政,才能提高效率。因此精简与效率是管理组织的重要原则。

(三)管理方法的现代化

管理方法的现代化就是把现代社会科学和自然科学的成果应用于经济管理,

以保证管理方法的科学化,提高管理的有效性。管理方法现代化的内容可概括为如下三个方面。

1. 要运用经济学、社会学、心理学等社会科学的新成果做好经济管理

经济管理必须按照客观经济规律办事。然而,人们对于社会主义经济规律的认有一个逐步全面和深化的过程。因此,必须吸收经济学研究中的新成果来不断地改进和完善经济管理,特别是宏观经济管理。例如,我国近年来,由于在理论上突破了把计划经济同商品经济对立起来的传统观念,确立了社会主义市场经济的目标模式,从而形成了改革开放的新思路,为中国经济的腾飞开辟了新纪元,同时也为我国宏观经济管理指明了方向。人们的经济行为总是要受社会和心理因素的制约,因而运用社会学和心理学的成果对于改善经济管理,特别是微观经济管理来说也很重要。我们应当借鉴外国已有的成果,并结合我国实际大力开展研究,以提高我们的经济管理水平。

2. 要运用现代自然科学,特别是现代数学的成果做好经济管理

近半个世纪以来,随着现代社会化大生产的发展,社会经济联系日趋复杂,传统的管理方法已难以适应这一变化。于是,新兴的管理数学方法便应运而生,并相继出现了诸如投入产出法、数学规划法、系统分析、网络计划技术、预测技术、价值工程以及排队论、对策论、决策论、库存论等许多经济管理的数学方法,其应用范围也日益扩大。这些方法的运用,对于保证经济管理的系统化、数量化、标准化、最优化,提高经济管理的有效性起到了重要的作用。

3. 要普遍、系统、深入地应用各种现代管理方法

这里的"普遍"有两层含义:其一是指普遍应用各种现代管理方法,而不是只应用几种方法,或者某一方面的方法;其二是指各种现代管理方法运用于一切可以应用的场合,而不是只限于某些部门、企业或场合。当然,在管理方法现代化的过程中,有时需要有重点地推行某些方法,但是最终应当达到"普遍、系统"的应用。所谓"深入"是指在应用现代管理方法时,应深入理解其实质,灵活、客观地加以运用,充分发挥其潜力,取得最佳的效果,而不是满足于应用了多少种方法却不求实效。

(四)管理手段的现代化

管理是人们为了达到一定目标而进行的自觉的活动,是对管理对象施加作用而获取最佳经济效益的自觉活动。对管理对象施加作用,就必须具备一定的手段。所谓管理手段,就是指人们用以对管理对象施加作用的有效的管理工具和管理措施管理手段可分为"软""硬"两类:"软"手段是指行政手段、经济手段、法律手段等生产关系调节手段;"硬"手段是指管理中运用的技术手段,如电子计算机、办公设备、测试仪表等。管理手段现代化就是指适应现代生产力和社会主义生产关系的要求,不断改善"软"手段的运用,不断更新"硬"手段的技术结构,在现代管理思想的指导下,更有效地对管理对象施加作用,达到当代的世界先进水平。

管理手段现代化的内容主要包括以下两大方面。

1. 不断改善"软"手段的运用

所谓不断改善"软"手段的运用包含两层意思:其一是要努力致力于行政手段、经济手段、法律手段和思想政治工作手段科学化的研究,包括这些手段在管理中的作用范围和对象,这些手段运用的理论基础、依据和原则,这些手段各自的不足和长处等一系列问题;其二就是要加强这些手段的综合运用,形成具有中国特色的管理手段运用方式。

2. 不断更新"硬"手段的技术结构

所谓不断更新"硬"手段的技术结构也包括两层意思:其一就是要使引入的先进的物质技术手段适应现实生产力水平,适应经济管理的实际;其二就是不断把现代科学技术的一些最新成果引进管理领域,使整个管理手段体系在结构上得到补充和更新。

(五)管理人才的现代化

管理人才现代化是现代化管理思想的人格化,是管理现代化的关键。这是因为,管理思想现代化和管理组织现代化能否贯彻,管理方法现代化和管理手段现代化能否推行,关键在于是否具有现代化的管理人才。管理人才现代化就是指培养和造就一大批具有现代管理思想、掌握现代管理科学技术知识,具备指挥才能、参谋才能、监督执行才能的现代管理人才。管理现代化对管理人才提出了以下要求。

①要具备广博的科学知识和管理技术,既需要掌握社会科学知识,包括经济学、管理学、社会学、心理学等各种学科的知识,又需要掌握高等数学、现代科学技术和电子计算机等自然科学方面的基本知识,并会熟练地使用电子计算机。

②要有卓越的组织指挥能力,能够领导有方,工作效率高;要有较强的逻辑思考能力和分析判断能力,能够准确把握时机,决策果断;要有知人善任的能力,能够善于发现人才、培养人才、团结人才、使用人才,调动一切工作人员的积极性。

③要有改革创新的精神,要有丰富的想象力、坚忍不拔的勇气和勇往直前的

气魄。

以上五个方面的内容构成了一个相辅相成、互相衔接的有机整体,其中管理思想是基础,管理组织是保证,管理方法与手段是途径,管理人才是条件。

三、实现经济管理现代化的基本途径

(一)坚持从实际出发的原则,统筹规划,打好基础

要加速经济管理现代化的进程,首先必须加强对管理现代化工作的领导,做好总体规划。如果没有总体的设计和规划,工作往往会具有盲目性。因此,无论是国家,还是部门和企业,对各自系统的经济管理现代化问题,都应该经过切实研究讨论,制订符合实际的总体方案,以便统筹规划,统一步骤,逐步实现。比如,计算机要发挥作用,需要与一系列条件相联系,如整个经济发展水平、终端设备的研制、通信系统的建立、软件的配置、科学管理的结构、生产与管理人员的素质等。如果不对这些因素进行综合分析,统筹规划,即使引进单机,也很难发挥出现代化管理工具的作用。

其次要做好管理的各项基础工作。因为管理的基础工作是发挥管理职能,进行各项专业管理的前提条件。基础工作既有被动的服务功能,又有能动的推动功能。它的生命力在于准确地反映实际,能动地指导实际。经济管理的基础工作有很多,主要有:①标准化工作,包括技术标准和管理标准;②定额工作,主要是劳动定额、物资定额、资金定额;③计量工作,包括计量检定、测试、化验分析等;④信息工作,包括原始凭证、原始记录、统计分析、经济技术情报、科技档案等;⑤责任制度,如领导人员任期目标责任制、各职能机构和职能人员的责任制、工人岗位责任制以及考勤制、奖惩制、文明生产制度等。这些基础性工作是涉及面广、量大的科学性极强的工作,而且是先行性工作。如果这些工作做不好,管理现代化就步履维艰。如果数据不准确、不完整,经过计算机输出的结果就会不科学,"输入的是垃圾,输出的也只能是垃圾"。为了实现管理工作的现代化,必须努力实现管理基础工作的科学化、管理业务的标准化、报表文件的统一化、工作程序的规范化。

(二)坚持"两条腿"走路的方针,走中国式管理人才现代化的道路

对现代化管理人才提出的要求,概括起来有两个方面的内容:一是量的要求。社会需要大量合格的管理人才,管理者要成为内行、专家。二是质的要求。既要

有一定的专业技术,又要通晓管理知识,既有一定的分析问题、解决问题的能力,也要有相当的组织能力。因此,现代化管理人才应该是"软""硬"技术兼有的管理上的专家,技术上的内行。根据中国的现状,要实现管理人才现代化,必须坚持"两条腿走路"的方针。"一条腿"是做好管理人才的培养、培训和开发工作。主要包括:增加对管理院校系科的智力投资,扩大培养管理专业人才;学生来源应由过去单一的"连续型"教育转变为"连续型"与"回炉型"教育兼有;管理学科的一部分本科生和大部分的硕士生应从有管理实践经验的管理干部或后备领导人选中招收;做好在职管理干部的培训工作,重点要做好管理干部的培训、轮训制度的制定和落实,以保证第一线的管理干部能够定期、不定期地学习新的管理知识,使学技术出身的"硬"专家在走上领导岗位之后,能进行必要的"软化";有条件的部门或大型企业(集团)应该以高等管理院校为依托,建立经济管理干部培训中心,使各项培训工作落到实处。"另一条腿"就是进一步研究和探索领导班子结构优化的问题。领导班子中的每一个成员的年龄、专业、能力、气质、性格等都是各有特点、各不相同的。每一个成员在各个方面的各种特点,在管理者团体中所占的比例和相互之间的关系形成了领导班子的结构。管理者团体现代化,就是指领导班子的现代化,即领导班子结构与管理现代化对领导班子所提出的要求不断相适应的过程。这现代化的过程,完整地体现在领导班子结构的优化上。所谓领导班子结构优化,就是指领导班子中的成员在年龄、专业、气质、性格、能力等诸方面最为合理、有效,最能适应现代管理要求的组合。这种以整体功能最佳为目标,以取各成员之长,避各成员之短为原则建立的通才型领导团体,易于适应内外部环境的变化,便于形成合力并做出正确的战略决策。通过实现领导班子结构优化,来实现管理者团体的现代化,可以加速实现管理现代化的步伐。

(三)坚持"一学二改三创造"的原则

认真学习和推广国外的先进管理经验并使之中国化。任何一个国家、一个民族都有所长有所短,应该取人所长,补己所短。历史证明,拒绝接受外国先进文化的国家和民族是不能发展进步的。因此,我们在认识发扬自己优良传统的同时,必须下大决心、用大气力学习当代世界各国的先进管理经验及其他有益文化。坚持"一学二改三创造"的原则,首先是认真学,其次是结合我国的实际情况加以改造,最后还应在学习的基础上大胆创新,做到"青出于蓝而胜于蓝"。切记一切照抄照搬外国的做法是从来不会成功的。

(四)坚持以提高职工队伍的全员素质为基点

将管理现代化的宗旨落实到基层和现场,基层和现场是一切活动的落脚点。建设一支具有较高素质,适应现代管理要求的职工队伍是管理现代化至关重要的环节。现代管理正逐步向全面管理、全员管理的方向发展,这就对职工队伍提出了更高的要求。

建设职工队伍首先必须认识到职工的劳动不仅是体力劳动,更重要的是智力劳动。据研究,体力劳动与智力劳动之比在机械化初级阶段为9∶1,在中等程度机械化阶段为6∶4,在全面自动化阶段则为1∶9,此时脑力或智力劳动已成为主要因素。所以现在和未来的劳动力必须掌握现代科学技术知识,成为有文化的劳动者。这也是保证我国实现管理现代化的根基所在。

第三节　经济管理模式

一、现代经济管理模式概述

(一)现代经济管理模式的含义

现代经济管理模式是指国家确立的经济体制、经济运行方式,政府相应地采取的经济管理组织体系和调控方式以及经济监督和现代管理制度等。不同经济状况的国家所选择的经济管理模式是不同的。模式的核心是政府对经济干预的程度和方式。

从现代经济比较发达的各国的实践来看,其经济发展之所以能够达到现代经济水平是与结合本国实际,选择对本国有效的现代经济管理模式分不开的。有效的管理模式能推动经济的健康快速发展。

(二)选择经济管理模式应考虑的主要因素

经济管理既要使整个国民经济有效运行、健康发展,实现经济目标,又要使企业有活力,使人民生活水平不断提高。选择经济管理模式应考虑以下主要因素。

1. 要考虑国家的社会制度、所有制结构、多种经济成分的现状和发展目标

各国不同制度的根本性质和目标是不同的。所有制结构中不同所有制性质所占比重、各种经济成分所处地位,及其发展目标和政策等也是不同的。因此,选择经济管理模式首先要考虑符合社会制度本质和目标要求以及坚持何种所有制为主发展经济。

2. 要考虑国家的经济资源、经济发展现状和所处外部经济环境

一国的经济资源状况将影响这个国家经济发展的方向和构成以及国际经济分工。经济发展现状和国外经济环境都会影响一国经济发展的目标和策略,更会影响经济管理模式的选择。

3. 要考虑国家的经济体制及其完善程度

不同社会制度可以应用相同的经济机制来发展经济,"市场""计划"都是手段,它的机制就是社会资源配置的不同手段。因此社会主义国家也可以采取市场经济体制来配置社会资源和发展经济。由于各国的社会、政治、文化和经济发展水平以及国内外经济环境不同,市场完善程度不同,市场经济也就有适合各国国情的多种选择。因此,各国的经济管理模式也不同。

4. 政府要考虑国家的经济运行状况,采取不同内容、程度的宏观调控

一国的经济运行状况受它的经济发展目标、经济现状、市场的完善程度等多种因素的影响。根据经济运行状况,政府需要进行干预,采取不同内容、不同程度的宏观调控。这种调控可以是行政命令的、法律的直接调控方式,也可以利用多种经济杠杆等间接调控方式,引导市场和企业有效运行。

5. 要考虑企业结构和企业制度

企业是宏观经济的基础,是市场的主体。企业结构和企业制度状况如何,是经济管理的出发点和落脚点。如从企业结构看,所有制结构、企业规模结构(大中小企业)、企业外向型结构、企业技术结构和企业资金结构等都对经济管理模式有影响。从企业制度看,是公司法人制还是自然人企业制度,是有限责任公司还是股份有限公司,是国有企业为主还是私有制企业为主,等等,也都影响着经济管理模式。

(三)现代经济管理模式的必要性

经济发达的国家都是通过结合国情,采取了各种有效的现代经济管理模式取得成功的。而各种不同管理模式的核心就在于政府对经济发展和运行采取的干预方式及其干预程度的不同。选择管理模式主要就是选择政府在经济发展和运行中扮演何种角色,使用何种手段,选择的管理模式是否妥当对一国的经济发展是非常重要的。

①结合国情选择一种好的现代经济管理模式,能够促使一国的经济"超常速"地持续发展,反之,高度集中的计划管理模式则是缺乏活力的。

②选择一种好的现代经济管理模式,可以弥补本国资源的不足,充分利用别国资源发展本国经济,促进国际贸易和国际经济分工合作;反之,选择不当,资源优势就得不到充分发挥,经济发展就缓慢。

③现代经济都是在现代市场经济体制下运行和发展的。选择一种好的经济管理模式就能在激烈的市场竞争中求得生存与发展,充分发挥市场机制的积极作用,调动各方面的积极性,促进经济高效运行和发展。

二、我国经济管理模式的特色

(一)借鉴外国经验与我国国情结合

由于各国的资源状况和经济水平不同,民族的文化背景和价值观不同,各国分别采取了不同的市场经济体制和宏观经济管理模式,都取得了成功,有的创造了世界经济奇迹。分析借鉴这些国家的模式对我国改革和塑造我国经济管理模式是非常必要的。

我国已确定实行社会主义市场经济体制,即以社会主义公有制企业为主导的多种经济成分并存的市场经济。这是与资本主义私有制的各种市场经济体制不同的。但在市场体系和市场机制的功能和作用的选择上却具有共同点。在经济调控和管理模式中,政府的干预应是间接的,一般只在自然灾害,政治、经济混乱,军事冲突等非常时期进行直接干预和市场管制。

(二)我国经济管理模式的主要特色

1. 政府职能的有限性

①政府职能的发挥及其范围是有限的。政府应该在起作用的范围内行使权力,应该由市场发挥作用的地方,就应充分发挥市场作用,政府只为市场经济的运行提供条件,建立好交换主体间的关系,维护好市场秩序,承担基础设施建设、提供信息服务、人才开发、社会保障服务等职能,为市场营造良好的发展环境。此外,在公共服务领域,特别是基础设施建设,应在加强对其宏观管理的同时,引入竞争,开放公共服务市场,在一定范围内允许和鼓励私营部门进入,借助市场和社会,让私营部门、社会团体等与政府共同"划桨",弥补政府财力和服务能力的

不足。

②政府权力是有限的,应该受到法律的制约。缺乏法律约束的行政权力就会膨胀,会破坏正常的社会秩序。同时,经济、文化、教育等一系列相关领域会出现连锁反应,政府的社会管理成本也会增加。此外,政府手中的权力缺少制约,极易出现权力"寻租",滋生腐败。因此,在建立有限政府的过程中,需要进一步加快如"行政法""行政诉讼法"的完善,明确政府权责及国家赔偿的内容,保证政府行政权力在适当的范围内正确行使。

2. 宏观调控的间接性

①减少直接干预,加强宏观调控。由于在经济运行中同时存在着市场机制和行政机制两种不同的资源配置方式,尤其是在基础产业和公共事业等领域,行政性资源配置方式制约着市场机制发挥基础性作用,并由此增加了整个社会经济运行的成本。因此,应尽量控制行政方式,增强市场活力,发挥它的基础作用,实现市场的"经济权力回归"。目前,我国正处于社会转型、体制转轨的阶段,经济体制转轨一方面要求政府转变职能,大幅度减少行政干预;另一方面又不能不依托政府发挥某些特殊作用。因此,政府应从宏观上进行把握,如确定经济发展方向、统筹规划、检查监督等,逐步放弃过去的微观经济管理职能,把权力下放给市场和企业,只管那些市场和社会解决不广而又十分重要的问题,实现政府和市场的互补,从而推动经济快速健康的发展。

②规范政府和市场的行为,确保经济活动的有序性。政府管理中的"越位"和"缺位"问题,是政府参与经济和管理企业的行为缺乏制度约束,具有非规范性和随意性所致。不该政府管的事情政府干预了,便产生了所谓的"越位"现象。政府的"越位"主要表现在对企业人事的任免、审批投资、资产重组等方面。这既加剧了政府部分官员对权力的"寻租"行为,又使政府主管部门或执法部门行使权力或执法的标准发生扭曲,最终结果是企业难以实现真正意义上的"现代化",企业间的竞争也处于非公平状态。在加入 WTO 后,经济是开放的、竞争的、平等的,政府就必须从"越位"的地方"退位",还给企业自主权,从政策上促进社会经济主体的发展。所谓的"缺位"现象,也就是应当由政府完成的事情政府没有完成,在市场无法调节的某些地方出现了"真空"状况。在过去的经济体制环境下,应由政府提供的"公共物品"出现短缺,不能满足企业和个人的需要。在市场运行和调节机制方面,没有形成一种"自动稳定器",市场无法实现自身良好的调控。这首先是因为政府工作不到位,政府没有充分履行建立和维护市场秩序的职责。在经济全

球化背景下,要解决"缺位"的问题,政府就要"补位",把公共服务领域的工作做到位,使政府和市场相互补充、协调发展,共同推进经济的市场化、国际化。

③发展完善服务职能,有效地管理公共产品和提供服务。政府需要承担更多的咨询、服务职能,以咨询服务代替传统的管理职能,为市场主体提供咨询服务,加强经济社会中不同利益集团间的沟通和交流,为经济社会发展中的弱势群体提供必要帮助,形成与社会多元化发展相适应的多渠道、多层次社会利益协调机制。在市场经济中,政府的管理哲学基础是公共行政管理,政府是为公众服务的,公共管理是面对公众的服务,服务是政府的本质,是行政管理的目标和基准。

④加强市场监督职能,维持经济秩序。过去,政府机关习惯用政策代替法律,用命令代替政策;"入世"后,如何把市场行为法治化、规范化,将是一个紧迫而重要的问题。因此,我国政府应加快制定相关的经济法律、规章,约束并规范不适当的经济行为,形成健康、健全的市场机制。要完善监管市场的各种经济指标体系,加强对市场经济信息的收集、整理和分析,加大政府对市场行为的监管力度,维持经济秩序,从而使我国的市场经济与国际全面接轨,尽早适应激烈的竞争环境,最终增强国际竞争力。此外,要学会使用公开、透明的法律措施管理经济,放弃暗箱操作和幕后协商的利益机制。

第二章
经济管理的宏观视角

第一节　宏观经济管理

一、宏观经济管理的必要性

(一)加强宏观经济管理,可以弥补市场调节缺陷

市场机制不是万能的,具有自身内在的缺陷,如市场机制调节的盲目性、滞后性、短暂性、分化性和市场调节在某些领域的无效性,这就需要通过国家宏观经济管理,来弥补市场缺陷。

(二)加强宏观经济管理,可以维护市场秩序

市场经济条件下,保证市场竞争的公平是发挥市场配置资源优越性的条件之一。仅仅靠市场自发调节,容易形成市场垄断和过度投机,不仅不能确保市场竞争的公平,还会破坏公平竞争机制,造成市场秩序混乱。政府通过建立、维护和保障市场经济有序运行和公平竞争的制度规范,进行严格的市场监管,保障市场公平交易。

宏观经济管理的必然性在于生产的社会化所导致的社会分工和协作关系的发展。社会化大生产条件下,社会分工越专业化、越细密和越广泛,所要求的协作和相互依赖关系就越密切、越不可分割。这就需要对社会经济活动的各个方面、各个部门、各个地区以及社会生产的各个环节进行计划、组织、指挥和协调,因而客观上要求对国民经济进行统一的管理,要求协助宏观管理系统来调节社会生产的各个方面和各个环节,以保持整个国民经济活动协调一致地运行。特别是随着分工和协作关系的不断深化,国民经济活动就更加离不开宏观经济管理。

二、宏观经济管理的目标

宏观经济管理目标是指一定时期内国家政府对一定范围的经济总体进行管理所要达到的预期结果。宏观经济管理目标是宏观经济管理的出发点和归宿,也是宏观经济决策的首要内容。

在有利于发挥市场基础调节作用和企业自主经营、增强活力的情况下,通过正确发挥政府宏观经济管理职能,保证整个国民经济持续、快速、健康地发展,以达到不断取得较好宏观效益、提高人们物质和文化生活水平的目的,是我国宏观经济管理目标的总概括。

三、经济与管理的关系

经济与管理是相互联系的,所有的经济活动中都含有管理活动,所有的管理活动都是在一定的经济规律指导下进行的。经济与管理都有自己的客观规律,与自然规律一样,在一定的社会历史条件下的经济规律、管理规律,也具有自己的客观性。人们既不能消灭也不能创造与制定这些经济规律、管理规律,任何管理活动都必须遵循经济规律,按照经济规律的要求办事,否则就要受到经济规律的惩罚。

(一)管理与经济效益

经济利益是推动企业发展和员工发展的动力源泉,经济效益是检验企业管理绩效的重要指标。如何使两者得到兼顾与协调,是经济管理中一个重要问题。

1. 管理与利益驱动

经济利益是物质的统称,是指在一定社会经济形式下,人们为了满足需要所获得的社会劳动成果。经济关系能够通过经济利益体现出来,经济利益是人们从事社会生产活动和其他社会活动的物质动因,从根本上说,人们为了获得自己生存需要的物质、文化、生活资料,即物质利益,必须进行管理活动,有效的管理才能实现社会经济利益。在获得物质利益和个人利益的过程中,一个人的管理能力起到主要作用,而个人的素质也是首要条件。在很多情况下,个人利益可以等同于社会利益,但在一些特殊的情况下,不能将二者等同起来。个人利益要服务于社会利益时,或者说需要管理者能够自觉地以社会利益去约束自己的个人利益时,管理者的素质高低将起到关键作用。加强管理者素质教育与培养,不是完全忽视个人利益,而是使管理者了解人们的利益驱动来进行管理,实现个人利益和社会利益的统一。

2. 管理与经济效益

经济效益是指经济活动中劳动占用、劳动耗费与劳动成果之间的对比关系。经济效益的高低与管理有很大关系。企业中管理规范,就会在生产同等成果的条件下,减少生产中的劳动占用和劳动耗费;或在劳动占用和劳动耗费相同的条件下,多生产一些劳动成果。

经济效益的高低能够反映出管理水平的优劣。企业的经济效益是衡量企业管理水平的重要尺度。根据实际的市场需求,使用先进的技术,降低生产成本,不断完善企业管理和提高管理水平的企业,一般都会产生好的经济效益。

(二)不同体制下的管理活动

资源配置和资源利用的运行机制就是经济制度。从历史的角度看,解决资源配置与资源利用的经济制度经历了自然经济制度、计划经济制度、市场经济制度和混合经济制度。任何一种社会经济制度都面临着如何把它既定的相对稀缺的生产资源有效率地分配使用于各种途径的问题,即"生产什么""如何生产"和"为谁生产"的问题。如何配置和利用资源,在不同的经济制度下,有不同的管理方式。从人类发展的历史来看,主要有分散型管理、团队型管理和混合型管理三种。

纵观经济发展史可以看出,个人是经济活动的最初决策者,这些个人对自己物品的管理以及个人所从事的活动,都可以称为分散型管理。分散型管理的优点是管理主体能够对自己的劳动资源进行很好的控制;独立的决策权能够保障决策主体的动力。但分散型管理也有一定的缺点,由于个人能力的限制,决策失误的概率较大;分散型管理势必会加大交易费用,使决策成本增加。

纵观经济发展史可以看出,个人是经济活动的最初决策者,这些个人对自己物品的管理以及个人所从事的活动,都可以称为分散型管理。分散型管理的优点是管理主体能够对自己的劳动资源进行很好的控制;独立的决策权能够保障决策主体的动力。但分散型管理也有一定的缺点,由于个人能力的限制,决策失误的概率较大;分散型管理势必会加大交易费用,使决策成本增加。

团队型管理是对资源进行配置的另一种极端方式,即"生产什么""如何生产"和"为谁生产"的问题全部由团队讨论决定。与分散型管理相比,团队型管理能够汇集大量的信息,使决策信息更加全面和准确,这是分散型管理不具备的;团队型管理能够集中多个人的智慧,避免个人的主观片面性。但团队型管理的时效差,反复磋商讨论会延误决策时机;团队型管理的人员多,管理成本必然高;团队型管理往往会导致无人负责或推卸责任的情况发生。

在现实生活中,经常见到的是分散型管理与团队型管理相结合的混合型管理。在企业生产经营中,决策权、人权、财权、最终决定权往往要采取团队型管理,而一些执行权、业务权等往往采取分散型管理。

第二节　经济发展模式与宏观管理目标

一、新的经济发展模式的选择

传统的经济发展模式虽然在特定的历史条件下起过积极的作用,但由于其本身的缺陷以及条件的变化,已造成了不少严重问题。因此,要对经济发展模式做出新的选择。新的经济发展模式的选择,既要遵循经济发展的一般规律,又要充分考虑到我国经济发展进程中的基本特征,同时还要正视我们正面临的压力和挑战。

(一)我国经济发展进程的基本特征

从传统经济向现代经济转化,是一个世界性的历史过程,任何一个国家的经济发展都会受到支配这个进程的共同规律的影响,从而表现出具有统计意义的经济高速增长和变动的状态。但是,由于各国经济发展的历史背景和内外条件不同,在其经济发展进程中会出现差异,有时甚至是极大的偏差。因此,在把握经济发展共同规律的基础上,必须研究各国从传统经济向现代经济转化中的特殊性。

与其他国家相比,我国经济发展的历史背景和内外条件更为特殊,不仅与发达国家有明显的差别,而且与一般发展中国家也不相同。这就不可避免地使我国经济发展走出了一条与众不同的道路。我们认为,我国经济发展进程中的基本特征,可以归纳为"三超",即超后发展国家,超大国经济和超多劳动就业人口。

这三个基本特征,不仅构造了我国经济发展的基本性状,而且也界定了我们选择经济发展战略的可能性空间,决定了我国经济发展非同一般的超常规轨迹。

(二)我国经济发展新阶段及其面临的挑战

除了考虑到我国经济发展进程的基本特征外,我们还应该看到,经过四十年的努力,我们已基本实现了经济建设的第一步任务,解决了人们的温饱问题,我国的经济发展开始进入一个新阶段。

如果说过去的经济发展主要是以低层次消费的满足来推动的话,那么在这个新阶段,国民经济的增长就是以非必需品的增长为主要动因。这是经济发展过程中的一个重大的质的变化。

但是,我国进入这个新成长阶段,与先行的发达国家不同,不是单靠自身获得的科学、技术和文化的进步来推动的,而是像许多发展中国家一样,不得不借助于外来的技术和知识,并受到外部消费模式的强烈影响。因此,在经济发展新阶段,我国将面临一系列新的问题和困难。

1. 非必需品的选择

非必需品在消费方面具有很大的选择空间和替代弹性,而在生产方面,其不同的选择对资源约束、产业带动效应、就业弹性以及国民收入的增长有非常不同的影响。因此,我们一方面必须依靠非必需品的需求来推动经济的增长,另一方面又要避免这种需求完全脱离本国的资源条件与供给能力,对本国的产业发展与结构转换产生不利的影响。

2. 供给结构的调整

在这一阶段,以非必需品为主的消费结构的变动比较迅速,面对供给结构的长期超稳态却难以适应,从而形成严重的滞后发展。因此,国内结构性矛盾可能会升级。这样,我们就面临着大规模调整供给结构的艰巨任务。这种结构调整已经使产业结构合理化与高级化。

3. 劳动力市场的就业压力

在满足非必需品需求的结构变动中,还要考虑如何在严重的资源约束的情况下,实现众多劳动力的充分就业。因为,在这一新阶段,将有大批农业剩余劳动力转移出来要求加入其他产业部门,但同时又不可能特别加大制造业在国民经济结构中的比重。

4. 国际竞争的压力

随着对外开放的深入发展,外汇需求加速递增将成为必然现象,为缩小国际收支逆差,扩大出口创汇能力成为重要问题。然而,我国以初级产品为主的出口结构正面临着世界市场初级产品需求减少,价格下降的严重挑战,出口竞争加剧,创汇能力削弱。

5. 新技术革命的冲突

正在蓬勃兴起的世界新技术革命日益强化着技术在经济发展中的作用,使发展中国家的劳动力资源优势逐步丧失。如果无视新技术革命对产业结构的冲击和对国民经济的影响,那么我国与世界的经济、技术差距将会进一步拉大。

(三)向新的经济发展模式转变

尽管新的经济发展模式不是对传统经济发展模式的彻底否定,而是对其的扬弃,但两者之间存在着本质的区别。

1. 经济模式转变

传统经济发展模式向新经济发展模式的转变,是一种革命性的转变,历史性的转变。具体来说,有以下几个方面的本质性转变:①发展目标的转变,即由以单纯赶超发达国家生产力水平为目标转变为以不断改善人们的生活,由温饱型向小康型过渡为目标;②发展重心的转变,即由追求产值产量的增长转变为注重经济效益,增长要服从经济效益的提高;③发展策略的转变,即由超前的倾斜发展转变为有重点的协调发展,在理顺关系的基础上突出重点;④发展手段的转变,即由以外延型生产为主转变为以内涵型生产为主,提高产品质量,讲究产品适销对路;⑤发展方式的转变,即由波动性增长转变为稳定增长,稳中求进,尽量避免大起大落,反复无常。

2. 经济体制改革

这种经济发展模式转变的实现,从根本上说,有赖于经济体制改革的成功。传统的经济体制不可能保证新的经济发展模式的实现,所以经济体制模式的转变是实现新经济发展模式的根本保证。在此基础上,建立新的经济发展模式要着力于以下几个方面:①对国民经济进行较大的调整;②要确立新的经济理论、思想观念和政策主张;③要端正政府和企业的经济行为。

二、新经济发展模式下的宏观管理目标

从一般意义上说,宏观管理目标是由充分就业、经济增长、经济稳定、国际收支平衡、资源合理配置、收入公平分配等目标构成的完整体系。但在不同的经济发展模式下,宏观管理目标的组合、重点以及协调方式是不同的。因此,随着传统经济发展模式向新的发展模式的转变,宏观管理目标的性质也会发生重大变化。

(一)宏观管理目标之间的交替关系

宏观管理目标之间存在着固定的关联。这种关联有两种类型:一种是互补关系,即一种目标的实现能促进另一种目标的实现;另一种是交替关系,即一种目标的实现对另一种目标的实现起排斥作用。在宏观经济管理中,许多矛盾与困难往往就是由这种目标之间的交替关系所引起的。这种目标之间的交替关系主要有以下几种。

1. 经济增长和物价稳定之间的交替关系

为了使经济增长,就要鼓励投资,而为了鼓励投资,一是维持较低的利息率水平;二是实际工资率下降,使投资者有较高的预期利润率。前者会引起信贷膨胀,货币流通量增大;后者需要刺激物价上涨。

在供给变动缓慢的条件下,经济增长又会扩大对投资品和消费品的总需求,由此带动物价上涨。在各部门经济增长不平衡的情况下,即使总供求关系基本平衡,个别市场的供不应求也会产生连锁反应,带动物价上涨。

然而,要稳定物价,就要实行紧缩,这又必然会制约经济增长。因此,在充分就业的条件下,经济增长目标与稳定物价目标之间存在着相互排斥的关系。

2. 经济效率与经济平等之间的交替关系

经济效率目标要求个人收入的多少依经济效率高低为转移,从而要求拉开收入差别。同样,它也要求投资的收益多少依经济效率高低为转移,以此来刺激投资与提高投资效益。然而,经济平等目标要求缩小贫富收入差距,这样社会的经济效率就会下降。同样,忽视投资收益的差别,使利润率降低,就会削弱投资意向,难以实现资源配置的优化。

因此,经济效率与经济平等(收入均等化)不可能兼而有之。在一定限度内,强调平等,就要牺牲一些效率;强调效率,就要拉开收入的差距。

3. 国内均衡与国际均衡之间的交替关系

这里的国内均衡主要是指充分就业和物价稳定,而国际均衡主要是指国际收支平衡。充分就业意味着工资率的提高和国内收入水平的上升,其结果是一方面较高的工资成本不利于本国产品在国际市场上的竞争,从而不利于国际收支平衡;另一方面对商品的需求增加,在稳定物价的条件下,不仅使商品进口增加,而且要减少出口,把原来准备满足国外市场需求的产品转用于满足国内扩大了的需求,于是国际收支趋于恶化。

如果要实现国际收支平衡目标,那么一方面意味着外汇储备增加,外汇储备增加意味着国内货币量增加,这会造成通货膨胀的压力,从而不利于物价稳定;另一方面,消除国际收支赤字需要实行紧缩,抑制国内的有效需求,从而不利于充分就业目标的实现。

宏观管理目标之间的交替关系决定了决策者必须对各种目标进行价值判断,权衡其轻重缓急,斟酌其利弊得失,确定各个目标的数值的大小,确定各种目标的实施顺序,并尽量协调各个目标之间的关系,使所确定的宏观管理目标体系成为一个协调的有机整体。

(二)新发展模式下宏观管理目标的转变

决策者是依据什么来对各种具有交替关系的目标进行价值判断,权衡轻重缓急,斟酌利弊得失,使其形成一个有机整体的呢? 其中最重要的依据,就是经济发展模式。

从这个意义上来说,经济发展模式决定了宏观管理目标的性质。有什么样的经济发展模式,就有什么样的宏观管理目标。宏观管理目标体系中各个目标数值的大小,各种目标实施的先后顺序,都是服从于经济发展模式需要的。

在传统经济发展模式下,宏观管理目标所突出的是经济增长与收入分配均等化,并以其为核心构建了一个宏观管理目标体系。在这个宏观管理目标体系中,经济增长目标优先于结构调整目标;收入分配均等化目标优先于经济效率目标,其他一些管理目标都是围绕着这两个目标而展开的。

按照西方经济学的观点,经济增长和收入分配均等化之间也是一种交替关系。因为充分就业条件下的经济增长会造成通货膨胀,而通货膨胀又会使货币收入者的实际收入下降,使资产所有者的非货币资产的实际价值上升,结果发生了有利于后者而不利于前者的财富和收入的再分配。

当传统经济发展模式向新的经济发展模式转变之后,这种宏观管理目标体系已很难适应新经济发展模式的需要。以协调为中心的从效益到数量增长的发展模式要求用新的价值判断准则对各项管理目标进行重新判断,在主次位置、先后顺序上实行新的组合。

按照新的经济发展模式的要求,宏观经济管理目标首先应该突出一个效益问题,以效益为中心构建宏观管理目标体系。具体地说,围绕着经济效益目标,讲求经济稳定和经济增长,在"稳中求进"的过程中,实现充分就业、收入分配公平、国际收支平衡等目标。当然,这种宏观管理目标体系,诸目标之间仍然存在着矛盾与摩擦,需要根据各个时期的具体情况加以协调。

(三)新发展模式下宏观管理目标的协调

从我国现阶段的实际情况来看,新的发展模式下的宏观管理目标的协调,主要有以下几个方面。

1. 实行技术先导

靠消耗大量资源来发展经济,是没有出路的。况且我国的人均资源占有量并不高。因此,发展科学技术,改善有限资源的使用方式,是建立新发展模式的基本要求。

然而,我国大规模的劳动大军和就业压力,无疑是对科技进步的一种强大制约。我们面临着一个两难问题,即扩大非农就业与加快科技进步的矛盾。对于这两者都不可偏废。我们不能脱离中国劳动力过剩的现实来提高科技水平,发展技术密集型经济,而要在合理分工的基础上加快技术进步。

除此之外,我们要把科技工作的重点放在推进传统产业的技术改造上。因为在今后相当长的时间内,传统产业仍将是我国经济的主体。传统产业在我国经济增长中仍起着重要作用。但是,传统产业的技术装备和工艺水平又是落后的。因此,要着重推进大规模生产的产业技术和装备的现代化;积极推广普遍运用的科技成果,加速中小企业的技术进步。与此同时,要不失时机地追踪世界高技术发展动向,开拓新兴技术领域,把高技术渗透到传统产业中,并逐步形成若干新兴产业,从而提高我国经济发展水平,使国民经济在科技进步的基础上不断发展。

2. 优化产业结构

合理的产业结构是提高经济效益的基本条件,也是国民经济持续、稳定的协调发展的重要保证。目前我国产业结构的深刻矛盾,已成为经济发展的严重羁绊,因此优化产业结构是新发展模式的一项重要任务。

按照国际经验,后发展国家在进行结构调整和改造时总会伴随着一定的总量失衡,这是不可避免的。但是总量失衡太大,也不利于结构的调整和改造。因此,我们应在坚持总量平衡的同时优化产业结构。这就是说,要合理确定全社会固定资产投资总规模和恰当规定消费水平提高的幅度,使建设规模同国力相适应,社会购买力的增长幅度同生产发展相适应,并以此为前提来优化产业结构。

所谓优化产业结构,首先要使其合理化,然后才是相对地使其高级化。产业结构合理化就是要解决由于某些产业发展不足而影响整体结构协调的问题。长期以来,我国加工工业发展过快,而农业、轻工业、基础工业和基础产业则均发展不足,所以结构合理化的任务是较重的。

在重视产业结构合理化的同时,还应积极推进产业结构高级化。我国产业结构的高级化,应按不同的地区发展水平分层次高级化。发达地区要逐步形成资金密集型和技术密集型为主体的产业结构,并使新兴产业和高技术产业初具规模。落后地区要以第一次产业和轻工业相互依托的方式实现轻工业的大发展,形成以劳动密集型为主体的产业结构。这样,在总体上就能形成以高技术产业为先导,资金密集型产业为骨干,劳动密集型产业为基础的合理产业结构。

3. 改善消费结构

适当的消费水平和合理的消费结构,也是提高经济效益的一个重要条件。我们要根据人们生活的需要来组织生产。但同时也要根据生产发展的可能来确定消费水平,并对消费结构进行正确的引导和调节,不能盲目追随外国的消费结构和消费方式。根据我国人口众多而资源相对不足的国情,我们应该选择适合我国国情的消费模式。

在吃的方面,要同我国农业资源的特点和农业生产力水平相适应。在住的方面,要实行住宅商品化,加大"住"的消费支出比重。在"用"的方面,要同我国产业结构转换速度和技术水平相适应,需求"热点"的转移不能过于迅速,购买洪峰不能过于集中,要考虑产品的正常寿命曲线和产业之间的相关效应。在今后一段时间内,应以中档耐用消费品为主,而不能以高档豪华耐用消费品为主。

第三节　宏观经济管理中的市场环境

一、完整的市场体系

一个完整的市场体系是由各种生活资料和生产要素的专业市场构成的。因为人们之间的经济关系是贯穿于整个社会再生产过程中的,既包括消费也包括生产,所以市场关系是通过各种与社会再生产过程有关的要素的交换表现出来的,完整的市场关系应该是一个由各种要素市场构成的体系。一般来说,它包括商品(消费品和生产资料)市场、技术市场、劳动力市场和资金市场。

(一)商品市场

商品市场是由以实物形态出现的消费资料和生产资料市场构成的,它是完整的市场体系的基础。

作为基础产品和中间产品的生产资料市场与社会生产有着重大的直接联系。生产资料市场既反映生产资料的生产规模和产品结构,又对整个固定资产规模及投资效果起制约作用,同时也为新的社会扩大再生产提供必要条件和发挥机制调节作用。因此,生产资料市场实际上是经济运行主体的轴心。

作为最终产品的消费品市场与广大居民生活有着极为密切的关系。该市场的参与者是由生产者和消费者共同构成的,小宗买卖与现货交易较为普遍,交易的技术性要求较低,市场选择性较强。消费品市场不仅集中反映了整个国民经济发展状况,而且涉及广大居民物质和文化生活的所有需求,是保证劳动力简单再生产和扩大再生产的重要条件。因此,消费品市场对整个国民经济发展有重要影响。

生产资料市场与消费品市场虽然有重大的区别,但两者都是以实物形态商品为交换客体的,具有同一性,并以此区别于其他专业市场。

(二)技术市场

技术市场按其经济用途可细分为初级技术市场、配套技术市场和服务性技术市场。这些市场促使技术商品的普遍推广和及时应用,推动技术成果更快地转化为生产力。

由于技术商品是一种知识形态的特殊商品,所以技术市场的运行具有不同于其他专业市场的特点。

1. 技术市场存在着双重序列的供求关系

技术市场存在着双重序列的供求关系,即技术卖方寻求买方的序列和技术买方寻求卖方的序列。这是因为技术商品有其特殊的生产规律:一方面是先有了技术成果,然后设法在生产过程中推广应用;另一方面是生产发展先提出开发新技术的客观要求,然后才有技术成果的供给。这两种相反的供求关系序列,都有一个时滞问题,从而难以从某个时点上确定市场的供求性状。在技术市场上,供不应求与供过于求,总是同时存在的。

2. 市场的卖方垄断地位具有常态性

由于技术商品具有主体知识载体软件等特征,再生产比第一次生产容易得多,所以为保护技术商品生产者的利益,鼓励技术商品生产,在一定时期内技术商品要有垄断权。它不允许别人重复生产以前已经取得的技术成果,否则就将受到法律制裁。在一般情况下,每一技术商品都应具有独创性,同一技术商品不允许批量生产。因此,在技术市场上,同一技术商品的卖方是独一无二的,不存在同一技术商品卖方之间的竞争,相反同一技术商品的买方则是众多的,存在着买方之间的竞争,从而在总体上是卖方垄断市场。

3. 市场的交易具有较大的随意性

由于技术商品的使用价值是不确定的,客观上并不能全部转化为生产力;技术商品的价值也不具有社会同一尺度,不存在同一技术商品的劳动比较的可能性,只能转借技术商品使用后的效果来评价,所以在市场交易时主要由供求关系决定其价格。

4. 市场的交易形式较多的是使用权让渡

由于技术商品作为知识信息具有不守恒性,即它从一个人传递到另一个人,一般都不使前者丧失所传递的信息,因而技术商品的生产者往往在一定时期内,只让渡技术的使用权,而不出卖其所有权。这样,根据技术商品的传递特点,生产者就可以向多个需求者让渡其技术使用权,这是其他专业市场所不具有的交易方式。

(三)劳动力市场

劳动力市场在商品经济发展中起着重要作用。它使劳动力按照供求关系的要求进行流动,有利于劳动力资源的开发和利用,以满足各地区、各部门和各企业对劳动力的合理需求,实现劳动力与生产资料在质和量两方面的有机结合。同时,劳动力市场的供求竞争也有利于消除工资刚性和收入攀比的弊端,调整收入分配关系,促使劳动者不断提高自身素质,发展社会所需要的技能。

(四)资金市场

在发达的商品经济中,资金市场是市场体系的轴心。资金市场按期限长短可细分为货币市场和资本市场。前者主要用来调节短期资金。它通过银行之间的拆放、商业票据的贴现、短期国库券的出售等方式,融通短期资金,调剂资金余缺,加快资金周转,提高资金利用率。后者主要是用来进行货币资金的商品化交易,把实际储蓄转变为中长期的实际投资。它通过储蓄手段吸收社会多余的货币收入,通过发行公债、股票、债券等形式筹集长期资金,通过证券交易流通创造虚拟信贷资金,从而加速资金积累与集中,为社会再生产规模的扩大创造条件。

在资金市场上,信贷资金作为商品,既不是被付出,也不是被卖出,而只是被贷出,并且这种贷出是以一定时期后本金和利息的回流为条件的,从而资金商品具有二重价值,即资金本身的价值和增值的价值。此外,资金商品的贷出和流回,只表现为借贷双方之间法律契约的结果,而不表现为现实再生产过程的归宿和结果。因此,资金市场的运行也有自身的特殊性。

1.市场的供求关系缺乏相对稳定性

在资金市场上,对于同一资金商品,一个人可以扮演既是供给者,又是需求者的双重角色,所以市场的供求对象没有相对稳定的分工。这种供求两极一体化的倾向,使市场的供求关系极为复杂多变,不可能建立较为固定的供求业务和供求渠道。

2.市场的运行建立在信用投机的支点上

资金市场所从事的是信用活动。任何信用,都具有风险性,有风险就必然有投机。信用投机,尤其是技术性投机,承担了别人不愿承担的风险,提供了头寸,使市场更加活跃,具有灵活性,使资金更具有流动性,使市场的资金价格趋于稳定。

3.市场的流通工具和中介机构作用重大

资金市场的交易,除少数直接借贷的债权债务关系外,大多数要以信用工具作为媒介。然而,那些国债、公司债、股票、商业票据、银行承兑汇票和可转让大额定期存单等信用工具,则要通过一系列商业银行、储蓄机构、投资公司、保险公司、证券交易所等中介机构来实现。

4.市场活动的虚拟性创造

资金市场的信用活动,既不是商品形态变化的媒介,又不是现实生产过程的媒介,它的扩大和收缩并不以再生产本身的扩大和停滞为基础。这种信用活动创造了虚拟资金,加速了整个再生产过程。

(五)市场体系的结构均衡性

作为一个市场体系,不仅是全方位开放的市场,而且各个市场之间存在着结构均衡的客观要求。这是市场主体之间经济关系得以完整反映的前提,也是宏观间接控制的必要条件。

1.市场门类的完整性

在商品经济条件下,市场是人们经济活动的主要可能性空间。在这个活动空间中,人们不仅要实现商品的价值,更为重要的是,人们为价值创造而进行生产要素配置。价值实现与价值创造的一致性,要求市场必须全方位开放,具有完整性。

残缺的市场体系不仅使现有的市场不能充分发挥作用,而且会妨碍整个经济运行一体化。

2.市场规模的协调性

一个市场体系的功能优化不在于某类市场规模的大小,而在于各类市场规模的协调效应。所以,各类市场的活动量必须彼此适应,协调有序。任何一类市场的"规模剩余"和"规模不足"都将导致市场体系结构失衡及其功能的衰减。

3.市场信号的协同性

各类市场之间的联系程度取决于市场信号之间的协同能力。只有当某一市场信号能及时转换成其他市场的变化信号,产生市场信号和谐联动时,市场体系才具有整体效应,从而才能对经济进行有效调节。

总之,市场体系的结构完整和均衡,是市场活动正常进行的基本条件,也是间接控制的必要条件之一。否则,间接控制就无法从总体上把握经济运行的状况,也无法综合运用各种经济杠杆进行宏观调控。

二、买方的市场主权

在市场竞争关系中,商品供给等于某种商品的卖者或生产者的总和,商品需求等于某种商品的买者或消费者的总和。这两个总和作为两种力量集合互相发生作用,决定着市场主权的位置:以买方集团占优势的"消费者主权"或者以卖方集团占优势的"生产者主权"。这两种不同的竞争态势,对整个经济活动有不同的影响。宏观间接控制所要求的是"消费者主权"的买方市场。

(一)市场主权归属的决定机制

在买方与卖方的竞争中,其优势的归属是通过各自集团内部的竞争实现的。因为竞争关系是一种复合关系,即由买方之间争夺同一卖方的竞争和卖方之间争夺同一买方的竞争复合而成。买方之间的竞争,主要表现为竞相购买自己所需的商品;卖方之间的竞争,主要表现为竞相推销自己所生产的商品。在这一过程中,究竟哪一方能占据优势,掌握市场主权,取决于双方的内部竞争强度。如果买方之间的竞争强度大,消费者竞相愿出更高的价钱来购买商品,必然会抬高商品的售价,使卖方处于优势地位。如果卖方之间的竞争强度大,生产者彼此削价出售商品,则必然会降低商品的售价,使买方处于优势地位。一般来说,决定竞争强度的因素有两方面。

1. 供求状况

市场上商品供过于求,卖方之间争夺销售市场的竞争就会加剧,商品售价被迫降低。与此相反,市场上商品供不应求,买方之间争购商品的竞争就会加剧,哄抬商品价格上升。

2. 市场信息效率

市场的商品交换是以信息交流为前提的,商品信息量越大,商品交换的选择度越高,被排除的可能选择就越多,从而使竞争加剧。所以,市场信息效率对竞争强度有直接影响。在供求状况不变时,市场信息效率不同,竞争强度也会发生变化。

总之,供求状况和市场信息效率共同决定着竞争强度,买方之间与卖方之间的竞争强度的比较,决定了市场主权的归属。

(二)市场主权不同归属的比较

市场主权归属于买方还是卖方,其结果是截然不同的。生产者之间竞争强度的增大,会促使生产专业化的发展,有利于商品经济的发展;而消费者之间竞争强度的增大,则迫使大家自给自足地生产,不利于商品经济的发展。因此,"消费者主权"的买方市场较之"生产者主权"的卖方市场有更多的优越性,具体表现在以下几点。

1. 消费者控制生产者有利于实现生产目的

在生产适度过剩的情况下,消费者就能扩大对所需商品进行充分挑选的余地。随着消费者选择的多样化,消费对生产的可控性日益提高,生产就不断地按照消费者的需要进行。与此相反,卖方市场是生产者控制消费者的市场。在有支付能力的需求过剩的情况下,生产者生产什么,消费者就只能消费什么;生产者生产多少,消费者就只能消费多少。消费者被迫接受质次价高、品种单调的商品,其正当的权益经常受到损害。

2. 买方宽松的市场环境有利于发挥市场机制的作用

在平等多极竞争中,产品供给适度过剩,可以提高市场信息效率,使价格信号较为准确地反映供求关系,引导资金的合理投向,使短线产品的生产受到刺激,长线产品的生产受到抑制。在产品供给短缺时,强大的购买力不仅会推动短线产品价格上涨,而且也可能带动长线产品价格上涨,市场信息效率低下,给投资决策带来盲目性。

3. 消费者主权有利于建立良性经济环境

产品供给适度过剩将转化为生产者提高效率的压力,生产效率的提高将使产品价格下降,从而创造出新的大量需求,使供给过剩程度减轻或消失。随着生产效率的进一步提高,又会形成新的生产过剩,这又将造成效率进一步提高的压力,结果仍是以创造新需求来减缓生产过剩。因此,在这一循环中,始终伴随着生产效率的不断提高和新需求的不断创造。在卖方市场中,质次价高的商品仍有销路,效率低下的企业照样生存,缺乏提高效率、降低价格和创造新需求的压力,总是保持着供不应求的恶性循环。

4. 消费者主权有利于资源利用的充分选择

生产者集团内部竞争的强化,将推动生产者采用新技术和先进设备,改进工艺,提高质量,降低成本,并促使企业按需生产,使产品适销对路。消费者集团内部竞争的强化,将使企业安于现状,不仅阻碍新技术和新设备的采用,还会把已经淘汰的落后技术和陈旧设备动员起来进行生产,这势必造成资源浪费,产品质量低下。同时,强大的购买力也会助长生产的盲目性,造成大量的滞存积压产品。可见,消费者主权的买方市场在运行过程中具有更大的优越性。

(三)买方市场的形成

形成买方市场有一个必要前提条件,就是在生产稳定发展的基础上控制消费需求,使之有计划地增长。也就是说,生产消费的需求必须在生产能力所能承受的范围之内,否则生产建设规模过度扩张,就会造成生产资料短缺;生活消费的增长必须以生产力的增长为前提,否则生活消费超前,就会造成生活资料短缺。

在市场信息效率既定的条件下,总体意义上的买方市场可以用总供给大于总需求来表示。由于总供给与总需求的关系受多种因素影响,其变化相当复杂,所以判断总体意义上的买方市场是比较困难的。一般来说,总量关系的短期变化可能与政策调整有关,总量关系的长期趋势则与体制因素相联系。例如,在传统社会主义体制下,企业预算约束软化导致的投资饥渴症和扩张冲动,使总量关系呈现常态短缺,尽管在短期内,采取紧缩政策对总量关系进行强制性调整,有可能在强烈摩擦下压缩出一个暂时性的买方市场,但不可能从根本上改变卖方市场的基本格局。因此,要形成总体意义上的买方市场,必须从体制上和政策上同时入手,通过政策调整使总需求有计划地增长,为体制改革奠定一个良好的基础,通过体制改革消除需求膨胀机制,提高社会总供给能力,最终形成产品绝对供应量大于市场需求量的买方市场。

总体意义上的买方市场虽然在某种意义上反映了消费者主权,但它并没有反映产品的结构性矛盾。如果大部分有支付能力的需求所对应的是供给短缺的商品,而大量供给的商品所对应的是有效需求不足的购买力,那么即使存在总体意义上的买方市场,也无法保证消费者市场的主体地位。因为从结构意义上考察,有相当部分的供给都是无效供给,真正的有效供给相对于市场需求仍然是短缺的,实质上还是卖方市场。所以,完整的买方市场是总量与结构相统一的供大于求的市场。结构意义上的买方市场的形成,主要在于产业结构与需求结构的协调性。一般来说,当一个国家的经济发展达到一定的程度,基本解决生活温饱问题后,需求结构将产生较大变化,如果产业结构不能随之调整,就会导致严重的结构性矛盾。因此,关键在于产业结构转换。但由于生产要受到各种物质技术条件的约束,产业结构的转换具有较大刚性,所以也要调整需求结构,使之有计划地变化,不能过度迅速和超前。

个体意义上的买方市场形成,在很大程度上取决于具体商品的供需弹性。一般来说,供给弹性小的商品,容易形成短期的买方市场。需求弹性小的商品,如果需求量有限,只要生产能力跟得上,还是容易形成买方市场的。需求弹性大的商品,一般有利于形成买方市场,但如果受生产能力的制约,尽管需求量有限,也不易形成买方市场。需求弹性大,供给弹性小的商品,因销售者不愿库存商品,宁愿削价出售,在一定程度上有利于买方市场的形成。需求弹性大,供给弹性也较大的商品,如服装等,则主要取决于需求量与生产量的关系,只要社会购买力有一定限量,生产能力跟得上,就有可能形成买方市场。

买方市场形成的历史顺序,一般是先生产资料市场,后生活资料市场。这是因为生产资料是生活资料生产加速发展的基础,首先形成生产资料买方市场,有利于生活资料买方市场的发育。如果反历史顺序,在消费需求总量既定的前提下,那些需求弹性大的生活资料也可能形成买方市场,但这是不稳定的,并且首先形成的生活资料买方市场不利于推动生产资料买方市场的发育。因为消费品生产部门发展过快超过基础设施的承受能力,能源、交通和原材料的供应紧张就会严重影响消费品生产部门,使这些部门的生产能力闲置,开工不足,最终导致生活资料买方市场向卖方市场的逆转。同时,强大的消费品生产加工能力加剧了对生产资料的争夺,使生产资料市场难以转向买方市场。

因此,我们应在稳步提高人们生活水平的前提下,注重发展基础工业,重视基础设施建设,以带动直接生产部门的生产,这有利于生产资料买方市场的形成,使生活资料买方市场建立在稳固的基础之上。

三、多样化的市场交换方式

多样化的市场交换方式是较发达市场的基本标志之一,是市场有效运行的必要条件。它反映了市场主体之间复杂的经济关系和联结方式。各种不同功效的市场交换方式的组合,使交换过程的连续性与间断性有机地统一起来,有利于宏观间接控制的有效实施。多样化的市场交换方式包括现货交易、期货交易和贷款交易三种基本类型。

(一)现货交易市场

现货交易是买卖双方成交后即时或在极短期限内进行交割的交易方式。

1. 现货交易的基本特性

现货交易的基本特性表现为:①它是单纯的买卖关系,交换双方一旦成交,便"银货两清",不存在其他条件的约束。②买卖事宜的当即性,交换双方只是直接依据当时的商品供求状况确定商品价格和数量,既不能预先确定,也不能事后了结。③买卖关系的实在性,成交契约当即付诸实施,不会出现因延期执行所造成的某种虚假性。现货交易方式,无论从逻辑上,还是历史上来说,都是最古老、最简单、最基本的交换方式。因为大部分商品按其自身属性来说,适宜于这种交换方式。

2. 现货交易对商品经济的调节

现货交易市场是建立在由生产和消费直接决定的供求关系基础上的,其最大的特点是随机波动性。市场价格和数量都不能预先确定,而要根据即时供求关系确定。人们对未来商品交易价格和数量的预期,也只是以当前的价格和数量以及其他可利用的资料为基础。这一特点使现货交易市场对商品经济运行具有灵活的调节作用,具体表现在:①有利于竞争选择,释放潜在的经济能量。市场的波动性是实行竞争选择的前提条件之一。市场的波动越大,竞争选择的范围越广,竞争选择的强度越大,所以现货交易市场的竞争选择机制作用较为明显。②有利于掌握真实的供求关系,对经济活动进行及时的反馈控制。除了投机商人囤货哄价,在一般情况下,现货交易价格信号能比较直接地反映实际供求状况,并且反应较为灵敏。这有助于企业对自身的经营做出及时调整,也便于政府及时采取相应的经济手段调控市场。③有助于及时改善供求关系,防止不良的扩散效应和联动效应。由于现货交易关系比较单一和明朗,该市场的价格波动往往具有暂时性和局部性,至多波及某些替代商品和相关商品的供求关系,不会引起强烈的连锁反应。

当然,现货交易方式也有其消极作用。在现货交易市场上,当前供求的均衡是通过无数次偶然性的交换达到的,市场价格的涨落幅度较大,价格信号较为短促,市场风险较大。这些容易引起企业行为短期化,投资个量微型化,投资方向轻型化等倾向,不利于经济的稳定发展。

(二)期货交易市场

期货交易是先达成交易契约,然后在将来某一日期进行银货交割的交易方式。

1. 期货交易的基本特性

期货交易的基本特性表现为:①它不仅是买卖关系,而且还是一种履行义务的关系,即买进期货者到期有接受所买货物的义务,卖出期货者到期有支付所卖货物的义务。②对于期货交易来说,成交仅仅意味着远期交易合同的建立,只有到了未来某一时点的银货交割完毕,交易关系才算终结,从成交到交割蔓延续一段时间。③期货买卖成交时,并不要求买卖双方手头有现货,不仅如此,在未到交割期以前,买卖双方还可以转卖或买回。所以期货交易具有投机性,会出现买进卖出均无实物和货款过手的"买空卖空"。

2. 期货交易市场的组成

套期保值者和投机者都是期货交易市场的主要人群,前者参与期货交易是为了减少业务上的风险,后者参与期货交易是为了牟取利润而自愿承担一定的风险。在该市场上,投机者是必不可少的。首先,由于商品的出售是"惊险的一跃",套期保值者更愿意销售期货,如果期货市场全由套期保值者组成,则购买期货的需求一方总是相对微弱的,所以需要通过投机者的活动来调整期货供求之间的不平衡。其次,由于套期保值者不愿承担风险,单由他们的交易而达成的期货价格通常是不合理的,要大大低于一般预期价格。当投机者参与市场活动后,只要期货价格低于他们的预期价格,他们就会买进期货以牟取利润,这种敢于承担风险的行为会把期货价格提高到一个更为合理的水平。因此期货市场必须由这两部分人组成,才具有合理性、流动性和灵活性。

3. 预期确定性

期货交易市场是建立在未来供求关系预先确定基础上的,其最大特点是预期确定性。期货市场的特点决定了它对经济运行的稳定性具有积极作用,具体表现在:①有利于生产者转移风险、套期保值,保证再生产过程的正常进行。生产者通过出售或购进期货,就可以避免市场价格波动带来的损失,例如就销售者来说,如果期内价格下跌,并反映在期货价格上,期货合同的收益将有助于弥补实际销售因价格下跌带来的损失。如果期内价格上涨,期货头寸的损失同样会由实际销售因价格上涨带来的收益所抵补。这样,生产者就能免受市场风险干扰而安心生产。②有利于市场价格的稳定,减轻市场波动。在该市场上,投机者利用专门知识对商品期货价格做出预测,并承担价格风险进行"多头"和"空头"的投机活动。当供给的增加会引起价格大幅度下降时,他们就买进存货并囤积起来,以便在以后以有利的价格抛出,这样就维持了现期价格。当供给短缺时,他们抛出存货,因而防止了价格猛涨。③有利于提高市场预测的准确度,产生对将来某一时点上的收益曲线形状和价格水平的较为合理的预期。期货价格反映了许多买方与卖方对今后一段时间内供求关系和价格状况的综合看法。这种通过把形形色色的个别分散的见解组合成一个易识别的预测量,虽然不能说是完全正确的,但总比个别的一次性的价格预测更准确和更有用。④有利于完善信息交流,促进市场全面竞争。期货市场作为买卖双方为未来实际交易而预先签订契约的中心,不仅使买卖双方互相了解其对方的情况,减少了互相寻找的盲目性,而且使各种短期与长期的信息大量汇集,扩大了可利用的市场信息范围。

期货交易市场虽然有利于消除因人们对商品价格和数量预期不一致所引起的不均衡,但它仍然不可能消除由于社会需求心理或资源不可预料的变化而产生的不均衡,以致人们经常发现自己不愿意或不能够购销他们曾经计划购销的商品而不得不另行增加现货交易,或用现货交易抵销合同。另外期货市场也具有某种负效应的调节作用,如对期货价格的投机也许会成为支配价格的真实力量,从而价格就会因投机者操纵而剧烈波动,对经济产生危害。

(三)贷款交易市场

贷款交易是通过信贷关系所进行的商品交易,它反映了银货交割在时间上的异步性,即市场主体之间成交后,或者是以现在的商品交付来换取将来收款的约定;或者是以现在的货币交付来换取将来取货的约定。前者称为延期付款交易,后者称为预先付款交易。

延期付款交易有助于刺激有效需求,适宜于商品供大于求状况;预先付款交易有助于刺激有效供给,适宜于商品供不应求状况。这两种交易方式都是一笔货币贷款加上一宗商品交换,所不同的是:前者是卖方贷款给买方所进行的现货交易,属于抵押贷款,以卖方保留商品所有权为基础;后者是买方贷款给卖方所进行的期货交易,属于信用贷款,以卖方的信用为基础。

可见,贷款交易无非是在现货和期货交易基础上又增加了借贷关系的交易方式。这是一种更为复杂的交易方式,它具有以下基本特性:①在商品交换关系中渗透着借贷的债权债务关系,现期交付货物或货款的一方是债权人,远期交付货款或货物的一方则是债务人。他们在商品交换中也就实现了资金融通。②贷款交易在完成一般商品交换的同时提供了信贷,从而使受贷者在商品交换中获得提前实现商品使用价值或价值的优惠,即买方受贷者能提前实现商品使用价值的消费,卖方受贷者能提前实现商品的价值。③贷款交易虽然是成交后其中一方的货物或货款当即交付,但另一方的货款或货物交付总是蔓延续到以后某一日期才完成。

贷款交易市场是建立在再生产过程中直接信用基础上的,其最大的特点是信用关系连锁性。在该市场的商品交换中,借贷关系随着商品生产序列和流通序列不断发生,从而会使彼此有关的部门和行业连接起来。贷款交易市场的这一特点,使它对经济运行具有较大的弹性调节作用。

1. 有利于调节供给与需求在时间上的分离

当供求关系在时间序列上表现为不平衡时,或者采取商品的出售条件按照商品的生产条件来调节的办法,使需求提前实现;或者采取商品的生产条件按照商品的出售条件来调节的办法,使生产按需进行。这样就可以使再生产避免因供求在时间上的分离所造成的停顿。

2. 有利于调节短期的资金融通

贷款交易利用商品交换关系实现买方与卖方之间的信贷,提供短期的资金融通,使大量分散的短期闲置资金得以充分利用。

3. 有利于搞活流通

贷款交易市场用短期信贷关系弥补货物或货币缺口,使商品交换关系得以建立,这不仅扩大了商品销售,活跃了流通,而且也加强了交易双方的经济责任,从而有力地促进了消费和投资。

4. 有利于促进银行信用的发展

贷款交易市场上的商业信用是与现实再生产过程直接相联系的,它是整个信用制度的基础。贷款交易市场的扩大,必然推动银行间接信用的发展,这是因为:一方面商业信用为了保证其连续性,需要银行做后盾;另一方面商业票据作为信用货币要到银行去贴现。

当然,贷款交易市场中的信用关系仅限于买卖双方,其活动范围是有限的,而且它在经济系统的不确定因素冲击下往往显得很脆弱,容易产生连锁性的信用危机,直接影响再生产过程的顺利进行。

第三章
经济管理的微观视角

第一节　消费者、生产者与市场

一、消费者理论

(一)消费者行为理论模型

1. 彼得模型

彼得模型俗称轮状模型图,是在消费者行为概念的基础上提出来的。它认为消费者行为和感知与认知,行为和环境与营销策略之间是互动和互相作用的。彼得模型可以在一定程度感知与认知上解释消费者行为,帮助企业制定营销策略。消费者行为分析轮状模型图,包括感知与认知、行为、环境、营销策略四部分内容。

①感知与认知是指消费者对于外部环境的事物与行为刺激可能产生的人心理上的两种反应,感知是人对直接作用于感觉器官(如眼睛、耳朵、鼻子、嘴、手指等)的客观事物的个别属性的反映。认知是人脑对外部环境做出反应的各种思想和知识结构。

②行为,即消费者在做什么。

③环境是指消费者的外部世界中各种自然的、社会的刺激因素的综合体。例如,政治环境、法律环境、文化环境、自然环境、人口环境等。

④营销策略指的是企业进行的一系列的营销活动,包括战略和营销组合的使用,消费者会采取一种什么样的购买行为,与企业的营销策略有密切的关系。感知与认知、行为、营销策略和环境四个因素有着本质的联系。

感知与认知是消费者的心理活动,心理活动在一定程度上会决定消费者的行为。通常来讲,有什么样的心理就会有什么样的行为。相对应的,消费者行为对感知也会产生重要影响。营销刺激和外在环境也是相互作用的。营销刺激会直接地形成外在环境的一部分,而外面的大环境也会对营销策略产生影响。感知与认知、行为与环境、营销策略是随着时间的推移不断地产生交互作用的。消费者的感知与认知对环境的把握是营销成功的基础,而企业的营销活动又可以改变消费者行为、消费者的感知与认知等。但不可否认,营销策略也会被其他因素所改变。

2. 霍金斯模型

霍金斯模型是一个关于消费者心理与行为和营销策略的模型,此模型是将心理学与营销策略整合的最佳典范。

霍金斯模型,即消费者决策过程的模型,是关于消费者心理与行为的模型,该模型被称为将心理学与营销策略整合的最佳典范。

消费者在内外因素影响下形成自我概念(形象)和生活方式,然后消费者的自我概念和生活方式导致一致的需要与欲望产生,这些需要与欲望大部分要求以消费行为获得满足与体验。同时这些也会影响今后的消费心理与行为,特别是对自我概念和生活方式起调节作用。

自我概念是一个人对自身一切的知觉、了解和感受的总和。生活方式是指人如何生活。一般而言,消费者在外部因素和内部因素的作用下首先形成自我概念和自我意识,自我概念再进一步折射为人的生活方式。人的自我概念与生活方式对消费者的消费行为和选择会产生双向的影响:人们的选择对其自身的生活方式会产生莫大的影响,同时人们的自我概念与现在的生活方式或追求的生活方式也决定了人的消费方式、消费决策与消费行为。

另外,自我概念与生活方式固然重要,但如果消费者处处根据其生活方式而思考,这也未免过于主观,消费者有时在做一些与生活方式相一致的消费决策时,自身却浑然不觉,这与参与程度有一定的关系。

3. 刺激—反应模型

(1)刺激—中介—反应模型

这一模型是人的行为在一定的刺激下通过活动,最后产生反应。它是人类行为的一般模式,简称 SOR 模型。SOR 模型最初用来解释、分析环境对人类行为的影响,后作为环境心理学理论被引入零售环境中。

任何一位消费者的购买行为,均是来自消费者自身内部的生理、心理因素或是在外部环境的影响下而产生的刺激带来的行为活动。消费者的购买行为,其过程可归结为消费者在各种因素刺激下,产生购买动机,在动机的驱使下,做出购买某商品的决策,实施购买行为,再形成购后评价。消费者购买行为的一般模式是营销部门计划扩大商品销售的依据。营销部门要认真研究和把握购买者的内心世界。

消费者购买行为模式是对消费者实际购买过程进行形象说明的模式。所谓模式,是指某种事物的标准形式。消费者购买行为模式是指用于表述消费者购买行为过程中的全部或局部变量之间因果关系的图式理论描述。

(2)科特勒的刺激—反应模型

消费者购买行为模式一般由前后相继的三个部分构成,科特勒的刺激—反应模式清晰地说明了消费者购买行为的一般模式:刺激作用于消费者,经消费者本人内部过程的加工和中介作用,最后使消费者产生各种外部的与产品购买有关的行为。因此,该模式易于掌握和应用。

(二)消费者购买决策理论

1. 习惯建立理论

该理论认为,消费者的购买行为实质上是一种习惯建立的过程。习惯建立理论的主要内容如下。

①消费者对商品的反复使用形成兴趣与喜好。

②消费者对购买某一种商品的"刺激—反应"的巩固程度。

③强化物可以促进习惯性购买行为的形成。任何新行为的建立和形成都必须使用强化物,而且,只有通过强化物的反复作用,才能使一种新的行为产生、发展、完善和巩固。

习惯建立理论提出,消费者的购买行为,与其对某种商品有关信息的了解程度关联不大,消费者在内在需要激发和外在商品的刺激下,购买了该商品并在使用过程中感觉不错(正强化),那么他可能会再次购买并使用。消费者多次购买某商品,带来的都是正面的反映,购买、使用都是愉快的经历,那么在多种因素的影响下,消费者逐渐形成了一种固定化反应模式,即消费习惯。具有消费习惯的消费者在每次产生消费需要时,首先想到的就是习惯购买的商品,相应的购买行为也就此产生。因此,消费者的购买行为实际上是重复购买并形成习惯的过程,是通过学习逐步建立稳固的条件反射的过程。

从习惯建立理论的角度来看存在于现实生活中的许多消费行为,可以得到消费行为的解释,消费者通过习惯理论来购入商品,不仅可以最大限度地节省选择商品的精力,还可以避免产生一些不必要的风险。当然,习惯建立理论并不能解释所有的消费者购买行为。

2.效用理论

效用概念最早出现于心理学著作中,用来说明人类的行为可由追求快乐、避免痛苦来解释,后来这一概念成为西方经济学中的一个基本概念,偏好和收入的相互作用导致人们做出消费选择,而效用则是人们从这种消费选择中获得的愉快或者需要满足。通俗地说就是一种商品能够给人带来多大的快乐和满足。

效用理论把市场中的消费者描绘成"经济人"或理性的决策者,从而给行为学家很多启示:首先,在商品经济条件下,在有限货币与完全竞争的市场中,"效用"是决定消费者追求心理满足和享受欲望最大化的心理活动过程。其次,将消费者的心理活动公式化、数量化,使人们便于理解。但需要指出的是,作为一个消费者,他有自己的习惯、价值观和知识经验等,受这些因素的限制,他很难按照效用最大的模式去追求最大效益。

3.象征性社会行为理论

象征性社会行为理论认为任何商品都是社会商品,都具有某种特定的社会含义,特别是某些专业性强的商品,其社会含义更明显。消费者选择某一商标的商品,主要依赖于这种商标的商品与自我概念的一致(相似)性,也就是所谓商品的象征意义。商品作为一种象征,表达了消费者本人或别人的想法,有人曾说:"服饰最初只是一个象征性的东西,穿着者试图通过它赢取别人的赞誉。"有利于消费者与他人沟通的商品是最可能成为消费者自我象征的商品。

4.认知理论

心理学中认知的概念是指过去感知的事物重现面前的确认过程,认知理论把顾客的消费行为看成一个信息处理过程,顾客从接受商品信息开始直到最后做出购买行为,始终与对信息的加工和处理直接相关。这个对商品信息的处理过程就是消费者接收、存储、加工、使用信息的过程,它包括注意、知觉、表象、记忆、思维等一系列认知过程。顾客认知的形成,是由引起刺激的情景和自己内心的思维过程造成的,同样的刺激,同样的情景,对不同的人往往产生不同的效果。认知理论指导企业必须尽最大努力确保其商品和服务在顾客心中形成良好的认知。

(三)消费者行为的影响因素

影响消费者行为的因素主要有两种,分别是个人内在因素与外部环境因素,在此基础上,还可以继续进行细分,将个人内在因素划分为生理因素与心理因素;

将外部环境因素划分为自然环境因素和社会环境因素。可以说消费者行为的产生,是消费者个人与环境交互作用的结果。消费者个人内在因素与外部环境因素,直接影响着和制约着消费者行为的行为方式、指向及强度。

(四)消费者购买决策的影响因素

1. 他人态度

他人态度是影响购买决策的重要因素之一。他人态度对消费者购买决策的影响程度,取决于他人反对态度的强度及对他人劝告的可接受程度。

2. 预期环境因素

消费者购买决策要受到产品价格、产品的预期收益、本人的收入等因素的影响,这些因素是消费者可以预测到的,被称为预期环境因素。

3. 非预期环境因素

消费者在做出购买决策过程中除了受到以上因素影响外,还要受到营销人员态度、广告促销、购买条件等因素的影响,这些因素难以预测到,被称为非预期环境因素,它往往与企业营销手段有关。因此,在消费者的购买决策阶段,营销人员一方面要向消费者提供更多的、详细的有关产品的信息,便于消费者比较优缺点;另一方面,则应通过各种销售服务,促成方便顾客购买的条件,加深其对企业及商品的良好印象,促使消费者做出购买本企业商品的决策。

二、生产者理论

生产者理论主要研究生产者的行为规律,即在资源稀缺的条件下,生产者如何通过合理的资源配置,实现利润最大化。广义的生产者理论涉及这样三个主要问题:第一,投入要素与产量之间的关系。第二,成本与收益的关系。第三,垄断与竞争的关系。以下重点分析第一个问题,即生产者如何通过生产要素与产品的合理组合实现利润最大化。生产是对各种生产要素进行组合以制成产品的行为。在生产中要投入各种生产要素并生产出产品,所以,生产也就是把投入变为产出的过程。

(一)生产者

生产是厂商对各种生产要素进行合理组合,以最大限度地生产出产品产量的行为过程。生产要素的数量、组合与产量之间的关系可以用生产函数来表现。因此,在具体分析生产者行为规律之前,有必要先介绍厂商生产要素、生产函数等相关概念。厂商在西方经济学中,乃生产者,即企业,是指能够独立做出生产决策的经济单位。在市场经济条件下,厂商作为理性的"经济人"所追求的生产目标一般是利润最大化。厂商可以采取个人性质、合伙性质和公司性质的经营组织形式。在生产者行为的分析中,经济学家经常假设厂商总是试图谋求最大的利润(或最小的亏损)。基于这种假设,就可以对厂商所要生产的数量和为其产品制定的价格做出预测。当然,经济学家实际上并不认为追求利润最大化是人们从事生产和交易活动的唯一动机。企业家还有其他的目标,比如,企业的生存、安逸的生活,以及优厚的薪水等,况且要计算出正确的最大利润化也缺乏资料。尽管如此,从长期来看,厂商的活动看起来很接近于追求最大利润。特别是,如果要建立一个简化的模型,就更有理由认为厂商在制定产量时的支配性动机是追求最大利润。即使在实际生活中企业没有追求或不愿追求利润最大化,利润最大化至少可以作为一个参考指标去衡量其他目标的实现情况。

(二)生产函数

厂商是通过生产活动来实现最大利润的目标的。生产是将投入的生产要素转换成有效产品和服务的活动。以数学语言来说,生产某种商品时所使用的投入数量与产出数量之间的关系,即为生产函数。厂商根据生产函数具体规定的技术约束,把投入要素转变为产出。在某一时刻,生产函数是代表给定的投入量所能产出的最大产量,反过来也可以说,它表示支持一定水平的产出量所需要的最小投入量。因此,在经济分析中,严格地说,生产函数是表示生产要素的数量及其某种数量组合与它所能生产出来的最大产量之间的依存关系,其理论本质在于刻画厂商所面对的技术约束。

在形式化分析的许多方面,厂商是与消费者相似的。消费者购买商品,用以"生产"满足;企业家购买投入要素,用以生产商品。消费者有一种效用函数,厂商有一种生产函数。但实际上,消费者和厂商的分析之间存在着某些实质性的差异。效用函数是主观的,效用并没有一种明确的基数计量方法;生产函数却是客观的,投入和产出是很容易计量的。理性的消费者在既定的收入条件下使效用最大化;企业家类似的行为是在既定的投入下使产出数量最大化,但产出最大化并非其目标。要实现利润最大化,厂商还必须考虑到成本随产量变化而发生的变动,即必须考虑到成本函数。也就是说,厂商的利润最大化问题既涉及生产的技术方面,也涉及生产的经济方面。生产函数只说明:投入要素的各种组合情况都具有技术效率。这就是说,如果减少任何一种要素的投入量就要增加另一种要素的投入量,没有其他生产方式能够得到同样的产量。而技术上无效率的要素组合脱离了生产函数,因为这类组合至少多用了一种投入要素,其他要素投入量则同以前一样,其所生产出的产量却同其他方式一样多。

(三)生产要素

生产要素是指生产活动中所使用的各种经济资源。这些经济资源在物质形态上千差万别,但它们可以归类为四种基本形式:劳动、资本、土地和企业家才能。劳动是指劳动者所提供的服务,可以分为脑力劳动和体力劳动。

资本是指用来生产产品的产品。它有多种表现形式,其基本表现形式为物质资本如厂房、设备、原材料和库存等。此外,它还包括货币资本(流动资金、票据和有价证券)、无形资本(商标、专利和专有技术)和人力资本(经教育、培育和保健获得的体力智力、能力和文化)。

土地是指生产中所使用的,以土地为主要代表的各种自然资源,它是自然界中本来就存在的。例如,土地、水、原始森林、各类矿藏等。

企业家才能是指企业所有者或经营者所具有的管理、组织和协调生产活动的能力。劳动、资本和土地的配置需要企业家进行组织。企业家的基本职责是:组织生产、销售产品和承担风险。生产任何一种产品或劳务,都必须利用各种生产要素。

三、市场理论

(一)市场

市场是商品经济的范畴。哪里有商品,哪里就有市场。但对于什么是市场,却有多种理解,开始,人们把市场看作商品交换的场所,如农贸市场、小商品市场等。它是指买方和卖方聚集在一起进行交换商品和劳务的地点。但随着商品经济的发展,市场范围的扩大,人们认识到,市场不一定是商品交换的场所,哪里存在商品交换关系哪里就存在市场。可见,市场的含义,不单指商品和劳务集散的场所,而且指由商品交换联结起来的人与人之间的各种经济关系的总和。

作为市场,它由三个要素构成:一是市场主体,即自主经营、自负盈亏的独立的经济法人。它包括从事商品和劳务交易的企业、集团和个人。二是市场客体,指通过市场进行交换的有形或无形的产品、现实存在的产品或未来才存在的产品。三是市场中介,指联结市场各主体之间的有形或无形的媒介与桥梁。市场中介包括联系生产者之间、消费者之间、生产者与消费者、同类生产者和不同类生产者、同类消费者与不同类消费者之间的媒介体系模式。在市场经济中,价格、竞争、市场信息、交易中介人、交易裁判和仲裁机关等都是市场中介。市场的规模和发育程度集中反映了市场经济的发展水平和发育程度。因此,在发展市场经济过程中,必须积极培育市场。

(二)市场经济

1. 市场经济概述

简而言之,市场经济就是通过市场机制来配置资源的经济运行方式。它不是社会制度。众所周知,在任何社会制度下,人们都必须从事以产品和劳务为核心的经济活动。而当人们进行经济活动时,首先要解决以何种方式配置资源的问题。这种资源配置方式,就是通常所说的经济运行方式。由于运用调节的主要手段不同,人们把经济运行方式分为计划与市场两种形式。前者指采用计划方式来配置资源,被称为计划经济;后者指以市场方式来配置资源,被称为市场经济。可见,市场经济作为经济活动的资源配置方式,不论资本主义还是社会主义都可以使用。它与社会制度没有必然的联系。虽然,市场经济是随着现代化大生产和资本主义生产方式的产生而产生的,但它并不是由资本主义制度所决定的。因为市场经济的形成与发展直接决定于商品经济的发达程度。迄今为止,商品经济发展经历了简单商品经济、扩大的商品经济和发达的商品经济三个阶段。只有当商品经济进入扩大发展阶段以后,市场经济的形成与发展才具备条件。因为在这个阶段不仅大部分产品已经实现了商品化,而且这种商品化还扩大到生产要素领域。这时,市场机制成为社会资源配置的主要手段。也就是说,这个阶段经济活动中四个基本问题,即生产什么? 如何生产? 为谁生产和由谁决策等,都是依靠市场的力量来解决的。由此可见,市场经济是一种区别于社会制度的资源配置方式,即经济运行方式。

2. 市场经济的运转条件

①要有一定数量的产权明晰的、组织结构完整的企业。

②要有完备的市场体系,成为社会经济活动和交往的枢纽。

③要有完整的价格信号体系,能够迅速、准确、明晰地反映市场供求的变化。

④要有完善的规章制度,既要有规范各种基本经济关系的法规,又要有确定

市场运作规则的法规,还要有规范特定方面经济行为的单行法规。

⑤要有发达的市场中介服务组织,如信息咨询服务机构行业协会、同业公会、会计师事务所、律师事务所等市场经济作为经济运行方式。

3.市场经济的特征

市场经济的特征可以归结为以下几个方面。

①市场对资源配置起基础性作用。这里的资源包括人力、物力、财力等经济资源。

②市场体系得到充分发展,不仅有众多的买者和卖者,还有一个完整的市场体系,并形成全国统一开放的市场。

③从事经营活动的企业,是独立自主、自负盈亏的经济实体,是市场主体。

④社会经济运行主要利用市场所提供的各种经济信号和市场信息调节资源的流动和社会生产的比例。

⑤在统一的市场规则下,形成一定的市场秩序,社会生产、流通、分配和消费在市场中枢的联系和调节下,形成有序的社会再生产网络。

⑥政府依据市场经济运行规律,对经济实行必要的宏观调控,运用经济政策、经济法规、计划指导和必要的行政手段引导市场经济的发展。

第二节　市场需求分析

一、需求的含义

需求与供给这两个词汇不仅是经济学最常用的两个词,还是经济领域最常见的两个术语。需求与供给作为市场经济运行的力量,直接影响着每种物品的产量及出售的价格。市场价格在资源配置的过程中发挥着重要作用,既决定着商品的分配,又引导着资源的流向。如果你想知道,任何一种事件或政策将如何影响经济并且产生什么样的效应,就应该先考虑它将如何影响需求和供给。

需求是指买方在某一特定时期内,在"每一价格"水平时,愿意而且能够购买的商品量。消费者购买愿望和支付能力,共同构成了需求,缺少任何一个条件都不能成为有效需求。这也就是说,需求是买方根据其欲望和购买能力所决定想要购买的数量。

二、需求表与需求曲线

对需求的最基本表示是需求表和需求曲线,直接表示价格与需求量之间的基本关系。

(一)需求表

需求表是表示在不影响购买的情况下,一种物品在每一价格水平下与之相对应的需求量之间关系的表格。需求表是以数字表格的形式来说明需求这个概念的,它反映出在不同价格水平下购买者对该商品或货物的需求量。

(二)需求曲线

需求曲线是表示一种商品价格和需求数量之间关系的图形,它的横坐标表示的是数量,纵坐标表示的是价格。通常,需求曲线是向右下方倾斜的,即需求曲线的斜率为负,这反映出商品的价格和需求之间是负相关关系。

三、需求函数与需求定理

(一)需求函数

需求函数是以代数表达式表示商品价格和需求量之间关系的函数。需求函数表示的经济学含义是:

①在给定的价格水平下,需求者能够购买的最大商品数量。

②对于具体给定的商品数量,需求者愿意支付的最高价格。

(二)需求定理

从需求表和需求曲线中得出,价格与需求量之间,商品的需求量与其价格是呈反方向变动的,这种关系对经济生活中大部分物品都是适用的,而且,这种关系非常普遍,因此,经济学家称之为需求定理。

需求定理的基本内容是:在其他条件不变的情况下,购买者对某种商品的需求量与价格呈反方向变动,即需求量随着商品本身价格的上升而减少,随着商品本身价格的下降而增加。

四、影响需求的因素

除了价格因素以外,还有许多因素会影响需求使之发生变化。其中,以下几方面是比较重要的影响因素。

(一)收入

假如经济危机出现了,公司为了应对危机,会相应地减少员工收入。当收入减少时,个人或家庭的需求一般会相应地减少。就是说,当收入减少时,消费支出的数额会相应地减少,因此,个人或家庭不得不在大多数物品上相应减少消费。在经济学中,当收入减少时,对一种物品的需求也相应减少,这种物品就是正常物品。一般把正常物品定义为:在其他条件相同时,收入增加会引起需求量相应增加的物品。

在人们的日常生活中,消费者购买的物品,并不都是正常物品,随着人们收入水平的提高,人们会对某种物品的需求减少,这种物品就是所谓的低档物品。从经济学的角度看低档物品,将其定义为:在其他条件相同时,随着收入的增加,引起需求量相应减少的物品。

(二)相关商品的价格

相关商品是指与所讨论的商品具有替代或者互补关系的商品。

在其他条件不变时,当一种商品价格下降时,减少了另一种商品的需求量,这两种物品被称为替代品。两种替代商品之间的关系是:价格与需求呈现出同方向变动,即一种商品价格上升,将引起另一种商品需求增加。

在其他条件不变时,当一种商品价格下降时,增加了另一种商品的需求量,这两种物品被称为互补品。两种互补商品之间的关系是:价格与需求呈反方向变动,即一种商品的价格上升,将引起另一种商品需求减少。

(三)偏好

决定需求的另一明显因素是消费者偏好。人们一般更乐于购买具有个人偏好的商品。人们的偏好,受很多因素的影响,如广告,从众心理等。当人们的消费偏好发生变动时,相应的对不同商品的需求也会发生变化。

(四)预期

人们对未来的预期也会影响人们现期对物品与劳务的需求。对于某一产品来说,人们通过预期认为该产品的价格会发生变化,若预期结果是涨价,人们会增加购入数量;若预期结果是降价,那么人们会减少当前的购入数量。

(五)购买者的数量

购买者数量的多少是影响需求的因素之一,如人口增加将会使商品需求数量增加,反之,购买者数量的减少会使商品需求数量减少。

(六)其他因素

在影响需求变动的因素中,如民族、风俗习惯、地理区域、社会制度及一国政府采取的不同政策等,都会对需求产生影响。

五、需求量变动与需求变动

(一)需求量的变动

需求量的变动是指其他条件不变的情况下,商品本身价格变动所引起的商品需求量的变动。需求量的变动表现为同一条需求曲线上点的移动。在影响消费者购买决策的许多其他因素不变的情况下,价格的变化直接影响着消费者的消费需求,在经济学中,这就是"需求量的变动"。

(二)需求的变动

在经济分析中,除了要明确"需求量的变动",还要注意区分"需求的变动"。需求的变动是指商品本身价格不变的情况下,其他因素变动所引起的商品需求的变动。需求的变动表现为需求曲线的左右平行移动。

在需求曲线中,当出现影响消费者的商品需求因素,也就是需求的变动,在某种既定价格时,当人们对商品需求减少时,表现在需求曲线中就是曲线向左移;当人们对商品需求增加时,在需求曲线中就表现为需求曲线向右移。总而言之,需求曲线向右移动被称为需求的增加,需求曲线向左移动被称为需求的减少。

引起需求量变动和需求变动的原因不同,其不仅受到商品价格、收入、相关商品价格的影响,还受到偏好、预期、购买者数量的影响。

第三节 市场供给分析

一、供给的含义

供给是指卖方在某一特定时期内,在某一价格水平时,生产者愿意而且能够提供的商品量。供给是生产愿望和生产能力的统一,缺少任何一个条件都不能成为有效供给。这也就是说,供给是卖方根据其生产愿望和生产能力决定想要提供的商品数量。通常用供给表、供给曲线和供给函数三种形式来表述供给。

二、供给表

供给表是表示在影响卖方提供某种商品供给的所有条件中,仅有价格因素变动的情况下,商品价格与供给量之间关系的表格。

三、供给曲线

如果供给表用图形表示,根据供给表描出的曲线就是供给曲线。供给曲线是表示一种商品价格和供给数量之间关系的图形。横坐标轴表示的是供给数量,纵坐标轴表示的是价格。若是供给曲线是向右上方倾斜的,这反映出商品的价格和供给量之间是正相关的关系。

四、供给函数

供给函数是以代数表达式表示商品价格和供给量之间关系的函数。供给曲线上的点表示的经济含义是:
①在给定的价格水平上,供给者愿意提供的最大商品数量。
②对于给定的具体商品数量,生产者愿意索取的最低价格。

五、供给定理

从供给表和供给曲线中可以得出,某种商品的供给量与其价格是呈现出相同方向变动的。价格与供给量之间的这种关系对经济中大部分物品都是适用的,而且,实际上这种关系非常普遍,因此,经济学家称之为供给定理。

供给定理的基本内容是:在其他条件相同时,某种商品的供给量与价格呈现出同方向变动,即供给量随着商品本身价格的上升而增加,随着商品本身价格的下降而减少。

六、影响供给的因素

有许多变量会影响供给,使供给曲线发生移动,以下因素尤为重要。

(一)生产要素价格

为了生产某种商品,生产者要购买和使用各种生产要素:工人、设备、厂房、原材料、管理人员等。当这些投入要素中的一种或几种价格上升时,生产某种商品的成本就会上升,厂商利用原有投入的资金,将会提供相对减少的商品。如若要素价格大幅度上涨,厂商则会停止生产,不再生产和供给该商品。由此可见,一种商品的供给量与生产该商品的投入要素价格呈负相关。

(二)技术

在资源既定的条件下,生产技术的提高会使资源得到更充分的利用,从而引起供给增加。生产加工过程的机械化、自动化将减少生产原有商品所必需的劳动量,进而减少厂商的生产成本,增加商品的供给量。

(三)相关商品的价格

两种互补商品中,一种商品价格上升,对另一种商品的需求减少,供给将随之减少。互补商品中一种商品的价格和另一种商品的供给呈负相关。

两种替代商品中,一种商品价格上升,对另一种商品的需求增加,供给将随之增加。替代商品中一种商品的价格和另一种商品的供给呈正相关。

(四)预期

企业现在的商品供给量还取决于对未来的预期。若是预期未来某种商品的价格会上升,企业就将把现在生产的商品储存起来,而减少当前的市场供给。

(五)生产者的数量

生产者的数量一般和商品的供给呈正相关关系,即如果新的生产者进入该种商品市场,那么,市场上同类产品的供给就会增加。

七、供给量的变动与供给的变动

(一)供给量的变动

供给量的变动是指其他条件不变的情况下,商品本身价格变动所引起的商品供给量的变动。供给量的变动表现为沿着同一条供给曲线上的点移动。

影响生产者生产决策的许多其他因素不变的情况下,在任何一种既定的价格水平时,生产者提供相对应的商品数量。价格变化会直接导致商品供给数量的变化,在经济学中被称为"供给量的变动"。

(二)供给的变动

与需求相同,在经济分析中,除了要明确"供给量的变动",还要注意区分"供给的变动"。供给的变动是指商品本身价格不变的情况下其他因素变动所引起的商品供给的变动。供给的变动表现为供给曲线左右平行移动。

供给的变动,在某种既定价格时,当某种商品价格上涨时,厂商对该商品的供给减少,此时供给曲线向左移;在某种既定价格时,通过科技手段来使该商品的生产能力变强时,此时供给曲线向右移。供给曲线向右移动被称为供给的增加,供给曲线向左移动被称为供给的减少。

第四节 市场均衡与政府政策

一、市场与均衡

市场上,需求和供给主要是通过价格调节的,围绕着这一主题首先分析需求曲线和供给曲线如何共同决定均衡价格和均衡产量(均衡价格下的需求量和供给量),为什么市场处于均衡状态时社会总剩余达到最大,买者和卖者之间的竞价如何使得非均衡状态向均衡调整。最后,简要介绍一下一般均衡理论,并讨论市场中的非价格机制。

市场将消费决策和生产决策分开,消费者不生产自己消费的产品,生产者也不消费自己生产的产品。但市场又通过交换将消费者和生产者联系起来。市场通常被理解为买卖双方交易的场所,比如传统的庙会、集市,现代的购物中心、百货商店等,都是市场。但市场又不仅仅是这些看得见、摸得着的实体场所。市场的本质是一种交易关系,它是一个超越了物理空间的概念。随着信息时代的到来,电商已经成为交易的一种新的形式,很多交易是在互联网上依托电商服务器完成的,在这里我们看不到具体的交易场所,但是这些网络虚拟的交易场所仍然是在我们经济学研究的市场中进行的。市场的类型多种多样,不仅有物质产品和服务产品的交易市场,也有作为投入品的要素市场。还有很多无形的标的物也可以成为市场的交易对象,比如专利市场、思想市场等。

无论什么市场,都存在买者和卖者两方。市场交易是一个竞争的过程,不仅有买者和卖者之间的竞争,而且有买者之间的竞争和卖者之间的竞争。比如,生产者之间为获得客户、销售产品而竞争,消费者之间为获得产品而竞争。竞争,意味着每个人都有自由选择的权利,即向谁买、买什么和卖给谁、卖什么的自由。只有在各方都有自由选择权利的制度下,才可以谈得上交易,才能够称之为市场。

(一)均衡价格

1. 均衡定义

经济学分析市场的一个基本工具是均衡。均衡分析有一百多年的历史,至今仍然是一个强有力的分析工具。均衡分析最初是经济学家从物理学中借用过来的,它是一种分析不同力量相互作用的方法。在宇宙空间中存在着各种各样的力量,各种力量相互作用,达到一种稳定的状态,即均衡状态。在均衡状态下,没有任何事物会发生新的变化。市场上,供给和需求是两种基本的力量。经济学中的市场均衡,就是指供给和需求的平衡状态。

2. 市场均衡核心

关于市场均衡的概念述说起来就是,供给和需求的平衡状态。价格是市场均衡的核心,需求和供给都受价格影响,都是价格的函数。但需求和供给对价格做出反应的方向不同:需求量随着价格的下跌而上升,供给量随着价格的上升而上升。因此,需求量和供给量不可能在任何价格下都相等。但需求和供给的反向变化也意味着,使得需求量和供给量相等的价格是存在的。在经济学上,我们把使得需求量和供给量相等的价格称为"均衡价格",对应的需求量(供给量)称为"均衡产量"。也就是说,在均衡价格下,所有的需求量都能得到满足,所有愿意在这个价格下出售的产品都可以卖出去。

3. 均衡价格与边际成本

均衡价格是指,当需求量等于供给量的状况下,由需求曲线和供给曲线的交点决定的。

(1)供给曲线与边际成本曲线重合

供给曲线与边际成本曲线重合,需求曲线与消费者的边际效用曲线也是重合的。需求曲线上的价格代表了消费者的最高支付意愿,也就是厂商要把某一固定产量的商品全部销售出去,可以卖出的最高价格。为什么随着产量的增加,消费者愿意付的钱越来越少?因为边际效用是递减的。也就是说,每个人一开始总是满足最迫切的需要,他愿意为最迫切的需要付出的代价最大;迫切的需要满足之后,对于不那么迫切的需要,愿意付出的代价相对较小。

(2)供给曲线与生产者的边际成本曲线重合

它可以理解为厂商愿意接受的最低价格。只有消费者愿意付出的价格高于或至少不低于生产者愿意接受的价格时,交易才会给双方带来好处,产品才有可能成交。假设一件商品买家最高只愿意出 10 元钱,但卖家最低只能接受 12 元钱,那么交易就不会出现。因此,有效率的交易只会出现在均衡点的左侧,即需求曲线高于供给曲线的部分。

4. 均衡价格与边际效用

根据前面的论述,均衡价格也可以看作消费者的边际效用等于生产者的边际成本时对应的价格水平。这是因为消费者的最优选择意味着他愿意接受的市场价格等于其边际效用,生产者的最优选择意味着他愿意接受的市场价格等于其边际成本。这样一来,价格就把生产者和消费者联系在一起,均衡实现了双方最优。这个原理可以表示为:

$$边际效用=均衡价格=边际成本$$

可见价格是一个杠杆,它在消费者和生产者分离的情况下实现了"鲁滨逊经济"中消费者和生产者一体化情况下的最优选择条件,如下所示。

$$边际效用=边际成本$$

5. 均衡状态下的总剩余

交换带来的社会福利增加总额,即总剩余。总剩余包括两部分:一部分是消费者剩余,另一部分是生产者剩余。消费者剩余就是消费者支付的价格和他实际支付的价格之间的差额。总收入和总成本之间的差值即生产者获得的生产者剩余,也就是利润,其计算公式如下所示。

总剩余＝消费者剩余＋生产者剩余

均衡不是现实,而是现实发生变化背后的引力。只有在均衡条件下,总剩余才能达到最大,此时的市场效率是最大的。如果市场处于均衡状态的左侧,有一部分价值没有办法实现;如果市场处在均衡状态的右侧,消费者愿意支付的价格小于生产者愿意接受的最低价格,由此会出现亏损,造成社会福利的损失。所以均衡本身对应的是经济学上讲的"最大效率",偏离均衡就会带来效率损失。当然,现实生活中我们不可能总是达到最大效率这种状态。更准确地说,均衡不是现实,而是现实发生变化背后的引力。下面我们分析一下非均衡状态如何向均衡状态调整。

(二)均衡的移动和调整

不管是供给曲线,还是需求曲线,均会受到很多因素的影响,并且这些影响因素是随时间变化的。影响需求曲线移动的因素有:消费者偏好、收入、替代品和互补品的价格,或者其他制度性的、文化的因素的变化。影响供给曲线移动的因素有:生产技术、要素价格和原材料价格、要素供给量的变化。因此,均衡点就随时间变化而变化,价格和供求的调整过程是动态的,就像追踪一个移动的靶子,而不是追逐着一个固定的目标。

从动态角度看,市场总是处于调整当中,现实经济总是处于非均衡状态。现实中的价格总是和理论上的均衡价格不完全一样,但市场价格总是围绕随时间变化的均衡点不断调整。这就是均衡分析的意义所在。

最后需要指出的一点是,前面我们把均衡点的变化和调整过程当作一个非人格化的过程。事实上,在现实市场中,均衡点的变化和调整主要是通过企业家活动实现的。企业家是善于判断未来、发现不均衡并组织生产、从事创新活动的人。尽管企业家也会犯错误,但正是他们的存在,使得市场经济不仅有序,而且在不断发展。

(三)非均衡状态及其调整

非均衡状态可以划分为两类,分别是:实际价格低于均衡价格,或实际价格高于均衡价格。通常情况下,当价格低于均衡价格时,消费者愿意购买的数量大于生产者愿意出售的数量,这就出现了供不应求的现象;当价格高于均衡价格时,消费者愿意购买的数量小于生产者愿意出售的数量,这就出现了供大于求的现象。无论哪种情况,都有一方的意愿不能实现,从而导致效率损失。

1. 非均衡状态概述

为什么非均衡状态会出现?最基本的原因是在现实市场中,信息是不完全的。在传统的教科书中,通常假定信息是完全的,每个人都知道供求曲线和交点的位置。在这个假设下,不会有非均衡,这与现实是有出入的。市场通常由若干买家和卖家组成,他们当中每一个个体的决策都会影响整个市场,但没人知道市场的需求曲线和供给曲线具体是什么形状,消费者甚至连自己的需求曲线都画不出来,生产者也画不出自己的供给曲线,更没有人能准确知道其他人的需求和供给,因此,没有人确知均衡点究竟在哪里。但实际交易就是在这种情况下发生的。尽管出于自身利益的考虑,消费者会寻找合适的卖方,生产者也会寻找合适的买方,并希望获得对自己最有利的交易条件,但这又会带来交易成本和等待的成本。因此,交易不可能从均衡价格开始。

不均衡状态还可以理解为一种后悔的状态:当消费者按照商家的标价购买一件商品后,过一段时间发现该商品价格下降了,那当初消费者实际支付的价格就是非均衡价格,这就表现出消费者的"后悔"。同样,当生产者把产品卖出后如果发现价格上涨了,也会感到"后悔"。

2. 现实交易向均衡状态的调整

尽管现实不可能处于均衡状态,但现实交易总是有向均衡状态调整的趋势。这种调整是买者和卖者竞争的结果,买者之间和卖者之间的竞争使价格从不均衡趋向均衡。现在我们就来分析一下可能的调整过程。首先考虑价格低于均衡价格的情况。设想由于某种原因,企业预期的价格低于均衡价格。此时,市场上供给的产品数量将少于消费者愿意购买的数量。当一部分消费者发现自己的购买意愿难以实现时,他们就愿意支付更高的价格;企业看到奇货可居,也会提高价格。随着价格的上升,一方面,消费者会减少需求,有些消费者甚至会完全退出市场;另一方面,企业会修正自己的预期,看到价格上升就会增加供给。如此这般,只要供给小于需求,价格就会向上调整,需求量随之减少,供给量随之增加,直到均衡为止。

现在考虑价格高于均衡价格的情况。如果市场价格高于均衡价格水平,企业会选择较高的产量,但在市场上,需求量低于产出量,造成部分商品生产出来后卖不出去。此时,由于销售困难,部分厂商会选择降价销售,以便清理库存,结果市场价格逐渐下降。随着价格的下降,企业相应地减少产量,部分原来的生产者退出了市场,导致市场供给量下降;同时,随着价格的走低,部分潜在消费者进入了市场,需求量增加。如此这般,只要供给大于需求,价格就会向下调整,需求量随之增加,供给量随之减少,直至均衡为止。

(四)亚当·斯密论的价格调整

市场上任何一个商品的供售量,如果不够满足对这种商品的有效需求,那些愿支付这种商品出售前所必须支付的地租、劳动工资和利润的全部价值的人,就不能得到他们所需要的数量的供给。他们当中有些人,不愿得不到这种商品,宁愿接受较高的价格。于是竞争便在需求者中间发生。而市场价格便或多或少地上升到自然价格以上。价格上升程度的大小,要看货品的缺乏程度及竞争者富有程度和浪费程度所引起的竞争热烈程度的大小。

反之,如果市场上这种商品的供售量超过了它的有效需求,这种商品就不可能全部卖给那些愿意支付这种商品出售前所必须支付的地租、劳动工资和利润的全部价值的人,其中一部分必须售给出价较低的人。这一部分商品价格的低落,必使全体商品价格随着低落。这样,它的市场价格,便或多或少降到自然价格(类似长期均衡价格)以下。下降程度的大小,要看超过额是怎样加剧卖方的竞争,或者说,要看卖方是怎样急于要把商品卖出的。

如果市场上这种商品量不多不少,恰好够供给它的有效需求,市场价格便和自然价格完全相同,或大致相同。所以,这种商品全部都能以自然价格售出,而不能以更高价格售出。各厂商之间的竞争使他们都得接受这个价格,但不能接受更低的价格。

当然,无论供不应求还是供过于求,现实中的调整都比我们上面描述的要复杂一些。比如,在供不应求的情况下,市场价格也许会短期内冲到消费者可接受的最高点,然后再随着供给量的增加逐步回落,经过一段时间的震荡后,逐步趋于均衡;在供过于求的情况下,市场价格也许会短期内跌落到消费者愿意支付的最低点,然后随着供给量的减少逐步回升,经过一段时间的震荡后,逐步趋于均衡。

调整过程需要多长时间,不同产品,市场是不同的。特别是,由于需求很容易及时调整,调整的快慢主要取决于产品的生产周期。生产周期越长的产品,调整的速度越慢。例如,农作物的生产周期是以年计算的,调整至少需要一年的时间;而服装的生产周期很短,调整相对快一些。

容易设想,如果需求曲线和供给曲线不随时间而变化,则不论调整的时间多长,市场价格最终一定会收敛于均衡水平。现实中,尽管绝大部分产品市场达不到经济学意义上的均衡,但仍然可以达到日常生活意义上的均衡,即:在现行的价格下,消费者的意愿需求总可以得到满足,生产者也可以售出自己计划生产的产品。实际价格的相对稳定性就证明了这一点。

现实市场之所以达不到经济学意义上的均衡,是因为需求曲线和供给曲线都随时间变化而变化。

(五)一般均衡与非价格机制的调整

1. 一般均衡理论

前面讲的单一产品市场的均衡是局部均衡。一般均衡或总体均衡,是指所有市场同时达到均衡的状态。这里的市场不仅包括产品市场,还包括劳动力市场和资本市场。以下是产品市场的一般均衡。

(1)一般均衡定义

所有的产品,需求量等于供给量,即市场实现了一般均衡,或者说,消费者的总支出等于生产者的总收入(现实中,消费者的收入是通过要素价格的形式获得的)。

(2)一般均衡的基本特征

在均衡状态,每个消费者都达到效用最大化的消费选择,每个生产者都达到利润最大化的产量选择;所有的产品市场都出清,所有的要素市场都达到供求平衡;所有消费者都能买到自己想买的产品,所有生产者都能卖出自己计划生产的产品;想找工作的劳动者一定能找到工作,想雇人的企业一定能雇到人;想借钱的生产者一定能借到钱,能出贷的贷款人一定能把钱贷出去。

(3)一般均衡的条件

一般均衡有一个条件:如果一种产品出现过剩,则价格等于零,等于说它给人们带来的边际效用为零。完全竞争企业的收入等于成本,没有超额利润。

(4)理论上的一般均衡

理论上,一般均衡是通过价格的不断试错而实现的:对于任意给定的一组价格,如果某种产品供过于求,该产品的价格就向下调整;如果供不应求,该产品的价格就向上调整。这样,经过若干次的调整,所有产品的价格都趋于均衡。

(5)一般均衡的意义

一般均衡在理论上很完美,但现实经济不可能达到一般均衡。尽管如此,一般均衡理论仍然是很有意义的,如下所示。

第一,它为分析市场提供了一个参照系。

第二,它有助于分析政策的直接和间接效果。

我们知道,一个经济体系中,任何一个市场的价格变化不仅仅会引起该商品需求和供给的变化,而且会对其他商品的需求和供给产生影响,甚至引发劳动力市场、土地市场等要素市场的变化。这就是我们日常讲的"牵一发而动全身"。一般均衡模型可以把这些直接效果和间接效果都考虑进去,因此可以分析任何一个变量的变化引起的总体效果。

比如说,当政府对某种商品征税时,为了理解由此引起的整个经济的总效率如何变化,我们不仅要考虑税收如何影响商品的供求和价格,而且要考虑其他商品和要素的供求和价格如何变化。只有这样,我们才能准确评价政府征税对现实经济的总体影响。因此,一般均衡理论对福利经济学非常重要。当然,正因为一般均衡分析过于复杂,大部分经济学家仍然偏好于局部均衡分析。一般均衡理论也意味着,如果由于某种原因某种商品的市场偏离了原来的均衡,则所有其他商品的市场也应该偏离原来的均衡。

比如说,假定经济由两种商品组成,在均衡的情况下,第一种商品的产量是8个单位,第二种商品的产量是10个单位。如果政府规定第一种商品只能生产7个单位,那么,第二种商品的最优产量就应该做相应的调整,而不应该是原来的10个单位。这就是所谓的"次优理论"。

2. 市场的非价格机制

(1)非价格机制调节概述

非价格机制,是指通过配额、排队、限制等手段来调节供求。一般来说,价格是协调供求最有效的手段,如果价格不受管制,那么自由的市场竞价会使市场趋向均衡,尽管不能每时每刻都达到均衡。有时候政府会出于收入分配或其他目的限制竞价,如政府对一些特定产品实行配额生产或消费,政府有时候也要求企业必须雇用某些特定的员工。如我们前面指出的,整体来说,政府利用非价格手段干预市场会使经济产生效率损失。

但值得注意的是,在市场经济中,企业也会使用一些非价格手段调节需求。比如说,当某种产品非常紧俏的时候,厂家并不一定把价格提高到供求相等的水平,而是在维持价格不变的情况下实行限额购买。特别是,在金融市场和劳动力市场上,企业使用非价格手段更为频繁。比如说,银行并不把利率调整到某一水平,使得所有想贷款的人都能贷到款,而是对所有申请贷款的人进行资格审查,然后决定将款项贷给谁、不贷给谁以及贷多少。在劳动力市场上,即使求职者愿意以更低的工资获得工作机会,企业也可能不愿意降低工资,而是宁可在保持工资不变的情况下少雇用工人。

(2)非价格机制的应用

企业为什么使用非价格手段?无疑,有些情况下企业这样做是出于非经济因素的考虑,包括社会公正、舆论压力等。比如说,在自然灾害发生时,企业不愿意把产品价格提高到供求均衡的水平,可能是因为希望给每个人提供基本的生活保障,也可能是害怕被民众批评"发国难财"。但总体来说,企业使用非价格手段通常也是出于利润最大化的动机。事实上,这些手段之所以被认为是非价格手段,是因为人们对产品的定义有误解。很多非价格机制,在其本质上可以还原价格机制。

现实中有一种定价叫作打包价格机制。例如,迪士尼乐园的一张门票包含若干活动项目,理论上消费者拿一张通票可以玩所有的项目,但实际上一天下来去不了几个地方,因为每个地方都排着很长的队。所以,名义价格不变,不等于实际价格不变,非价格调节机制可以改变真实的价格。

二、政府干预的效率损失

(一)价格管制及其后果

在市场经济国家,政府有时会对价格和工资实行限制。与计划经济的政府定价不同的是,市场经济国家的价格管制一般只规定最高限价或最低限价,而不是直接定价。最高限价,即规定交易价格不能高于某个特定的水平,也就是卖出商品的标价不能超过规定的最高价格。最高价格一定低于均衡价格,否则是没有意义的。

最高限价会带来什么后果呢?从效率上来看,本来一些不是非常需要这个商品的人也进入了市场,该商品对这些消费者的效用并不高,但他们也很可能获得该商品,这对于社会资源是一种浪费。而该商品对另外一些人的价值较大,但在限价后他们可能买不到这种商品,这又是一种损失。政府会有什么对策呢?既然需求大于供给,政府可以选择的一个办法是强制企业生产市场需要的产量。这就是为什么价格管制经常会伴随计划性生产的主要原因。强制生产的结果是什么? 假如政府的生产计划确实能够实现,此时生产的边际成本远远大于商品给消费者带来的边际价值,这是一种资源的浪费。

有时候政府制定了最高限价并强制企业生产,如果企业亏损则给予财政补贴。但这会弱化企业降低成本的积极性,甚至诱导企业故意增加成本、制造亏损,因为亏损越多,得到的补贴越多,不亏损就没有补贴。这又是一种效率损失。

如果政府没有办法强制企业生产,那就只能配额消费,在 1200 单位的需求量里面分配 400 单位的产量。配额会引起什么问题呢? 如果政府通过抓阄的方式随机分配配额,将导致前面讲的效率损失,因为能得到该商品的并不一定是需求最迫切的消费者。

现在我们转向讨论最低限价政策。最低限价的直接目的是使得交易价格高于市场均衡价格。与最高限价的情况相反,如果政府为了保护某个产业,出台政策规定相关产品的交易价格不能低于某个最低价格,这将导致供过于求。

为了解决供过于求的问题,政府就不得不实行配额生产。即便政府能够保证把配额分配给成本最低的企业,但由于与需求量对应的产量小于均衡价格下的产量,也存在效率损失。当然,政府也可以强制消费者购买过剩的产量,但这样做不仅损害了效率,而且限制了消费者的选择自由。如果政府既不能成功地实行生产配额,也不能成功地强制消费,最低限价也就没有办法维持。解决问题的办法是把生产者价格和消费者价格分开,这就需要对生产者给予价格补贴,每单位产品的补贴额等于生产者价格和消费者价格的差额。对生产者来说,这种补贴是一种收益,但对整个社会来讲,则是总剩余的减少。

(二)税收如何影响价格

政府干预市场的另一个方式是征税。政府需要征税获得财政收入,税收的结构和额度将会改变市场的均衡状态。政府征税类似在供求之间加入一个楔子,对价格和交易量都会产生影响。税负最终是由谁来承担? 这依赖于需求曲线和供给曲线的特征。但是无论如何,税负通常会降低交易效率。

1. 从量税

现在我们引入政府征税。税收中有一种税叫作从量税,是对生产者销售的每一单位产品进行征税。征收这种从量税以后,成交价格上涨了,均衡数量下降了。

下面我们来分析税收是由谁来承担的。表面上看消费者没有直接交税,但并非如此,实际上消费者与生产者共同承担起了税收。政府征走的税收可以作为转移支付,不会降低总剩余。但是征税后交易量的下降却降低了总剩余。可见,从量税会导致一定的效率损失。另外一种从量税是对消费者征税,与政府对生产者征税时相同。

现在我们来看一种特殊的情况。假如供给曲线价格没有关系,而需求曲线向下倾斜,垂直的供给曲线并不发生变化,均衡价格、量产也不变化,在这种情况下,税收全部由生产者承担。如果从量税是对消费者征收的,消费量没变,实际支出与没有税收时是一样的。税收仍然全部由生产者承担。再看另外一种情况,假如供给是有弹性的,而需求是无弹性的,也就是我们通常所说的"刚需"。生产者没有承担税收,此时税负全部由消费者承担。假设供求曲线不变,税负这时仍全部由消费者承担。只要需求和供给都有一定的弹性,税收就会造成生产效率的下降。

由此我们可以得出这样的结论:如果供给是无限弹性的,需求是有弹性的,税收将全部由生产者承担;如果需求是无限弹性的,供给是有弹性的,税收将全部由消费者承担。

一般情况下,无论向哪一方征税,供给弹性和需求弹性的比值直接决定着税负的分担比例,简单来讲,就是供给与需求哪一方弹性小,相应的负担的税收就大,一方面,需求弹性相对小,则消费者承担的税负比重高;另一方面,供给弹性相对小,则生产者承担的税负比重高。政府的税收政策一般会带来效率损失。只有在需求或供给无弹性的时候,税收才不造成效率损失,此时税负全部由消费者或生产者承担,没有导致交易数量的变化。只要需求和供给都有一定的弹性,税收就会造成生产效率下降。

生活必需品的需求弹性是比较小的,比如粮食价格上涨 50%,人们的消费量不会减少 50%。所以对生活必需品的征税大部分转嫁给消费者。奢侈品通常需求弹性比较大,承担税负的主要是生产者。

2. 从价税

从量税是根据销售数量定额征收,从价税是根据销售价格按一定比例征收。无论哪种情况,只要供给和需求都是有弹性的,税收就会产生效率损失。

3. 所得税

除了对交易征税,政府还会对个人和企业的收入征税,称为所得税。它是以所得额为课税对象的税收的总称。很多地方征收公司所得税,同时还有个人所得税。所得税收影响生产者的积极性,因而会影响产品价格。

　　总体来讲,税负不可能最终只由纳税人来承担,也会有效率损失。因为税负影响生产者的积极性,所以生产者会提高价格:假如所得税税率过高,没人愿意生产了,行业的供给量将会减少,导致市场价格上升,因此消费者就要承担部分税收。设想一个极端的情况,假如我们征收100%的利润税,企业赚的钱都纳税了,没人愿意办企业了,最后损害的将是我们社会上的每一个人。

第四章
经济管理的内容

第一节 筹资活动

是企业为达到生产经营的目的而进行的筹集资金的活动。企业从事生产经营活动的基本条件是拥有一定数量的资金,通过资金的运用,如买进原材料和机器设备、雇用职工等进行产品生产与销售,达到盈利的目的。因此,筹集资金是企业进行经营活动的首要环节。

一、企业筹资活动的定义

企业融资是以企业的资产、权益和预期收益为基础,筹集项目建设、营运及业务拓展所需资金的行为过程。企业的发展,是一个融资、发展、再融资、再发展的过程。一般企业都要经过产品经营阶段、品牌经营阶段及资本运营阶段。随着现代企业自身的不断发展,企业与社会专业机构协作,解决企业自身问题的现象越来越普遍。[①] 会计师事务所、律师事务所、财经公关、融资顾问等专业机构的出现,为企业发展的各个阶段提供专业化服务。随着社会分工的不断细化,企业发展也从此走上了一条规范化的道路。

(一)剖析

企业融资是指企业从自身生产经营现状及资金运用情况出发,根据企业未来经营与发展策略的需要,通过一定的渠道和方式,利用内部积累或向企业的投资者及债权人筹集生产经营所需资金的一种经济活动。资金是企业体内的血液,是企业进行生产经营活动的必要条件,没有足够的资金,企业的生存和发展就没有

---

① 魏化,果长军,王子花.经济管理与会计实践研究[M].哈尔滨:哈尔滨出版社,2023.01.

保障。企业融资是指企业向外部有关单位和个人以及从企业内部筹措生产经营所需资金的财务活动组织创新是指组织规则、交易的方式、手段或程序的变化。

企业融资一般是指非金融企业的长期资金来源问题,在市场经济条件下,企业融资的方式总的说来分为两种:一是内源融资,即将自己的积累可供使用资金转化为投资的过程。另一种是外源融资,是指企业外部投资人或投资机构资金注入,将资金转化为股份的过程,企业的发展主要取决于能否获得稳定的资金来源,企业融资主要是指企业在金融市场上的筹资行为因此,企业融资与资金供给制度、金融市场、金融体制和债信文化有着密切的关系。

(二)狭义

融资即是一个企业的资金筹集的行为与过程,也就是公司根据自身的生产经营状况、资金拥有的状况,以及公司未来经营发展的需要,通过科学的预测和决策,采用一定的方式,从一定的渠道向公司的投资者和债权人去筹集资金,组织资金的供应,以保证公司正常生产需要,经营管理活动需要的理财行为。公司筹集资金的动机应该遵循一定的原则,通过一定的渠道和一定的方式去进行。我们通常讲,企业筹集资金无非有三大目的:企业要扩张、企业要还债以及混合动机(扩张与还债混合在一起的动机)。

广义融资也叫金融,就是货币资金的融通,当事人通过各种方式到金融市场上筹措或贷放资金的行为。融资可以分为直接融资和间接融资。直接融资是不经金融机构的媒介,由政府、企事业单位,及个人直接以最后借款人的身份向最后贷款人进行的融资活动,其融通的资金直接用于生产、投资和消费。间接融资是通过金融机构的媒介,由最后借款人向最后贷款人进行的融资活动,如企业向银行、信托公司进行融资等等。

企业竞争的胜负最终取决于企业融资的速度和规模,无论你有多么领先的技术,多么广阔的市场。

融资可比作一个商品项目,交易的标的是项目,买方是投资者,卖方是融资者,融资的诀窍是设计双赢的结果。

中国人融资喜欢找关系,其实关系不重要,重要的是找对门。融资有商务模式划分,还有专业分工,程序分工,融资者需根据投资者的特点,去设计自己的融资模式。

(三)融资方式

企业的资金来源主要包括内源融资和外源融资两个渠道,其中内源融资主要是指企业的自有资金和在生产经营过程中的资金积累部分;协助企业融资即企业的外部资金来源部分,主要包括直接融资和间接协助企业融资两类方式。直接协助企业融资是

指企业进行的首次上市募集资金(IPO)、配股和增发等股权协助企业融资活动,所以也称为股权融资;间接融资是指企业资金来自银行、非银行金融机构的贷款等债权融资活动,所以也称为债务融资。随着技术的进步和生产规模的扩大,单纯依靠内部协助企业融资已经很难满足企业的资金需求。外部协助企业融资成为企业获取资金的重要方式。外部协助企业融资又可分为债务协助企业融资和股权协助企业融资

(四)快速渠道

企业快速融资渠道是指从企业内部开辟资金来源。从企业内部开辟资金来源有三个方面:

企业自有快速融资渠道资金、企业应付税利和利息、企业未使用或未分配的快速融资渠道专项基金。一般在企业并购中,快速融资渠道企业都尽可能选择这一渠道,因为这种方式保密性好,快速融资渠道企业不必向外支付借款成本,因而风险很小,但资金来源数额与企业利润有关。

快速融资渠道主要是指向金融机构(如银行)进行融资,其成本主要是利息负债,向银行的借款利息一般可以在税前冲减企业利润,从而减少企业所得税。向非金融机构及企业筹资操作余地很大,但由于透明度相对较低,国家对快速融资渠道有限额控制。若从纳税筹划角度而言,快速融资渠道企业借款即企业之间拆借资金效果最佳。向社会发行债券和股票属于直接融资,避开了快速融资渠道中间商的利息支出由于借款利息及债券利息可以作为财务费用,即企业成本的一部分而在税前冲抵利润,减少所得税税基,而股息的分配应在快速融资渠道企业完税后进行,股利支付没有费用冲减问题,这相对增加了纳税成本。所以一般情况下,快速融资渠道企业以发行普通股票方式筹资所承受的税负重于向银行借款所承受的税负,而借款筹资所承担的税负又重于向社会发行债券所承担的税负。快速融资渠道企业内部集资入股筹资方式可以不用缴纳个人所得税。从一般意义上讲,企业以自我积累方式筹资所承受的税收负担重于向金融机构贷款所承担的税收负担,而贷款融资方式所承受的税负又重于企业借款等筹资方式所承受的税负,快速融资渠道企业间拆借资金方式所承担的税负又重于企业内部集资入股所承担的税负。

1. 申请方式

①投融资行为的介入程度：直接投资，间接投资。

②投融资申请投入领域：生产性投融资申请，非生产性投融资申请。

③投融资申请方式：对内投融资申请，对外投融资申请。

④投融资办理内容：固定资产投融资申请，无形资产投融资办理，流动资产投融资申请，房地产投融资申请，保险投融资办理，信托投融资办理等。

2. 办理流程

①投融资办理企业向审批机关提交董事会决议和董事长签署的申请书等文件。

②审批机关在接到投融资办理申请文件后，以书面形式作出是否同意的答复。

③审批机关进行投融资申请审核。

④经审批机关审核同意后，投融资办理企业按照变更登记的有关规定，向工商行政机关申请变更登记。

⑤投融资办理完成。

二、企业筹资活动的分类

企业融资按照有无金融中介分为两种方式：直接融资和间接融资。

（一）直接融资

企业融资是指不经过任何金融中介机构，而由资金短缺的单位直接与资金盈余的单位协商进行借贷，或通过有价证券及合资等方式进行的资金融通，如企业债券、股票、合资合作经营、企业内部融资、借贷等。间接融资是指通过金融机构为媒介进行的融资活动，如银行信贷、非银行金融机构信贷、委托贷款、项目融资贷款等。直接融资方式的优点是资金流动比较迅速，成本低，受法律限制少；缺点是对交易双方筹资与投资技能要求高，而且有的要求双方会面才能成交。

（二）间接融资

相对于直接融资，间接融资则通过金融中介机构，可以充分利用规模经济，降低成本，分散风险，实现多元化负债。但直接融资又是发展现代化大企业、筹措资金必不可少的手段，故两种融资方式不能偏废。企业融资方式如下：

1. 股权融资

股权融资是指资金不通过金融中介机构，借助股票这一载体直接从资金盈余部门流向资金短缺部门,资金供给者作为所有者享有对企业控制权的融资方式。它具有以下特征:长期性、不可逆性、无负担性。

2. 债务融资

债务融资是指企业通过举债筹措资金,资金供给者作为债权人享有到期收回本期的融资方式。相对于股权融资,它具有以下特征:短期性、可逆性、负担性。

三、企业筹资活动的管理

(一)资源储备

不同企业融资渠道资源差别很大,有的企业规模已经很大了,但从没有与银行发生过融资业务,甚至不知道其贷款主办行是企业的首选融资渠道。业内人士认为当前普遍存在的问题是:重视银行类融资渠道的储备,不重视商业融资渠道的储备;重视外部融资渠道的储备,不重视内部融资渠道的储备;重视眼前融资渠道的储备,不重视长远融资渠道的储备;资金短缺时注重融资渠道的储备,资金充裕时不注重长远融资渠道的储备,着重眼前利益;渠道储备停留在口头上或者思想上,但没有资源的投入,没有人员投入和财务安排;储备资源过程中没有侧重点,没有根据企业的实际情况有选择性地储备资源。融资渠道的储备是企业在融资工作进行之前,对融资渠道的选择、跟踪了解过程。根据融资渠道资源,是企业融资过程中正在使用与潜在融资渠道的总称,融资渠道储备是完善融资基础的重要内容。融资主体的确定。不少企业的经营者通过直接或间接方式,控制着几家公司。这些公司有的已经建立产权关联关系,并形成母子公司体系,有的则是人员关联关系,实际控制人仍是企业经营者。也有很多是生意上的合作伙伴,融资时也可以使用。因此,企业在融资之前,需要对这些融资主体进行选择。业内人士表示,在确定融资主体时,以下几个原则可以借鉴:选择规模较大的企业,理论上,规模越大的企业,授信额度越大,银行类资金方一般规定授信额度的理论数值不超过企业净资产额的一定比例;选择营业期限较长的企业,尤其是银行贷款,一般有 3 年的经营业绩要求;选择现金流量较大的企业,银行贷款一般有自身综合收益的考虑,比如吸收存款、结算量规模等,同时也是银行等资金方风险控制的需要;选择符合产业政策支持的行业,无论是权益类资金方还是债权类资金方,都对行业有一定的要求,政策性资金扶持表现最突出;选择报表结构良好的企业,主要是针对银行融资而言;选择知名度较高的企业,知名度高的企业一般能让资金方树立信心;选择与融资方联系紧密的企业,主要适用于企业投资和银行融资,首选子公司,人员关联公司次之,最后是业务关联公司。

(二)报表规范

业内人士介绍,中小企业报表的常见问题主要是:报表时间短;资产、收入、利润规模太小,资产规模、收入规模和盈利规模不符合资金的要求;资产和负债结构不合理,资产负债率过高;报表不实,大多数企业报表"明亏实盈";报表没有合并,很多企业实际上建立了母子公司运营体系,但没有合并报表;报表科目核算内容不规范,名不副实。资金方对报表一般来说都要求:会计报表的时间足够长,一般需要 3 年的报表;可信度高,必须经会计师事务所审计,抵押物要经过评估机构评估,有关收入以缴税证明为依据;具有偿还能力,主要考虑资产负债率、流动比率和现金流量表;具有盈利能力,主要考虑企业盈利额、收入利润率等;现金流量较好,尤其是经营性现金流量;成长性较好,业务要稳定增长,这可以从不同年度报表比较看出来;资产结构与负债结构匹配合理,主要关注长期资产适合率,即长期资产是否由长期负债和权益资金来满足;资产和负债内部结构要合理等。

(三)融资准则

在市场竞争和金融市场变化的环境下,企业融资决策和资本结构管理需要按照自身的业务战略和竞争战略,从可持续发展和为股权资本长期增值角度来考虑。其基本准则为:融资产品的现金流出期限结构要求及法定责任必须与企业预期现金流入的风险相匹配;平衡当前融资与后续持续发展融资需求,维护合理的资信水平,保持财务灵活性和持续融资能力;在满足上述两大条件的前提下,尽可能降低融资成本。融资工具不同,现金流出期限结构要求及法律责任就不同,对企业经营的财务弹性、财务风险、后续投资融资约束和资本成本也不同。例如,对企业来说,与股权资本相比,债务资本具有三个主要特点:首先,债务资本的还本付息现金流出期限结构要求固定而明确,法律责任清晰,因此,它缺乏弹性;其次,债务资本收益固定,债权人不能分享企业投资于较高风险的投资机会所带来的超额收益;再次,债务利息在税前列支,在会计账面盈利的条件下,可以减少纳税。尽管融资决策和资本结构管理的基本准则对所有企业都是一致的,但在实际中,由于企业产品市场的竞争结构不同,企业所处的成长阶段、业务战略和竞争战略有别,企业融资方式与资本结构也存在差异。

(四)融资策略

企业首先要根据商业环境确定自己的业务发展战略,然后再确定融资决策和资本结构管理的具体原则和标准。在现实金融市场环境下,融资决策和资本结构管理策略的基本思想可以概括为:根据金融市场有效性状况,利用税法等政策环境,借助高水平的财务顾问,运用现代金融原理和金融工程技术,进行融资产品创新。利用税法进行融资创新如,在确定采用债务融资类型后,利用税法对资本收益和利息收益率的差异,可以发行零息票债券。

针对企业与资本市场投资者对金融市场利率变化的预期差异进行融资创新如,采用浮动利率,或者发行含有企业可赎回或投资者可赎回的债券。利用投资者与企业之间对企业未来成长性预测的差异,进行融资创新在股票市场低估公司投资价值时,企业可以首先选择内部融资;如果确实需要外部融资,可以采用可转换证券、认股权、可赎回股票等融资方式,降低融资成本而在股票市场高估公司投资价值时,增发股票融资。

环境亟待优化企业融资决策和资本结构管理策略的实施,取决于良好的金融市场环境。我国金融系统提供的企业融资品种非常少,不能适应日益复杂的商业环境下的企业融资需求。随着企业和投资银行等中介机构融资创新需求的增强,政府应像鼓励技术创新那样,鼓励企业基本融资工具的创新。与此同时,应逐渐从没有明文规定的企业融资新品种报批模式,过渡到只要政府法律没有明文禁止,就可以退出企业融资品种的管理模式,使企业融资从选择余地非常有限,向选择余地大,最终自由选择的方向发展。

(五)融资难点

国内融资的难点,有三个瓶颈:①项目包装,②资金退路,③资产溢价,这三个难点,房老师认为是有融资者自身的弱点和我国经济体制存在的问题构成。

(六)融资对策

投资者退路上中下三策:上策是上市套现,中策是溢价转让,下策是溢价回购。

四、企业筹资活动的方式

第一种是基金组织,手段就是假股暗贷。所谓假股暗贷顾名思义就是投资方以入股的方式对项目进行投资但实际并不参与项目的管理。到了一定的时间就从项目中撤股。这种方式多为国外基金所采用。缺点是操作周期较长，而且要改变公司的股东结构甚至要改变公司的性质。国外基金比较多，所以以这种方式投资的话国内公司的性质就要改为中外合资。

第二种融资方式是银行承兑。投资方将一定的金额比如一亿打到项目方的公司账户上，然后当即要求银行开出一亿元的银行承兑出来。投资方将银行承兑拿走。这种融资的方式对投资方大大的有利，因为他实际上把一亿元变做几次来用。他可以拿那一亿元的银行承兑到其他的地方的银行再贴一亿元出来。起码能够贴现 80%。但问题是公司账户上有一亿元银行能否开出一亿元的承兑。很可能只有开出 80%～90% 的银行承兑出来。就是开出 100% 的银行承兑出来，那公司账户上的资金银行允许你用多少还是问题。这就要看公司的级别和跟银行的关系了。另外承兑的最大的一个缺点就是根据国家的规定，银行承兑最多只能开 12 个月的。大部分地方都只能开 6 个月的。也就是每 6 个月或 1 年你就必须续签一次。用款时间长的话很麻烦。

第三种融资的方式是直存款。这个是最难操作的融资方式。因为做直存款本身是违反银行的规定的，必须企业跟银行的关系特别好才行。由投资方到项目方指定银行开一个账户，将指定金额存进自己的账户。然后跟银行签订一个协议。承诺该笔钱在规定的时间内不挪用。银行根据这个金额给项目方小于等于同等金额的贷款。注：这里的承诺不是对银行进行质押。是不同意拿这笔钱进行质押的。同意质押的是另一种融资方式叫作大额质押存款。当然，那种融资方式也有其违反银行规定的地方。就是需要银行签一个保证到期前 30 天收款平仓的承诺书。实际上他拿到这个东西之后可以拿到其他地方的银行进行再贷款的。

第五种融资的方式（第四种是大额质押存款）是银行信用证。国家再政策对于全球性的商业银行如花旗等开出的同意给企业融资的银行信用证视同于企业账户上已经有了同等金额的存款。过去很多企业用这个银行信用证进行圈钱。所以国家的政策进行了少许的变动，国内的企业很难再用这种办法进行融资了。只有国外独资和中外合资的企业才可以。所以国内企业想要用这种方法进行融资的话首先必须改变企业的性质。

第六种融资的方式是委托贷款。所谓委托贷款就是投资方在银行为项目方设立一个专款账户，然后把钱打到专款账户里面，委托银行放款给项目方。这个是比较好操作的一种融资形式。通常对项目的审查不是很严格，要求银行作出向项目方负责每年代收利息和追还本金的承诺书。当然，不还本的只需要承诺每年代收利息。

第七种融资方式是直通款。所谓直通款就是直接投资。这个对项目的审查很严格往往要求固定资产的抵押或银行担保。利息也相对较高。多为短期。个人所接触的最低的是年息18%。一般都在20%以上。

第八种融资方式就是对冲资金。市面上有一种不还本不付息的委托贷款就是典型的对冲资金。

第九种融资方式是贷款担保。市面上多投资担保公司,只需要付高出银行利息就可以拿到急需的资金。

第二节　投资活动

是指企业长期资产的构建和不包括在现金等价物范围的投资及其处置活动。企业筹集一定的资金后,就要开始进行投资以取得利润。投资活动按对象可分为对内投资和对外投资两类。对内投资主要包括长期资产的投资,如土地、房屋、设备等基本生产条件的取得、产品的研究与开发投资等,对外的投资分为短期与长期的投资,短期的投资,在会计上称为交易性金融资产;长期的投资有持有至到期的投资、可供出售的金融资产和长期股权投资。

一、企业投资管理的概述

(一)投资的定义

有一位经济学家说过,当人们挣得一美元的时候,通常会做下面两件事情之一:要么消费掉这一美元;要么将它用于储蓄,投资和储蓄是有区别的,同样是将钱储存起来,但是投资是要承担风险的所谓投资就是指货币转化为资本的过程。投资可分为实物投资、资本投资和证券投资。前者是以货币投入企业,通过生产经营活动取得一定利润后者是以货币购买企业发行的股票和公司债券,间接参与企业的利润分配。

(二)投资的种类

1. 资产

资产是包括金融资本和实物资本两类,从资产负债表上最容易看出两者的区别,从某种程度上讲,一项金融资产必然有相应的金融负债。举例来说,假如投资者购买了公司债券,那么它对投资者是资产而在公司的资产负债表上则表现为负债。假如投资者购买的是公司的股票,那么对投资者来讲仍是资产而出现在公司的资产负债表的右侧。因此,金融资产出现在所有者资产负债表的左侧,发行者资产负债表的右侧。虽然人们也可对实物资产进行融资,但该实物资产并没有相应的负债。

2. 证券

证券是表明所有者权益的法律文书资产证券化是指将资产或者资产组合转化为更容易在市场上交易的形式通常将金融资产归为三类:权益类证券、固定收益类证券和衍生资产最重要的权益性证券是普通股股票代表了在公司中的所有者权益,固定收益证券通常提供已知的现金流,但其收入流是不变的;从投资目的来看,优先股被认为是固定收益。衍生资产是不可能有一般性定义的,通常,衍生资产的价值来于其他一些资产的价值或它们之间的联系,期货和期权合同是大家最熟悉的衍生资产。

3. 投资的作用

般的,投资、消费、净出口被称为拉动经济的三驾马车。而投资则是启动经济的最快引擎,是宏观政策的重要工具;只要人们储蓄并将储蓄转化为生产性的投资,比如购买机器、用于教育、发明或生产技能的提高上都将增加未来的生产力,换句话说就是可以增加供给。

①中国刚刚开始向更加殷实的小康社会迈进,发展很不平衡,二元社会结构尚存,分工和专业化的水平还不高,投资作为发展分工的主要工具,对于中国经济的发展来说十分重要,即使在这次世界性的金融危机的后时代,也不能离开这一工具。

②投资本身也是一种消费。穆勒认为,投资其实是给生产工具的专家的消费品,因此它也是一种消费。所以,我们不能一味强调投资的生产性,投资就一定造成产能过剩,而要具体分析。比如,我们的民生工程、中西部的扶贫开发、生态保护、大部分基础建设等既有消费的一面,也是消费的基础。

③投资要提高生产力,必须提高交易效率,而提高交易效率的关键因素之一是制度的改善。这要求,法治国家的建设作为社会主义市场经济体制下既定的治国方略,不论有多难,必须长期坚持并逐步落实。当前,要改革政府管理体制,按照依法治国的要求做到高效、廉价、廉洁,使政府与市场有合理的边界,减少审批,

维护公平正义。

④投资作为促进分工和专业化的工具,可以引起市场在广度和深度上的扩大,同时可以促进消费,这需要多元投资主体的参与,也同时会产生更多的投资主体。因此,国家要高度重视和鼓励民间投资、中小企业投资、个人投资,在制度上给予保障。

二、企业的投资管理

(一)投资风险和收益

1. 证券投资收益

收益和风险是并存的,通常收益越高,风险越大投资者只能在收益和风险之间加以权衡,即在风险相同的证券中选择收益较高的,或在收益相同的证券中选择风险较小的进行投资。

(1)股票收益

股票投资的收益是指投资者从购入股票开始到出售股票为止整个持有期间的收入,它由股息收入、资本利得和公积金转增收益组成。

①股息。股份有限公司在会计年度结算后,将一部分净利润作为股息分配给股东其中,优先股股东按照规定的固定股息率优先取得固定股息,普通股股东则根据余下的利润分取股息。股东在取得固定的股息以后又从股份有限公司领取的收益,称为红利。股息的来源是公司的税后净利润。公司的税后净利润,按以下程序分配:从税后净利润中提取法定公积金、公益金后,剩余的部分先按固定股息率分配给优先股股东,再提取任意盈余公积金,然后再按普通股股数分配给普通股股东。可见,税后净利润是公司分配股息的基础和最高限额,但因要做必要的公积金和公益金的扣除,公司实际分配的股息总是少于税后净利润。

②资本利得股票买入价与卖出价之间的差额就是资本利得,或称资本损益。资本利得可正可负。

③公积金转增股本也采取送股的形式,但送股的资金不是来自当年可分配盈利,而是公司提取的公积金。公司提取的公积金有法定公积金和任意公积金。

(2)债券收益

债券的投资收益来自两个方面:一是债券的利息收益,二是资本利得。

①债息。债券的利息收益取决于债券的票面利率和付息方式。债券的票面

利率是指 1 年的利息占票面金额的比率。

一次性付息的计息方式有三种：

第一种是单利计息。以单利计息，到期还本时一次支付所有应付利息。这种方式被称为利随本清。我国的一次还本付息债券即是单利计息债券。

第二种是复利计息。用这种方式付息的债券通常被称为无息债券或零息债券。运用这种复利计息的债券，投资者的实际收益率要高于与持有票面利率同水平的单利债券收益率。它是国际债券市场上的常见品种，我国到目前为止尚未发行过这类债券。

第三种是贴现方式计息以贴现方式计息，投资者按票面额和应收利息之差价购买债券，到期按票面额收回本息。

②资本利得债券投资的资本利得是指债券买入价与卖出价或买入价与到期偿还额之间的差额。

2. 证券投资风险

一般而言，风险是指对投资者预期收益的背离，或者说是证券收益的不确定性。证券投资的风险是指证券预期收益变动的可能性及变动幅度。与证券投资相关的所有风险称为总风险，总风险可分为系统风险和非系统风险两大类。

（1）系统风险

系统风险是指由于某种全局性的共同因素引起的投资收益的可能变动，这些因素来自企业外部，是单一证券无法抗拒和回避的，因此又叫不可回避风险。这些共同的因素会对所有企业产生不同程度的影响，不能通过多样化投资而分散，因此又称为不可分散风险系统风险包括政策风险、经济周期性波动风险、利率风险和购买力风险等。

（2）非系统风险

非系统风险是指只对某个行业或个别公司的证券产生影响的风险，非系统风险是可以抵消回避的，因此又称为可分散风险或可回避风险。非系统风险包括信用风险、经营风险、财务风险等。

3. 风险与收益的关系

收益以风险为代价，风险用收益来补偿。投资者投资的目的是得到收益，与此同时，又不可避免地面临着风险。二收益与风险的基本关系是：收益与风险相对应。也就是说，风险较大的证券，其要求的收益率相对较高；反之，收益率较低的投资对象，风险相对较小。风险与收益共生共存，承担风险是获取收益的前提；

收益是风险的成本和报酬。风险和收益的上述本质联系可以表述为下面的公式：预期收益率＝无风险利率＋风险补偿预期收益率是投资者承受各种风险应得的补偿，在短期国库券无风险利率的基础上，可以发现以下几个规律：

(1)同一种类型的债券

长期债券利率比短期债券高这是对利率风险的补偿，如同是政府债券，都没有信用风险和财务风险，但长期债券的利率要高于短期债券，这是因为短期债券没有利率风险，而长期债券却可能受到利率变动的影响，两者之间利率的差额就是对利率风险的补偿。

(2)不同债券的利率不同，这是对信用风险的补偿

通常，在期限相同的情况下，政府债券的利率最低，地方政府债券利率稍高，其他依次是金融债券和企业债券，在企业债券中，信用级别高的债券利率较低，信用级别低的债券利率较高，这是因为它们的信用风险不同。

(3)在通货膨胀严重的情况下，债券的票面利率会提高或是会发行浮动利率债券这是对购买力风险的补偿。

(4)股票的收益率

一般高于债券这是因为股票面临的经营风险、财务风险和经济周期波动风险比债券大得多，必须给投资者相应的补偿a在同一市场上，许多面值相同的股票也有迥然不同的价格，这是因为不同股票的经营风险、财务风险相差甚远，经济周期波动风险也有差别。投资者以出价和要价来评价不同股票的风险，调节不同股票的实际收益，使风险大的股票市场价格相对较低，风险小的股票市场价格相对较高。

(二)中国需要高素质风险投资管理人才

高素质风险投资管理人才决定风险投资的成败，防范和化解金融风险，引领中国的新经济涉险过关，应对入世后风险资本市场的严峻考验，需要善于驾驭风险的高素质人才。

1.风险投资业发展呼唤风险投资高级管理人才

风险投资作为金融创新大潮中不断推陈出新的一个新兴投资品种，以其培育未来高成长型企业而获取巨额回报的特有职能和巨大魅力，吸引着众多职业化的投资精英加盟。

中国风险投资业经历了几十年的缓慢发展之后，近几年迅速驶入快车道，各种渠道的产业资本、金融资本、自然人资金与高新技术融合，构成新的投资热点。

跨国公司、国外专业风险投资基金正在不断进入中国风险投资业,并以其完善的管理制度、成熟的管理方式、雄厚的资金实力、严格的项目评价体系和职业化的风险投资家担纲领衔运作,使其在竞争中极具优势。与此同时,随着风险投资行业环境的变化,业内竞争日趋激烈对项目资源的抢占与过度性争夺,正在扭曲着这个行业的定价规则;而短期内风险投资基金供给过剩与其高级管理人才的严重短缺,导致了风险投资行业发展中的盲目与过度竞争,引发了对风险投资高级管理人才的激烈争夺。

2. 风险投资高级管理人才的几种类型

(1)风险资本运作主导型人才

风险投资高级管理人才首先应该是投资和融资才能兼备的资本运营家,既善于筹措风险资本、输出风险资本、推动风险资本循环、进行资本的收购、兼并,又长于风险资本的合理对接、风险投资资本变现的流程设计与运营;同时,还应该精通风险资本市场的运作、分析与管理,如对股票市场、期货市、债券市场的分析、运作、监管、调控、资本市场的风险防范等高级管理才能。

(2)输出企业管理主导型人才

称职的风险投资高级管理人才应该比一般的企业管理者站得更高、看得更远、思维更加敏捷、信息更为灵通、管理方法和管理手段更为先进、更富于管理创新,对自己的投资领域与投资企业有与之相匹配的管理战略和经营策略。既是一个风险投资家,又是一个出色的企业家。

(3)财务分析评价主导型人才

无论对企业还是对风险投资人才而言,进行财务分析与评价都是一项非常重要的工作,是职业化的风险投资人才驾驭投资风险所不可或缺的主要技能。而财务分析与评价功力是否深厚,则是衡量一个风险投资高级管理人才水平高低的基本尺度。类型四风险控制规避主导型人才风险投资一定要开发和造就大量的以风险防范为主要研究运作方向的高级管理人才,使引入的资金能够得到科学的规划、合理地使用,从而得到最大资本增值。

3. 风险投资高级管理人才资源开发

(1)人才资源配置优化组合的"鸡尾酒效应"

风险投资人才资源的"鸡尾酒效应",是借鉴鸡尾酒勾兑后增添耐人品尝味道的做法,比喻风险投资人才资源加以整合后增值的动因。即把才能单一的技术专家、管理专家、财务专家、营销专家及其人力资源网络等,通过组建专业化的风险投资公司或实施特定的风险投资项目,对其进行优化组合、合理配置,使之在风险投资中发挥各自的才能特长,形成人才互补后的合力与优势,进而把有限的资源,如资金、技术、人才、信息、管理、市场等生产要素进行有效组合,使其发挥最大效用,整体升值。

(2)产、学、研链接的风险投资人才孵化

创建集风险投资的产业运作、教学培训、研究开发于一体的多功能人才孵化基地,对培养复合型风险投资高级管理人才将发挥重要作用。

(三)投资市场

股票市场是人类最伟大的发明之一;它们提高了每个人的生活水平。资本增长促进了就业机会的增加,增加了可支配收入,还增加了慈善赠予。由于资本市场允许我们随时间改变我们的消费方式,它们使我们能更好地利用手头的资源。

1. 经济功能

最重要的功能是经济功能。这一机制方便了把资金从储蓄者转移到贷款者手中。促进了资金从持有并且希望投资的人向需要并且希望贷款的人流动。

2. 连续定价功能

资本市场的第二个功能是连续定价功能。顾名思义,其含义是在连续的时刻上价格都是可以得到的—这对证券投资者有极大的好处。

第三节　经营活动

经营活动是企业的基本经济活动,相对于筹资活动与投资活动,它构成企业经济活动的主要内容。主要包括原料的采购、产品的生产、产成品入库、产品销售、收回销售款,即完成了采购、生产和销售三个过程。另外,在采购、生产和销售过程中,还涉及税收的计算与缴纳,也就是财务活动。

一、企业经济活动的主要内容

(一)企业采购活动

对于企业来说,在平常的工作中,必须控制好企业的成本,只有控制好成本,才能最大限度地获得经济利润,所以说管理好公司的成本,才能在公司的产品生产和销售中实现公司的经济效益这直接关系着公司和每位员工的切身效益。并且控制好了经济成本的投入,可以在同行业中更具有优势。

1. 采购成本控制直接影响到企业成本和利润的升降

采购成本是一个整体概念,它分为好几个部分。主要有:材料的费用、运费、人员务工费等等。假如能够有效控制各个本分的资金投入,就会在很大程度上实现公司整体利润从大处讲,成本降低了,那么在同行业的发展上,会更加具有竞争优势。所以说,采取有效措施减少成本,对资金有效控制,关系着一个企业长远的发展。综上所述,当今社会经济迅速发展,格局日新月异,一个企业要想在同行中立于不败之地,必须通过各种方法减少成本投入,运用创新能力,探索新的渠道,在竞争中占据优势。

2. 采购成本控制能直接影响企业的绩效

采购的资金投入影响着企业的财务规划,具体影响因素主要表现在下面几个方面:

①控制企业下属各层级财务收支活动,采购成本降低必须在法律规范的范围之内,不得超出这个界限,要以企业的宏观战略为标准,规矩进行,因此,内部财务控制制度要将下属财务收支行为的合法合规作为其主要控制标准。

②控制企业下属的预算执行,要想减少购买成本,必须注意基层管理者的日常活动,并且分周期对采购进行监督质检,这样对下面员工具有束缚作用,可有效地实现节约目标,所以说必须经常对采购成本进行定期的监督和核准,并提上工作日程。

③控制下属经营管理者和一般员工不当取得个人利益是采购成本控制的组成内容之一。所以说,对于一个企业的财务部门来说,一定要建立健全监督考核制度,完善监管体系,确保保障财务的评价反馈。

④对层层代理的经营管理者进行监督控制企业之所以要进行各部门的资金控制,究其主要原因就是要实现企业的宏观目标和宏观规划所以说,公司的决策层和所有者要定期对基层管理者和员工进行思想培训和企业理念和企业文化的学习,提高他们的思想意识和道德水平,避免因这些低级的因素造成的不必要的麻烦和企业困境。

3. 合理地利用资源,有效减少企业的经济损失

控制企业的采购成本的方法很多,其中有一条就是充分利用企业可以利用的资源,有些东西如果还需要采购的话就可以先不采购,这样就无形中利用了企业的一些可以利用资源,有效地减少了企业的经济损失。

4. 实现企业成本控制目标的重要

影响因素资金的管理制度是以企业的宏观财政目标为基础的,不能离开企业终极目标这个主线。而企业终极目标就是实现公司的利润最大化,用最少的进入换取最大的经济效益。然而企业的中层人员处于过渡阶段,既不是公司拥有者,也不是运营方,所以个人的思想不能代替整体的战略规划,因此构建一套完整的制度非常重要,这样无论于自己于公司都具有实际性的意义。从法人财产所有权角度看,其实从实际情况看来,企业的运营者和基层工作者他们的目标就是以实现公司的宏观效益然后获得自己的个体效益,所以说,必须建立健全企业的内部管理制度,实现对基层员工和中层管理者的监督制约,确保企业的整体利益不受损失。这是一个企业采购过程中的重中之重。采购成本控制对财务控制的影响主要包括:

①对内部财务控制环境的因素进行制度规范影响。要想实现公司的采购成本的降低,必须把相关的制度完善并且落到实处。举个例子,一定要制定企业的内部员工道德规范,和工作职责,确保每个员工的基本道德素质得到提高,并且有章可依,当员工出现工作的错误时,可以根据规章进行惩罚;通过周期性的学习,不断培养员工的专业素养和岗位责任感;加强企业各部门各层级之间的信息交流,畅所欲言,发表自己的独特感想,集思广益,听取多方好的意见,减少各部门之间的意见不统一;通过调查研究,评价反馈整个,工作过程,为以后工作做铺垫。

②按采购成本控制最小化原则完善内部财务控制制度的组织机构。对于企业来说,必须精简部门机构,在确保顺利运营企业的前提下减少部门个数,因为部门越多,职责权限就会变得不明确,并且容易造成内部工作的责任推诿,财政压力增大,整个企业的结构出现效率降低的情况。所以说,公司内部一定要减少不必要的部门和岗位。

③设计控制指令的传导机制和传导方式。减少公司内部的传达层级,增大管理幅度,减少管理深度,尽可能少地减少中间传达的步骤,实现上层对下层的直接管理,这样一来,不但效率提高了,而且同时在这个过程中减少了各个层次的资金投入,大大减少了公司财务的科学化管理,实现了由纵向传递向横向传递的转变。

(二)企业的经营活动

企业一般是指以营利为目的,运用各种生产要素(土地、劳动力、资本、技术和企业家才能等),向市场提供商品或服务,实行自主经营、自负盈亏、独立核算的法人或其他社会经济组织。

1. 落实规章制度,严格安全管理

"安全来自长期警惕,事故源于瞬间麻痹",安全生产是一个公司常抓不懈的工作,不定期检查车间存在的安全隐患,发现问题及时解决,尤其对浸出车间进出管理制度方面,要严格控制,对外来人员严禁入内,确需进车间参观,须专人陪同,讲明应遵守的各项制度及注意事项。要定期举行安全消防培训和消防演习,使职工具有强烈的安全意识,要教育引导职工遵守操作规程,不得违章操作,严格遵守安全管理制度。

2. 加强劳动纪律,促进管理工作

要稳定正常生产,杜绝违章违纪现象发生,首先要加强劳动纪律的管理,使管理制度化、规范化,要求职工严格遵守公司及生产部各项规章制度,减少违章违纪现象发生。对于个别违反制度,不服从管理者,都要及时给予处罚,并有针对性地培训和教育,情节严重者要坚决辞退,绝不手软。让班组长以上管理者起到带头表率作用,使员工具有良好的工作作风,从而保证车间各项工作顺利进行。

3. 保证设备维修质量,提高运转率

为保证设备维修质量,要加强维修工及操作工的责任心,把车间设备维修落实责任到人,制定巡回检查制度,做好检修记录,对于维修不及时或达不到要求而耽误生产者,要给予经济处罚,从而督促员工维修好每一台设备,提高设备运转率。

4. 降低生产成本,节约消耗

由于市场竞争激烈,在生产内部加强管理,降低生产成本,使产品价格在市场中占有优势,因此要杜绝车间内部浪费现象,减少配件更换次数,节约利用废旧材料,节省各种原辅料消耗,努力降低生产成本,做好节能减排工作。

5. 稳定产品质量,提高合格率

"质量就是效益、质量就是生命"等理念都深深地扎根于每个企业,任何产品都要经受市场无情的考验。"今天的质量"就是"明天的市场",只有用合格的产品质量满足客户的需求,才有可能不断地扩大市场份额,创造出更好的效益。产品质量的好坏,将直接影响到市场销路、产品价格及公司的声誉,因此,要把产品质量作为今年生产一项重要工作来抓,及时根据生产数据调整操作,针对生产具体情况加以分析,采取有效措施及时调整,努力提高产品合格率。

(三)企业的销售活动

销售组织是指企业销售部门的组织,它使构成企业销售能力的人、商品、金钱、信息等各种要素得到充分地利用和发挥。简而言之,就是将生产或经营的商品销售给客户的销售部门。

1. 特点

销售组织作为企业组织体系的重要组成部分,应具有以下特点。

①组织的目标是通过各种销售活动完成企业销售目标,实现销售利润,提供令顾客满意的售后服务,并努力扩大产品和服务的市场占有率,为企业发展创造条件。

②组织依据企业的产品特征、市场覆盖范围、流通渠道等因素构成不同的组织形式,有地区型组织、产品型组织、顾客型组织及复合型组织。

③组织的管理,以顾客为导向,对人、财、物、信息等管理资源进行合理组织和充分利用。

④组织是一个开放的系统,它与企业的战略和环境保持动态的适应,随着企业发展战略的调整和环境的变化,销售组织也要进行调整和变革,以保证较高的组织运行效率。

2. 功能

对个体力量的汇集和放大效应是组织的两个基本功能。构成企业销售功能的要素有多个,各个要素都有相对的独立性,把分散的各个要素汇集在一起,形成互相依托、互相补充的统一体,正是构建销售组织追求的目标:销售组织是一个多元素组合的系统,它可能出现"1+1=2""1+1<2""1+1>2"三种情况。而销售组织设计所追求的是"1+1>2",即组织力量的放大效应。当然,这要依赖组织完备的沟通渠道和畅通的信息交流,依靠组织成员的良好协调和共同努力。

3. 原则

根据销售管理的需要和销售组织的目标特征,在设计销售组织时,必须遵循下列原则。

(1)顾客导向的原则

在设计销售组织时,管理者必须首先关注市场,考虑满足市场需求,服务消费者。以此为基础,建立起一支面向市场的销售队伍。

(2)精简与高效的原则

精简与高效是手段和目的的关系,提高效率是组织设计的目的,而要提高组织的运行效率,又必须精简机构。具体地说,精简高效包含三层含义:一是组织应具备较高素质的人和合理的人才结构,使人力资源得到合理而又充分的利用;二是要因职设人而不是因人设职,组织中不能有游手好闲之人;三是组织结构应有利于形成群体的合力,减少内耗。

(3)管理幅度合理的原则

管理幅度是直接向一个经理汇报的下属人数。管理幅度是否合理,取决于下属人员工作的性质,以及经理人员和下属人员的工作能力。正常情况下,管理幅度应尽量小一些,一般为6~8人。但随着企业组织的变革,出现了组织结构扁平化的趋势,即要求管理层次少而管理幅度大。

(4)稳定而有弹性的原则

组织应当保持员工队伍的相对稳定,这对增强组织的凝聚力、提高员工的士气是必要的,这就像每一棵树都有牢固的根系。同时,组织又要有一定的弹性,以保证不会被强风折断。组织的弹性,就短期而言是指因经济的波动性或业务的季节性而保持员工队伍的流动性。

4.组织的类型

销售组织结构的选择受到企业人力资源状况、财务状况、产品特性、消费者及竞争对手等因素的影响。企业应根据自身的实力及发展战略,选择适合自己的销售组织形式,用最少的管理成本获得最大的运营效益。

(1)区域性销售组织

区域性组织是指在企业的销售组织中,各个销售人员被分派到不同地区,在该地区全权代表企业开展销售业务。

在该组织模式中,区域主管权力相对集中,决策速度快;地域集中,相对费用低;人员集中,易于管理。区域负责制提高了销售人员的积极性,激励他们去开发当地业务和培养人际关系。但销售人员要从事所有的销售活动,技术上可能不够专业,不适应种类多、技术含量高的产品。

销售区域可以按销售潜力相等或工作负荷相等的原则加以划定,但每种划分都会遇到利益和代价的两难处境,具有相等销售潜力的地区给每个销售人员提供了获得相同收入的机会,同时也给企业提供了一个衡量工作绩效的标准。如果各区销售额长期不同,则可判定为各销售人员能力或努力程度的不同所致。

(2)产品型销售组织

企业按产品分配销售人员,每个销售人员专门负责特定产品或产品线的销售业务。

销售人员对产品的理解非常重要,随着产品管理的发展,许多企业根据产品或产品线来建立销售组织。特别是当产品技术复杂,产品之间联系少或数量众多时,按产品专门化构建销售组织比较合适。例如,乐凯公司就为它的普通胶卷产品和工业用胶卷及医用胶卷配备了不同的销售队伍,普通胶卷销售队伍负责密集分销的简单产品,工业用和医用胶卷销售队伍则负责那些需了解一定技术的产业用品。

当企业的产品种类繁多时,不同的销售人员会面对同一顾客群。这样不仅使销售成本提高,而且也会引起顾客的反感,产品型组织显示出极大的不足。

(3)顾客型销售组织

企业也可以按市场或顾客类型来组建自己的销售队伍。例如一家计算机厂商,可以把它的客户按其所处的行业(金融、电信等),来加以划分。

近年来,按市场来划分建立销售组织的企业逐渐增多,而产品专业化组织在某些行业已经减少了,这种趋势还在蔓延,因为市场专业化与顾客导向理念一致,都强调了营销观念,按市场划分销售组织著名的公司有施乐、IBM、NCR、惠普、通用食品和通用电气公司等。

按市场组织销售队伍最明显的优点是每个销售人员都能了解到消费者的特定需要,有时还能降低销售人员费用,更能减少渠道摩擦,为新产品开发提供思路。但当主要顾客减少时,这种组织类型会给企业造成一定的威胁。

(4)复合型销售组织

前面几种销售组织建设的基础都是假设企业只按照一种基础划分销售组织,如按区域或产品或顾客,事实上,许多企业使用的是这几种结构的组合。例如,可以按产品和区域划分组织,也可以按顾客和区域来划分,还可以按产品和顾客来划分。

如果企业在一个广阔的地域范围内向各种类型的消费者销售种类繁多的产品时,通常将以上几种结构方式混合使用。销售人员可以按区域—产品、产品—

顾客、区域一顾客等方法加以组织,一个销售人员可能同时对一个或多个产品线经理和部门经理负责。

正如我们所看到的那样,销售组织专业划分的趋势仍在继续,销售组织划分的基础一区域、产品或顾客或者其组合会因企业而异。

(5)大客户销售组织

企业的大部分销售额来自少数的大客户这些交易量大的客户对企业显然非常重要,企业在设计销售组织时必须予以特别关注。大客户组织指以客户的规模和复杂性为划分依据的市场专业化销售组织,企业设立专门的机构和人员来负责大客户的销售业务。

对大客户的销售业务管理,企业通常实行销售人员负责制。建立一支独立的大客户销售队伍,由专门的销售人员专门负责对大客户的销售和服务,给大客户提供一些特殊的关照。每位大客户销售人员通常负责一个或多个大客户,并且负责协调企业与大客户的关系。

(6)团队销售组织

未来销售发展的趋势是由个人销售发展为团队销售,企业团队销售组织的设计与建立成为必然。团队销售组织的设计应富于弹性,因企业性质的不同而不同,因销售性质的不同而不同,但基本上都是由销售人员和有关职能人员组成。

一个企业在选择采用团队销售组织时,必须考虑很多的因素,诸如确定团队的规模和职能,以及团队整体和个人的报酬机制问题;这些决策在很大程度上取决于团队的战略目标。如果团队的主要任务是提供大量的售后服务,通常在团队中要包括支持人员,因为支持人员能更好地理解售后服务的需要,促进销售的完成。另外,随着销售团队规模的增长,个人有减少努力的倾向,因而有必要限制团队的规模:

二、企业的经营税务管理

税务筹划是为了企业实现资金、成本、利润的最优效果,从而提高企业的经营管理水平。作为一个现代企业,如何在恪守税法和不违背企业发展的前提下,充分利用好现行的税收政策,以最大限度地控制成本、节约费用。企业税务筹划就是企业获得最大利益的必经途径,是每一个企业管理者必然关心的重要问题企业的日常经营活动是企业得以长期生存发展的根本活动,对企业有着至关重要的影响。企业经营活动的税务筹划主要可以通过选择合适的采购方式、会计政策、会计估计、合理分摊费用等方式来实现。企业在进行纳税筹划的时候,不光要考虑到纳税的减少,还要考虑企业的整体效益,才能实现企业的价值最大化。

(一)企业采购的税务筹划

企业采购的税务筹划是建立在增值税销项税额、进项税额、进项税额转出以及应纳税额总体的分析和把握上。所以企业要求把不予抵扣的进项税额转变为可以抵扣的进项税额,降低采购成本。

(二)加强会计核算的税务筹划,降低税收负担

利用会计处理方法的可选择性进行税务筹划。在现实经济活动中,同一经济事项有时存在着不同的会计处理方法,而不同的会计处理方法又对企业的财务状况有着不同的影响,同时这些不同的会计处理方法又都得到了税法的承认。所以,通过对有关会计处理方法筹划也可以达到获取税收收益的目的。具体从以下几个方面来阐述:

1.存货计价方法的选择

存货计价的方法有多种,如先进先出法、加权平均法、移动平均法、个别计价法、计划成本法、毛利率法或零售价法等。不同的计价方法对货物的期末库存成本、销售成本影响不同,继而影响到当期应税所得额的大小,特别是在物价持续上涨或下跌的情况下,影响的程度会更大。纳税人就是利用其进行税务筹划的。如在物价持续下跌的情况下,采用先进先出法,税负会降低:由于不同的存货计价方法可以通过改变销售成本,继而影响应税所得额。因此,从税务筹划的角度,纳税人可以通过采用不同的计价方法对发出存货的成本进行筹划,根据自己的实际情况选择使本期发出存货成本最有利于税务筹划的存货计价办法。在不同企业或企业处于不同的盈亏状态下,应选择不同的计价方法。

(1)盈利企业

由于盈利企业的存货成本可最大限度地在本期所得额中税前抵扣,因此,应选择能使本期成本最大化的计价方法。

(2)亏损企业

亏损企业选择计价方法应与亏损弥补情况相结合。选择的计价方法,必须使不能得到或不能完全得到税前弥补的亏损年度的成本费用降低,使成本费用延迟到以后能够完全得到抵补的时期,保证成本费用的抵税效果得到最大限度的发挥。

(3)享受税收优惠的企业

如果企业正处于企业所得税的减税或免税期,就意味着企业获得的利润越多,得到的减免税额就越多,因此,应选择减免税优惠期间内存货成本最小化的计价方法,减少存货费用的当期摊入,扩大当期利润。相反,处于非税收优惠期间时,应选择使得存货成本最大化的计价方法,将当期的存货费用尽量扩大,以达到减少当期利润,推迟纳税期的目的。

2. 固定资产折旧的税务筹划

固定资产价值是通过折旧形式转移到成本费用之中的,折旧额的多少取决于固定资产的计价、折旧年限和折旧方法。

(1)固定资产计价的税务筹划

按照会计准则的要求,外购固定资产成本主要包括购买价款、相关税费、使固定资产达到可使用状态前所发生的可归属于该项资产的运输费、装卸费、安装费和专业人员服务费等。按照税法的规定,购入的固定资产,按购入价加上发生的包装费、运杂费、安装费,以及缴纳的税金后的价值计价。由于折旧费用是在未来较长时间内陆续计提的,为降低本期税负,新增固定资产的入账价值要尽可能地低。例如,对于成套固定资产,其易损件、小配件可以单独开票作为低值易耗品入账,因低值易耗品领用时可以一次或分次直接计入当期费用,降低了当期的应税所得额;对于在建工程,则要尽可能早地转入固定资产,以便尽早提取折旧。如整体固定资产工期长:在完工部分已经投入使用时,对该部分最好分项决算,以便尽早计入固定资产账户。

(2)固定资产折旧年限的税务筹划

固定资产折旧年限取决于固定资产能够使用的年限,固定资产使用年限是一个估计的经验值,包含了人为的成分,因而为税务筹划提供了可能性。采用缩短折旧年限的方法,有利于加速成本回收,可以使后期成本费用前移,从而使前期会计利润发生后移。在税率不变的情况下,可以使企业所得税递延缴纳。需要注意的是,税法对固定资产折旧规定了最低的折旧年限,税务筹划不能突破关于折旧年限的最低要求。如果企业享受开办初期的减免税或者在开办初期享受低税率照顾,在税率预期上升的情况下购入的固定资产就不宜缩短折旧年限,以避免将折旧费用提前到免税期间或低税期间实现,减少企业享受税收优惠待遇。只有在税率预期下降时缩短折旧年限,才能够在实现货币时间价值的同时达到少纳税的目的。

(3)固定资产折旧方法的税务筹划

按照会计准则的规定,固定资产折旧的方法主要有平均年限法、工作量法等直线法(或称平速折旧法)和双倍余额递减法、年数总和法的加速折旧法,不同的折旧方法对应税所得额的影响不同。虽然从整体上看,固定资产的扣除不可能超过固定资产的价值本身,但是,由于对同一固定资产采用不同的折旧方法会使企业所得税税款提前或滞后实现,从而产生不同的货币时间价值。如果企业所得税的税率预期不会上升,采用加速折旧的方法,一方面可以在计提折旧期间少缴企业所得税,另一方面可以尽快收回资金,加速资金周转。但是,税法规定在一般情况下纳税人可扣除的固定资产折旧费用的计算,应该采取直线法。只有当企业的固定资产由于技术进步等原因,确需加速折旧的,才可以缩短折旧年限或者采取加速折旧的方法。这与会计准则的规定是有区别的。纳税人应尽可能创造条件达到符合实行加速折旧法的要求,以便选择对自己有利的折旧计算方法,获取货币的时间价值。

采用直线法计提折旧,在折旧期间折旧费用均衡地在企业收益中扣除,对利润的影响也是均衡的,企业所得税的缴纳同样比较均衡。采用双倍余额递减法和年数总和法计提折旧,在折旧期间折旧费用会随着时间的推移而逐年减少,对企业收益的递减也是逐年递减的,企业所得税会随着时间的推移而逐年上升。从税务筹划的角度出发,为获得货币的时间价值,应尽量采用加速折旧法。但是需要注意的是,如果预期企业所得税的税率会上升,则应考虑在未来可能增加的税负与所获得的货币时间价值进行比较决策。同样的道理,在享受减免税优惠期内添置的固定资产,采用加速折旧法一般来讲是不合算的。

3. 费用列支的选择与税务筹划

在企业的日常经营活动中,企业还可以通过合理分摊费用进行纳税筹划。这里的费用主要指的是生产经营成本和期间费用。由于费用是产品成本的组成部分,当营业额一定时,成本增加,利润就会相应地减少,利润减少就使得税基减少,最终导致应税金额的减少,达到节税的目的,但是由于这个时候企业的利润也是减少的,所以企业在进行纳税筹划的时候,不光要考虑到纳税的减少,还要考虑企业的整体效益。对费用列支,税务筹划的指导思想是在税法允许的范围内,尽可能地列支当期费用,预计可能发生的损失,减少应交所得税和合法递延纳税时间来获得税收利益。

例如:对于已发生费用及时核销入账,如已发生的坏账、存货盘亏及毁损的合理部分都应及早列作费用;能够合理预计发生额的费用、损失,采用于增加后续税源。因此,企业应该重视税务筹划。提方式及时入账,如业务招待费、公益救济性捐赠等应准确掌握允许列支的限额,将限额以内的部分充分列支;尽可能地缩短成本费用的摊销期,以增大前几年的费用,递延纳税时间,达到节税目的。税务筹划对于我国企业来说有着重要的意义。企业通过科学合理的税务筹划可以降低企业纳税成本,提高企业财务管理水平,改善企业经营方式,增加企业收入和利润,同时还有助于提高企业的纳税意识。

第五章
经济管理的多元化探索

第一节　企业的战略管理

一、企业战略概述

(一)构成企业战略的要素

关于战略的构成要素,不同的学者有不同的见解。一般认为,企业战略的构成要素主要包括以下四个方面。

①经营范围,指企业从事生产经营活动的领域。它反映企业与其外部环境相互作用的程度,也反映企业计划与外部环境发生作用的要求。企业经营范围的确定,应该着重考虑与企业最密切相关的环境,根据企业所处的政策环境、产业环境、市场环境等来确定经营范围。

②资源配置,指企业过去和目前的资源和技能配置的水平和模式。资源是企业一切生产经营活动的基础,资源配置的效率直接影响企业实现目标的程度。

③竞争优势,指企业通过其资源配置模式与经营范围的决策,在市场上所形成的不同于其他竞争对手的竞争地位。竞争优势既可以来自产品和市场的定位,也可以来自企业对特殊资源的运用。产品和市场的定位对于企业总体战略来说非常重要,资源配置在企业经营战略中发挥着相当重要的作用。

④协同作用,指企业从资源配置和经营范围的决策中所能获得的综合效果,即企业总体资源的收益大于各部分资源收益之和。它包括投资协同作用、作业协同作用、销售协同作用、管理协同作用等。

总之,企业战略的构成要素对企业的生产经营有重要影响。它们存在于企业各个层次的战略之中。企业战略的层次不同,构成要素的相对重要程度也不同。

(二)企业战略的层次划分

企业战略是为企业目标服务的,而企业的目标是多层次的,它包括企业的总体目标和各级分目标,对应企业多层次的目标,企业战略也有不同层次的划分。一般来说,对于一个具有多种经营业务的企业,企业的战略可以划分成三个层次,即公司层战略、经营(事业部)层战略、职能部门层战略。

1. 公司层战略

公司层战略也称总体战略。这是企业总体的、最高层次的战略。它是企业最高管理层指导和控制企业的最高行动纲领,其对象是企业整体。公司战略着重解决两个方面的问题:一是从公司全局出发,根据外部环境的变化及企业内部的条件,选择企业所从事的经营范围和经营领域;二是在确定所从事的领域后,要在各事业部门之间进行资源分配,以实现公司整体的战略意图。公司层战略有三种基本类型,即稳定型战略、发展型战略及防御型战略。

2. 经营(事业部)层战略

经营(事业部)层战略俗称竞争战略,是企业经营单位、事业部的战略,它是在企业总体战略的指导下,经营管理某一个战略经营单位的战略,是企业总体战略之下的子战略。经营战略着重解决的问题是:在确定的某一具体的业务领域内,在总体战略的指导下,事业部如何有效参与市场竞争并取得竞争优势。它是企业与竞争对手争夺市场的基本战略。因此,事业部的管理者需要努力争取最盈利、最有发展前景的市场,实现其竞争优势。常见的基本竞争战略有三种,即低成本战略、差异化战略和集中化战略。

3. 职能部门层战略

职能部门层战略是为贯彻、实施和支持总体战略与经营单位战略而在企业特定的职能管理领域制定的战略。职能部门层战略是在既定的战略条件下,职能部门根据职能战略采取行动保障公司层战略、经营(事业部)层战略的实施,与公司层战略和经营(事业部)层战略相比较,职能部门层战略更为详细、具体。它是由一系列详细的方案和计划构成的,涉及经营管理的所有职能领域,包括营销、人事、财务等各个部门。如果公司层战略和经营(事业部)层战略强调做正确的事情,那么职能部门层战略则强调将事情做好。常见的职能部门层战略有营销战略、人力资源战略、财务战略等。

总之,公司层战略、经营(事业部)层战略和职能部门层战略是企业战略不可或缺的组成部分,它们之间相互联系,相互配合,每一层次的战略构成下一层次的战略环境,同时,低一层次的战略又为高一层次的战略的实现提供保障和支持。需要说明的是:如果企业只从事一项单一业务的话,那么公司层战略和经营(事业部)层战略是同一个层次的,两种战略的决策权都集中于企业最高层管理者手中;反之,如果一个企业有多项经营业务的话,则战略的层次结构如上所述。

二、企业战略管理特点及其过程

企业的战略管理是指将企业的日常业务决策同长期计划决策相结合而形成的一系列经营管理业务。从企业战略管理过程的角度,也可以认为:企业战略管理就是企业在其业务范围内,依据企业外部环境分析和内部环境分析设定战略目标,并为实现目标进行谋划,以及将这种谋划付诸实施并在实施过程中进行控制的动态管理的全过程。

由此可以看出:第一,企业战略管理不仅涉及战略的制定和规划,而且包含着战略实施及控制,它是一个全过程的管理;第二,企业战略管理不是静态的,而是一种动态的管理过程,它需要根据企业外部环境的变化、企业内部条件的改变以及战略执行结果的反馈信息等,不断修正、调整、完善。

(一)企业战略管理的主要特点

企业战略管理是企业最高层次的、综合性的管理,与一般的职能管理相比较,企业战略管理具有如下特点。

第一,企业战略管理具有全局性。企业战略管理是以企业的全局为对象,根据企业总体的发展需要而制定的,它所管理的是企业的总体活动,追求的是企业总体效果。

第二,企业战略管理最重要的主体是企业的高层管理者。虽然企业战略决策也需要企业中、基层管理者和全体成员的参与与支持,但企业高层管理者是企业战略制定的重要主体,因为企业高层管理者不但能够了解企业的全面情况,而且他们具有对战略实施所需资源进行分配的权力。

第三,企业战略管理涉及企业各种资源的配置问题。企业战略的实施必须有足够的企业资源做保障,因而在任何情况下,为保证企业战略目标的实现,企业需要对资源进行统筹规划,合理配置。

第四,企业战略管理需要格外注意企业外部环境中的复杂因素。现在的企业处于一个开放的环境系统之中,通常受到诸多无法由企业控制的外部因素的影响,如宏观的政治法律因素、经济因素、社会文化因素、科技因素;微观的顾客、竞争对手、供应商、社会公众等。因此,企业要想使自身在未来竞争的环境中占据有利的地位和优势,必须格外重视这些外部力量。

(二)企业战略管理的过程分析

战略管理是对一个企业的未来发展方向制订决策和实施这些决策的动态管理过程。全面的战略管理过程可大体分解为三个阶段。

1. 战略分析阶段

战略分析阶段是战略管理过程中基础的、首要的阶段。战略分析主要是对企业的战略环境进行分析、评价,并预测这些环境未来发展的趋势,以及这些趋势可能对企业造成的影响。具体的阶段任务主要包括以下几个方面。

①明确企业当前的使命、宗旨。这是进行企业战略分析的起点。

②分析企业外部环境。目的是及时地发现有利于企业发展的机会,以及企业所存在的威胁,以便在制订和选择战略时能够利用外部条件所提供的机会躲避威胁。

③分析企业内部环境。企业的内部环境即是企业本身所具备的条件,它包括生产经营活动的各个方面,如生产、技术、市场营销、财务、研究与开发、员工情况、管理能力等。目的是发现企业所具备的优势或弱点,以便在制订和实施战略时能扬长避短、发挥优势,有效地利用企业自身的各种资源。

④设定企业的战略目标。企业必须在企业内外环境分析的基础上,综合考虑外部环境中存在的机会和威胁及企业内部自身的优势和劣势,设定适合企业自身发展的长远战略目标。

2. 战略识别与评价选择阶段

战略识别与评价选择过程实质上就是战略决策过程,即对战略进行探索、评价及选择。一般来说,一个多业务经营的企业,其战略选择应当解决两个基本问题:一是企业的战略经营领域,即明确企业从事生产经营活动的行业,明确企业的性质,明确企业以什么样的产品或服务来满足哪一类顾客的需求;二是企业在某一特定经营领域的竞争优势,即要确定企业提供的产品或服务要在什么领域上取得超过竞争对手的优势。

具体的阶段任务主要包括:①识别及拟定备选战略方案;②评价备选战略方案;③选择制定满意的战略方案。

3. 战略实施与控制阶段

企业的战略方案确定后,必须通过具体化的实际行动,才能实现战略及战略目标。一般来说企业可从三个方面来推进战略的实施:一是制定职能策略,如生产策略、市场营销策略、财务策略等,保障总体战略和经营战略的具体实施。二是对企业的组织结构进行构建,以使组织结构与所采取的战略相匹配,为战略实施提供一个有利的内部环境。三是使领导者的素质及能力与所执行的战略相匹配,即挑选合适的企业高层管理者来贯彻既定的战略方案。在战略的具体化和实施过程中,还必须进行战略控制。也就是将信息反馈的实际成效与预定的战略目标进行比较,如二者有显著的偏差,就应当采取有效的措施进行纠正。当原来的分析判断有误,或是环境发生了意想不到的变化而引起偏差时,甚至可以重新审视环境,制定新的战略方案,进行新一轮的战略管理。

三、现代企业战略识别与评价选择

企业战略识别与评价选择阶段,主要是识别战略及评价选择战略。

(一)常见的公司战略

公司战略所要解决的问题是确定企业的整个经营范围和公司资源在不同经营单位之间的分配事项。常见的公司战略有三种类型,即稳定型战略、发展型战略和防御型战略。

1. 稳定型战略

稳定型战略是非快速的、稳定增长的一种公司战略。实施稳定型战略的企业,战略期内的资源分配、经营状况基本保持在目前状况和水平上,经营方向、业务领域、市场规模、市场地位、生产规模等变动不大。

稳定型战略的基本特征是:第一,企业通常计划每年按较低的比例增长;第二,企业通常满足于它过去的收益,继续寻求与过去相同或类似的战略目标;第三,企业通常以基本相同或类似的产品或服务来满足顾客。

稳定型战略的优点是:①企业能够保持战略的连续性,不会由于战略的突然改变而引起资源分配、组织机构等方面的大幅度变动;②企业经营风险小,能够保持平稳发展。

稳定型战略的缺点是:①企业容易错失外部环境提供的一些可以快速发展的机会,如被竞争对手利用这些机会加速发展的话,企业将面临严重竞争威胁;②企业管理者习惯于墨守成规,不利于刺激企业创新。

稳定型战略的适用范围:一般来说,稳定型战略适合于稳定增长的行业或处于稳定环境中的企业。

2. 发展型战略

发展型战略也称增长战略,是企业追求快速发展的一种公司战略。实施发展型战略的企业通常具有较快的增长速度(企业发展速度要比产品的市场需求增长速度快或者高于同行业的平均发展速度),企业的创新较多,企业总是获得高于行业平均水平的利润,企业不是被动地去适应环境,而是通过创新来努力改变环境,使外界适应它们。发展型战略具有较强的竞争性,是公司战略中最重要的一种子战略类型,常见的发展型战略有三种,即集中单一业务战略、一体化战略及多元化战略。

①集中单一业务战略。集中单一业务战略是指企业将绝大部分经营业务集中于一个业务或行业,并以快于过去的增长速度来增加销售额、利润和市场占有率的一种发展战略,集中单一业务战略的最大益处是可以实现规模经济,即当平均成本或单位产出成本随着生产的产品或服务的数量增加而下降时所出现的经济现象。规模经济主要来源于以下几个方面。第一,固定成本的分摊。即当固定成本一定时,产量越大,分摊到单位产品的固定成本就越少。第二,采购的经济性。即通过大批量采购而获得单位采购成本的好处。第三,营销的经济性。如广告费用及其他促销费用能够在更多的产品或服务中分摊。第四,储备存货规模经济性。即在缺货水平一样时,大业务量公司所必需的存货比例比小业务量公司要小,从而降低了大公司的存货成本。第五,研发的经济性。即单位研究开发成本随着规模或销售量的增加而递减。

集中单一业务战略把企业有限的资源集中在同一经营方向上,以形成较强的核心竞争力;有助于企业通过专业化的知识和技能提供满意和有效的产品和服务,在产品技术、客户服务、产品创新和整个业务活动的其他领域开辟新路;有利于各部门制定简明、精确的发展目标;可以使企业的高层管理人员减少管理工作量,集中精力,掌握该领域的经营知识和有效经验,提高企业的经营能力。

许多企业都是通过集中单一业务战略而成为某一领域的主导者,如可口可乐公司。但是,集中单一业务战略的风险也是显而易见的。它把所有的鸡蛋都放进一个篮子里,当单一经营所在的行业发生衰退、停滞或者缺乏吸引力时,实行集中单一业务战略的企业将难以维持企业的成长。

②一体化战略。一体化战略是指企业利用社会化生产链中的直接关系来扩大经营范围和经营规模,在供、产、销方面实行纵向或横向联合的一种发展战略。一体化战略又可以分为横向一体化(水平一体化)和纵向一体化(垂直一体化)。

横向一体化战略是指为了扩大生产规模、降低成本、巩固企业的市场地位、提高企业竞争优势、增强企业实力而与同行业企业进行联合的一种战略。其实质是资本在同一产业和部门内的集中,目的是扩大规模、降低产品成本、巩固市场地位。企业同行业并购、企业国际化经营是横向一体化的表现形式。采用横向一体化战略,企业可以有效地实现规模经济,快速获得互补性的资源和能力。此外,通过收购或合作的方式,企业可以有效地建立与客户之间的稳固关系,遏制竞争对手的扩张意图,维持自身的竞争地位和竞争优势。横向一体化战略也存在一定的风险,如过度扩张所产生的巨大生产能力对市场需求规模和企业销售能力都提出了较高的要求;同时,在某些横向一体化战略如合作战略中,还存在技术扩散的风险;此外,组织上的障碍也是横向一体化战略所面临的风险之一,如"大企业病"并购中存在的文化不融合现象等。

纵向一体化战略是指企业将生产与原料供应,或者生产与产品销售联合在一起的战略形式,是企业在两个可能的方向上扩展现有经营业务的一种发展战略,也就是将经营领域深度发展的战略。这种战略是企业自行对其产品做进一步深加工,或者对资源进行综合利用,或建立自己的销售组织来销售产品或服务的战略。

企业实施一体化战略主要的优点在于:第一,通过横向一体化战略,企业可以快速实现扩张、发展,形成较强的规模经济优势;第二,通过纵向一体化战略,企业能对所用原材料的成本、可获得性以及质量具有更大的控制权,可以分享上游端供应商的利润,从而控制销售和分配渠道,有助于改善企业产品库存积压、生产下降的局面,还可以分享企业下游端经销商的利润。

企业实施一体化战略主要的缺陷在于:第一,企业规模变大,业务拓展需要较多投资,这要求公司掌握多方面技术,从而带来管理复杂化,另外,日后再想脱离这些行业则较为困难;第二,产品相互关联、相互牵制,不利于新技术和新产品的开发;第三,还会导致生产过程中各环节之间的生产能力不平衡问题。

③多元化战略。多元化战略是企业发展多品种或多种经营的长期谋划。多元化经营,就是企业增加产品大类和产品品种,跨行业生产经营多种多样的产品或业务,扩大企业的生产经营范围和市场范围,充分发挥企业特长,充分利用企业的各种资源,提高经营效益的经营战略。多元化战略又分为相关多元化战略和非

相关多元化战略。

相关多元化战略是指公司介入与现有的业务在价值链上拥有战略匹配关系的新业务。非相关多元化战略是指公司增加与现有的产品或服务、技术或市场都没有直接或间接联系的大不相同的新产品或服务。

企业采用相关多元化战略进入技术、生产、职能活动或销售渠道能够共享的经营领域,可以实现范围经济所带来的益处而使成本降低。所谓范围经济是指,当两种或更多的经营业务在一个公司的集中管理下运作的总成本比作为独立的业务进行运作所发生的成本更低的经济现象。范围经济性主要来源于技术的匹配性、运营的匹配性、与销售和顾客相关的匹配性以及管理的匹配性四个方面。

在当今众多的大型企业中,实行多元化经营已成为一种发展趋势。企业实施多元化战略的优点主要有:第一,通过多种业务经营,可以分散经营风险,保障收益的稳定性;第二,企业转向具有更优经济特征的行业,可以增加企业利润,改善企业的整体盈利能力和灵活性;第三,企业各业务部门可以充分利用企业在统一管理、统一营销、统一采购、统一研究与开发等方面的资源,获得协同收益。

企业实施多元化战略的主要风险在于:第一,企业规模快速扩大,业务多样化,从而带来管理的复杂化以及技术的困难化,经营风险加大;第二,企业多元化发展需要大量的投资,需要企业具备较强的资金筹措能力,同时企业的财务风险加大。

由此可见,多元化战略是一把锋利的双刃剑,企业考虑采用多元化战略快速发展时,定要"三思而后行",勿要步入"多元化陷阱"。

3. 防御型战略

防御型战略是企业应对市场可能给企业带来的威胁,采取一些措施以保护和巩固现有市场的一种战略。常见的防御型战略模式有收缩、调整、放弃及清算策略。

(1)防御型战略的目的

防御型战略的目的恰恰与发展型战略相反,它不寻求企业规模的扩张,而是通过调整来缩减企业的经营规模。

(2)防御型战略的适用条件有以下几点

第一,宏观经济严重不景气、通胀严重、消费者购买力很弱。第二,企业的产品已进入衰退期,市场需求大幅度下降,企业没有做好新产品的投入准备。第三,企业受到强有力的竞争对手的挑战,难以抵挡。第四,企业的高层领导者缺乏对市场需求变化的敏感性,面对危机束手无策,被动地采取防御战略;企业高层领导者面对困境,主动地选择前景良好的经营领域进行投资,实施有秩序的资源转移。

(3)防御战略的实施通常分三个阶段进行

①紧缩阶段,紧缩开支、节约原材料、缩小经营规模;②巩固阶段,完善管理制度、提高管理水平、复盘市场营销;③复苏阶段,推出新产品、改善企业形象、调整市场营销策略和实施计划,为彻底摆脱困境做好资源和财务上的安排。

(二)常见的基本竞争战略

竞争战略所要解决的问题主要是在一个具体的业务或行业内,经营单位如何参与市场竞争并取得竞争优势。企业某种业务有效地参与市场竞争并取得竞争优势的常见手段是利用价格优势和产品特色优势。常见的基本竞争战略主要有三种典型的子战略模式,即低成本战略、差异化战略和集中化战略。

1. 低成本战略

低成本战略也称总成本领先战略,是指企业通过有效途径降低成本,使企业的全部成本低于竞争对手的成本,甚至是同行业中最低的成本,从而获得竞争优势的一种竞争战略。如我国的格兰仕在微波炉业务上的成功就是低成本战略运用的一个典型例子。

实施低成本战略的企业的主要优势在于:①从抵御新进入者的威胁来看,实施低成本战略的企业通常已建立起巨大的生产规模和成本优势,给新加入者造成较大的进入障碍;②从抵御购买者的讨价还价能力来看,实施低成本战略的企业握有更大的主动权,可以更好地应对购买商的讨价还价;③从抵御供应商的讨价还价能力来看,实施低成本战略的企业同样有更大的余地来应对有很强议价能力的供应商;④从抵御替代品的威胁来看,实施低成本战略的企业往往在行业中处于更有利的地位;⑤面对同行业现有企业的激烈竞争,实施低成本战略的企业的低成本优势通常是很有效的法宝,可以从容面对残酷的价格战。

实施低成本战略的企业主要面临的风险在于:①具有强大资本实力的潜在竞争者很可能后来居上;②科学技术的发展进步,新工艺、新技术的创新,容易削弱低成本企业的竞争优势;③企业管理者通常缺乏对市场变化的敏锐洞察力,易错失快速发展的机会。

实施低成本战略时,企业尤其需要注意:第一,不能只重视制造活动成本的降低,而忽视其他活动成本的降低,如采购、销售、物流等;第二,不能盲目、过度降价削弱企业的利润,应"恰如其分"地保持低成本优势,最大限度地获取企业长远收益。

2. 差异化战略

差异化战略也称别具一格战略,是指企业通过提供与众不同的产品和服务,满足目标顾客的特殊需求,从而形成竞争优势的一种竞争战略。这一战略试图使企业自身的产品和服务与同行业其他企业的产品和服务有所区别,它强调高超的质量、非凡的服务、新颖的设计、技术性专长,或者不同凡响的品牌形象,而非产品和服务的成本。如口味独特的比萨饼、工程设计和性能卓越的汽车、技术领先的数码产品等。这一战略的基本假设是:消费者愿意为差异化的产品付出较高的价格。实施这一战略的企业需要有很强的市场运作能力、创造性的目光以及作为市场领导者的声誉。

实施差异化战略的企业的主要优势在于:①容易获取消费者对本企业特色产品或服务的高度忠诚,甚至使其形成一种消费习惯;②打造本企业独具特色的产品,使消费者缺乏可以与之比较的参照产品,降低消费者对价格的敏感度;③企业通常具有较高的边际效益,能更好地抵御供应商的讨价还价能力;④利用消费者对本产品的忠诚,对新加入者形成强有力的进入障碍。

实施差异化战略的企业的主要风险在于:①可能丧失部分客户,如果采用成本领先战略的竞争对手压低相似产品价格,使其与实行差异化战略的企业的产品价格差距过大,这种情况下客户会流失;②用户所需的产品差异的因素下降,当用户变得越来越老练,对产品的特征和差别体会会越来越不明显;③市场上大量的模仿迫使企业不断创新,不能停止;④过度差异化导致管理难度和成本的增加。

3. 集中化战略

集中化战略是指将企业的经营活动集中于某一细分的市场领域,通过为这个细分市场的购买者提供比竞争对手更好、更有效率的服务来建立竞争优势的一种竞争战略。集中化战略与低成本战略、差别化战略不同,低成本战略、差别化战略面向全行业,在整个行业范围内进行活动,而集中化战略则是围绕一个特定的目标进行密集的生产经营活动,要求能够比竞争对手提供更为有效的服务。企业一旦选择了目标市场,便可以通过产品差别化或成本领先的方法,形成集中低成本或集中差异化战略。

实施集中化战略的企业的主要优势在于:集中化战略避开了在市场内与竞争对手的直接竞争,所以对于一些力量还不足以与实力雄厚的大公司抗衡的中小企业来说,集中化战略可以增强它们的相对竞争优势,因而该战略对中小企业具有重要意义。即使对于大企业来说,采用集中化战略也能避免与竞争对手正面冲突,使企业处于一个竞争的缓冲地带。

实施集中化战略的企业的主要风险在于:①强大的竞争对手可能会后进入企业指定的细分市场,采取优于企业的更集中化的战略;②狭窄的小市场中的顾客需求可能会与大市场中一般顾客需求趋同,此时集中化战略的优势就会被削弱;③企业选择的细分市场非常具有吸引力,以至于竞争对手蜂拥而入,瓜分细分市场的利润。

(三)企业战略的评价选择方法

①明星类业务。明星类业务是指具有高市场增长率和高相对市场占有率的业务。这个领域中的产品处于快速增长中并且具有占有支配地位的市场份额,但当前也许会或也许不会产生正现金流量,这取决于新工厂、设备和产品开发对投资的需要量。但明星类业务将成为公司未来的金牛类业务。明星类业务通常代表着最优的利润增长率和最佳的投资机会,其最佳战略是对其进行必要投资以实现扩张发展。

②金牛类业务。金牛类业务是指具有低市场增长率和高相对市场占有率的业务。这个领域中的产品产生大量的现金,但未来的增长前景是有限的。因为该类业务具有较低市场增长率,投资机会小,企业不必大量投资来扩大市场规模,同时由于该类业务具有较高相对市场占有率,享有规模经济和高边际利润,因而给企业带来大量现金流。对金牛类的业务,通常应采取稳定发展或维护策略,以获得更多的净现金流入以支持明星类业务发展。

③问题类业务。问题类业务也称幼童业务,是指具有高市场增长率和低相对市场占有率的业务。这个领域中的产品具有良好的市场前景,但业务本身竞争力较弱。问题类业务的战略选择有两种可能,对于自身具有潜力的,未来有可能通过改进增强自身竞争力的问题类业务,应该给予一定的资金支持,扩大其市场占有率成为明星类业务;对于自身潜力不大,自身竞争力很难提高的问题类业务,应当及早采取放弃或清算策略,以避免不必要的投入和损失。

④瘦狗类业务。瘦狗类业务是指具有低市场增长率和低相对市场占有率的业务。这个领域中的产品既不能产生大量的现金,也不需要投入大量现金。瘦狗类业务通常要占用很多资源,如管理部门的时间,多数时候是得不偿失的。瘦狗类业务应当考虑采用防御型战略的收缩、放弃或清算策略,以便把资源转移到更好的领域。

四、现代企业战略实施与控制

(一)现代企业战略实施

战略实施是指企业将发展战略付诸行动的过程,与此类似,实施企业战略的过程是企业对战略进行管理的过程中的行动部分。而且战略实施是一个动态管理的过程,实施顺序是自上而下的,企业高层将战略目标传递到中层和下层,在传递过程中不同级别的人员将目标细化分解,将每一项工作落到实处。动态管理是指实施战略的过程并不是单向的,而是根据反馈内容不断调整的过程,其顺序是分析、决策、执行、反馈,再根据反馈内容进行再分析、再决策、再执行。通过循环,不断调整实施阶段的行动,以更好、更快地实现战略目标。

企业战略实施的过程必然会经历四个阶段。

1. 战略发动阶段

这个阶段是战略预备阶段,将抽象的企业战略转化成与企业员工利益密切相关的实际,这样才能发动员工参与其中,激发他们的热情和积极性。要实现这个目标,企业领导层和管理层可以通过员工培训的方式,将与企业战略相关的新理念、新思想、新观念传递给员工,并且让他们了解、接受、认可这些新的战略。新战略的实施必定会经历由疑惑到认可的阶段,只有让员工充分认识和了解新战略,才能消除他们心中的疑惑,从而肯定并接受这种新战略。因此,组织培训时,企业要将员工对新战略的认识引入一个新的阶段,以得到所有员工的支持和认可,更好地付诸实践。所以,战略发动阶段其实是一个如何发动员工的阶段,在这个阶段,要传递给员工的思想主要有:企业当下面临的机遇和挑战、面对这些机遇和挑战企业做出了哪些调整、新实施的战略的优势和可能遇到的问题、旧战略在企业发展中存在的问题等。让员工充分认识到新战略的实施对企业的发展和自己的长远发展有益,这样才能进一步提高员工和企业一起努力奋斗的决心、信心。为了新战略的顺利实施,企业领导者要适当对人员和机构进行调整,最重要的是争取执行战略的关键人员的支持。

2. 战略计划阶段

这个阶段将企业战略细分成不同的实施阶段,并且确定明确的计划表和实施目标。为了实现不同阶段的目标,这些计划包括各项工作的策略、政策措施和方针要求,最重要的计划是确定明确的时间,即在什么时间内要完成哪些目标,方便统筹计划表内的所有工作,提高工作效率,还要特别将不同阶段的工作计划衔接起来。同时,在制订战略计划时:一要注意细化近期阶段目标,概括化远期目标;二要衔接好旧战略和新战略之间的工作关系,让两者合理过渡,否则容易造成资源的浪费,增加新战略实施的阻力;三要具体化第一阶段的工作计划和目标,特别是其中的策略、方针和工作举措,让各个部门实施战略的人员一目了然,对即将开展的工作熟记于心,更好、更快地实现阶段目标。

3. 战略运作阶段

在战略运作阶段,企业战略实施的效果受诸多因素的影响,其中受企业各层级领导和管理人员素质的高低、企业文化、对员工的激励制度、企业的组织结构、信息传达沟通制度和资源分配制度六方面因素的影响最大,只要在这几方面狠下功夫,调动起企业员工的积极性和主动性,将企业战略下沉到日常的生产经营活动中,甚至形成规章制度严格执行,一定能获得良好的效果。

4. 战略控制和评估阶段

企业战略的实施是动态的过程,面临的环境是不断变化的,因此应充分考虑到环境因素对实施阶段的影响,对每个实施步骤和过程进行控制和评价,及时根据反馈内容调整实施内容。对于企业来说,这个阶段应该重视绩效的监控和偏差的评估,建立和完善控制系统,纠正、控制偏差三个方面的内容。

(二)现代企业战略控制

战略控制一般是指企业在实施战略的过程中,对每个阶段的实施内容和活动进行检查,以更好地实现战略目标。主要通过对企业实施不同阶段的工作计划后取得的绩效进行评估,将其与之前计划中的工作目标相比较,查找和分析其中的偏差和问题,对后续的实施内容进行调整,让企业的工作计划和实施内容与企业的战略目标、所处的内外环境相一致。

1. 现代企业战略控制的主要内容

对企业战略的实施进行控制,主要有以下几个方面的内容。

①设定绩效标准。根据企业战略目标,结合企业内部人力、物力、财力及信息等具体条件,确定企业绩效标准,将其作为战略控制的参照系。

②监控绩效与评估偏差。通过一定的测量方式、手段、方法,监测企业的实际绩效,并将企业的实际绩效与标准绩效对比,进行偏差分析与评估。

③设计并采取纠正偏差的措施。顺应变化的条件,保证企业战略的圆满实施。

④监控外部环境的关键因素。外部环境的关键因素是企业战略赖以存在的基础,这些外部环境的关键因素的变化意味着战略前提条件的变动,必须给予充分的注意。

⑤激励战略控制的执行主体,以调动其自控制与自评价的积极性,以保证企业战略实施切实有效。

2. 现代企业战略控制的作用

企业战略控制在战略管理中的作用主要表现在以下几个方面。

①企业战略控制是企业战略管理的重要环节,它能保证企业战略的有效实施。战略决策仅能决定哪些事情该做,哪些事情不该做,而战略控制的好坏将直接影响企业战略决策的效果好坏与效率高低,因此企业战略控制虽然处于战略决策的执行地位,但对企业战略管理来说是十分重要的。

②企业战略控制能力与效率的高低是战略决策的一个重要制约因素,它决定了企业战略行为能力的大小。企业战略控制能力强、控制效率高,则企业高层管理者可以做出较为大胆的、风险较大的战略决策;若相反,则只能做出较为稳妥的战略决策。

③企业战略控制与评价可为战略决策提供重要的反馈,帮助战略决策者明确决策中哪些内容是符合实际的、正确的,哪些是不符合实际的、不正确的,这对于提高战略决策的适应性和水平具有重要作用。

④企业战略控制可以促进企业文化等企业基础建设,为战略决策奠定良好的基础。

第二节　企业的经营决策与控制

现代管理的重心在于经营,经营的重心在于决策。

一、决策与经营决策概述

(一)决策的基本特性

决策是指在明确问题的前提下,为未来的行动确定目标,并在多个可供选择的行动方案中选择一个合理方案的分析判断过程。科学的决策应有以下基本特性。

第一,决策要有明确的目标。任何决策都包含着目标的确定。目标体现的是企业想要获得的结果。目标确定以后,方案的拟订、比较、选择及实施效果的检查就有了标准与依据。

第二,决策应包含若干个可供选择的可行方案。方案的实施需要利用一定的资源,缺乏必要的人力、物力、财力,理论上十分完善的方案也只能是空中楼阁。因此,在决策过程中,决策者不仅要考虑采取某种行动的必要性,而且要注意实施条件的限制。决策的关键是选择,没有选择就没有决策。而要能有所选择,就必须提供可以相互替代的多种可行方案。

第三,决策包含大量分析判断。事实上,为了实现同样的目标,企业可以从事多种不同的活动,这些活动在资源要求、可能结果及风险程度等方面存在或多或少的差异。因此,分析判断是必要的。

第四,决策的结果是选择一个方案。决策最后所选择的方案只能是比较满意的方案,不可能是最优方案。现代决策理论认为,最优化决策是不可能实现的,它只是一种理想而已。另外,受人力、物力、财力及时间等因素的影响,备选方案不可能有很多,只能从这些已有的备选方案中选择相对满意的方案。

第五,决策是一个过程。经营决策是一个系统的过程,而不是一瞬间做出的决定。决策中,决策者需要做大量的调查、分析和预测工作,然后确定行动目标,找出可行方案,并进行判断、权衡,选择最终方案。当选出比较满意的行动方案后,决策者还要就其他一些问题(如资金筹集、结构调整和人员安排等)做出决策,以保证该方案的顺利实施。在这个过程中,每一个阶段都相互影响,外部环境的变化和信息的取得都会影响决策的过程。

第六,决策是动态的。决策的动态性与过程性有关。决策不仅是一个过程,而且是个不断循环的过程。决策是动态的,没有真正的起点,也没有真正的终点。组织的外部环境处在不断变化中,这就要求决策者密切关注并研究外部环境变化,从中发现问题或找到机会,及时调整组织的活动,以实现组织与环境的动态平衡。

第七,决策应是一项有组织的集体活动。企业的决策具有信息量大、涉及面广、变化快的特点,这就增加了决策的复杂性和艰巨性,从而使个人决策成功的可能性大大减少。因此,科学决策不能是领导者的个人行为。决策的民主性是决策成功的重要条件。

(二)经营决策及其类型

企业的经营决策就是在对企业的外部环境、内部条件分析的基础上,依据客观规律和实际情况,为企业的总体发展和各种重要经营活动制定正确的经营目标、方针和策略。它是一个过程。

经营决策的目的是通过实现企业外部环境、企业内部条件、企业经营目标三者的动态平衡,以求得企业的最佳经济效益。决策是企业管理的核心,可以说整个企业管理过程都是围绕着决策的制定和实施而展开的。决策贯穿于企业生产经营活动的全过程,这一过程中的每一个环节都离不开决策。对于企业来讲,涉及的经营决策问题主要有经营战略与目标决策、市场营销决策、新产品开发与老产品淘汰决策、技术开发与投资决策、成本决策、生产计划决策、价格决策、经营方式选择及人事决策等。[①]

1. 根据决策所要解决的问题在企业经营中的地位的不同分类

①战略决策。战略决策是指直接关系到企业生存发展的全局性、长远性问题的决策。如企业经营方针与经营目标的确定等。战略决策一般考虑的是企业如何与外部环境适应的问题,属于企业高层管理者的职责范围。

②管理决策。管理决策是指企业为实现战略决策对企业资源做出合理安排的策略性决策。如生产经营计划的确定、能源与原材料的合理使用、工作业绩的评价等。管理决策一般属于企业各职能管理部门的职责范围。

③业务决策。业务决策是指在管理决策的指导下,为了提高企业各种具体业务工作的质量或效率的决策。如工作任务的日常安排等。业务决策属于常规性、技术性的决策,一般属于基层管理人员的职责范围。

2. 根据决策问题出现的重复程度的不同分类

①程序性决策。程序性决策是指对经常出现的重复性问题,根据已有处理经验、程序和方法进行的决策。如质量管理、成本控制等。由于程序性决策在企业中大量重复出现,涉及的主要是例行性的活动,因此在决策的管理上应重视对决策程序、方法和规章的制定,以便人们在碰到此类问题时能够有法可依、照章办事,从而提高决策的科学性和准确性。程序性决策一般是中下级企业管理人员经常要碰到的问题。

②非程序性决策。非程序性决策是指对不经常出现的偶然性问题,并没有处

---

① 王业篷,宫金凤,赵明玲. 现代经济与管理的多维度探索[M]. 长春:吉林人民出版社,2022.05.

理经验,完全靠决策者个人的判断和信念来进行的决策。如经营方向的调整、新产品的开发、重大项目的投资等,一般无章法可循。非程序性决策虽然所占比重较小,但通常涉及关系到企业全局和长远发展的重要问题,因而一般属于企业高层管理者的决策范畴。

3. 根据决策问题所面对的客观条件的不同分类

企业决策可分为确定型决策、风险型决策与非确定型决策。

①确定型决策。确定型决策是指决策条件明确,方案的结果是确定的,只要经过直接比较即可做出方案选择的决策。由于未来的结果是肯定的,因此决策相对比较容易。

②风险型决策。风险型决策是指决策条件存在不可控因素,可供选择的方案存在多种结果,各种结果出现的可能性可以事先估计的决策。

③非确定型决策。非确定型决策是指决策条件存在不可控因素,可供选择的方案存在多种结果,各种结果出现的可能性无法事先估计的决策。

二、企业经营决策的原则与程序

(一)企业经营决策的原则

①信息准确原则。信息准确原则是指为进行决策所收集的信息,必须准确、全面地反映决策对象的内在规律与外部联系。信息的准确性是指信息要能够真实地反映经济发展的客观规律;信息的全面性是指要从多渠道收集各种信息并对其进行必要的综合整理和筛选,以便能够全面地反映所要研究的问题。此外,还须注意信息有效性与经济性的问题。

②可行性原则。可行性原则是指决策方案必须与企业现实的资源条件相适应。企业必须认真研究方案的可行性,采取定性与定量相结合的方法,对每个方案进行可行性分析,以保证决策方案行之有效。

③对比优化原则。对比优化原则是指决策总是在若干个有价值的备选方案中进行比较并选择一个,选择的最优方案应力求以投入少、收益大为上。

④系统性原则。系统性原则是指决策过程中,要运用系统分析的理论方法,对决策对象进行全面的分析和论证,在决策过程中兼顾各方利益关系,协调各种矛盾,以获得整体功能最优的效果。

⑤科学性原则。企业的决策必须建立在科学性原则的基础上,必须有科学的

依据,要遵循科学的决策程序,确定科学有效的决策标准,采取科学的决策方法,建立科学的决策控制系统,做好决策工作。

⑥利用"外脑"原则。决策方案要在民主的基础上制定,要充分发挥职工和"专家"智慧,广泛利用"智囊团"在决策过程中的作用,实行民主化决策。

⑦创新性原则。决策与企业的生存和发展密切相关,涉及诸多情况与问题。进行决策时,既要有技术分析能力,又要有创新精神和创新观念,勇于开拓,这样才能制定出合理方案。

⑧追踪监控原则。追踪监控原则是指在决策方案付诸实施过程中,必须及时进行信息反馈,密切监视环境变化,采取措施,及时有效地纠正各种偏差。

(二)企业经营决策的程序

决策是一项复杂的活动,为了提高决策的有效性,应遵循一定的程序。一般情况下,企业经营决策有以下六个程序。

1. 识别问题

识别问题主要是指企业在生产经营活动中主动发现问题,特别是那些导致现实工作成效和理想目标产生偏差的问题,这些问题便是需要企业领导层和管理层进行决策的对象。一般来说,这些问题种类较多,主要分为机会型问题,即采取怎样的措施能为企业获得更多利润;危机型问题,即需要马上采取措施的重要、紧急问题;非危机型问题,即需要解决的但是不急迫、不严重的问题。

什么样的问题是需要识别的问题? 企业需要从以下几方面衡量。

一是与计划偏离,一般是指没有达到企业预期,比如新产品上市之后利润、市场占有率等没有达到目标。

二是竞争者的生产水平和技术水平变化,如果竞争者对生产工艺进行了改进和创新,在市场竞争中获得更大的优势,企业决策者必须重新评估生产线,创新和改进生产技术,降低成本。

三是与过去的绩效产生了较大的差距,一般是指由于一些内部或外部原因降低了企业的绩效,比如成本费用增加、员工流失较多、废品率上升、销售额下降或者利润下降。

四是其他人对决策者产生的不利影响,比如有些顾客对延迟交货的问题进行投诉。

2. 诊断原因

一般来说,识别问题是为了更好地诊断,对症下药,对因不同原因产生的问题采取不同的措施,否则只会是病急乱投医,产生头痛医头、脚痛医脚的效果,不能真正从源头上解决问题,对企业战略目标的实现不利。在对问题的原因进行诊断时,不能只看到问题的表面,还要追根究底,对问题产生的源头进行深入分析,才能真正解决问题。举个例子,企业上个月的销售额有所下降,如果将问题仅诊断为销售人员的原因,则容易影响销售人员的工作积极性。虽然这种做法是很多公司的常态,只会将大多数销售压力放到销售人员的身上,以期提高公司的销售额。明显这种做法非常不恰当,销售额下降的根本原因也许是产品已经过时无法跟上消费者的需求,也许是广告宣传不够,所以找到根本原因才是解决问题、做出正确决策的依据。如果导致企业出现问题的原因较多,则可以充分利用相关诊断工具,分析出问题的主次,聚焦主要问题。

3. 确定经营目标

企业经营者在识别问题、诊断原因之后,要对问题的各个组成要素进行深入分析,特别是要了解它们之间的关系,并确定其中的重点部分,为企业的经营目标提供决策依据。企业经营目标的确定要从企业实际出发,强调操作性和实践性,避免空谈,放弃那些不可能实现的目标,将可实现的目标和相似的目标合并。对于企业来说,一个合理的可以实现的目标要对企业的价值、成果、责任等具有衡量价值。举个例子,如果一个产品的销售数量、销售价格是确定的,那么实现一定的利润目标可以通过调整成本来实现。

4. 拟定备选方案

在确定了经营目标后,就要拟订备选方案。决策者应尽可能地拟订多种备选方案,因为备选方案越多,解决办法就越趋完善。备选方案应整体详尽性与相互排斥性相结合,以避免方案选择过程中的偏差。由于决策条件复杂,要把所有的可行方案都设计出来是不可能的,因为不可能全部掌握决策时所需要的信息,所以很难考虑到所有的可行方案。就现有的条件和能力,设计出来的备选方案越详尽,就越能保证备选方案的质量。每个方案的总体设计、主要措施应该是有区别的,所以必须坚持相互排斥性。只有这样,在选择时才便于从众多备选方案中选择一个。如果各个备选方案的内容几乎是相同的,就失去了选择的意义。

5. 评价和选择方案

方案评价就是对各个备选方案进行评价,评价内容包括方案的操作性、满意度和有效性,以及成效,评价方法是决策目标和各个备选方案预计取得的成效,一般从以下三个角度进行评价。

一是方案的操作性,主要包括两个方面:①实施这个方案的企业的软件和硬件能力是否与之匹配,特别是资金和其他的资源,比如人力、财力、时间等;②该方案的实施是否在相关法律法规和企业伦理允许的范围内,是否和企业策略一致,能否充分调动员工的积极性和主动性。

二是方案的满意度和有效性,一般是指方案对决策目标的需求满足度和企业文化、风险偏好是否同步。在此,要特别强调企业各个目标之间的一致性,否则容易造成某个方案目标的实现损害了其他方案目标的利益,给方案实施造成消极影响。所以,如何保持目标的一致性又为企业决策增加了一定的难度,这也要求企业认真分析决策目标的主次关系。

三是方案的成效,一般是指这个方案实施之后,对企业内外产生的影响,比如对竞争对手的影响、对员工的影响或对企业未来长远发展的影响。

对各种方案进行比较,不能只比较它们会产生的积极影响,也要对它们可能产生的消极影响进行比较,不仅要在不同方案之间比较,还要将方案与决策目标进行比较。比较过程可以按照下面的程序进行——决策者首先筛选出其中两个方案,比较它们的各个方面,择优而选;再从所有方案中筛选出其他两个风格不同的方案进行比较,择优而选;紧接着将上述两个优秀的方案进行比较;最后找出最优的、最适合企业策略和企业发展的方案。对于决策者来说,要善于运用科学的方法对方案进行评估、判断和筛选,才能保证决策的科学性和正确性,具体如何操作将在决策方法相关内容中阐述。

6. 实施和监督

通过多方案比较,选出最优的决策方案之后,就进入了实施执行的阶段,也就是决策的最后阶段。决策的目的是付诸实施,如果不能有效地实施决策,整个决策就失去了意义。方案在实施之前,要保证实施的条件和资源。同时,决策方案的实施过程也是一个不断反馈的过程。在实施的过程中要发现方案本身的不足,这就需要边实施、边检查、边改进。如果是环境发生变化,那就需要重新制定决策,而这一步骤又成为下一轮决策的起点。

这个阶段主要是对企业中各个层次、各个部门的人员的履职情况进行监督,从而保证每项工作落到实处。一般就是否存在偏离目标的问题、实施进度如何等内容进行检查,最后将检查结果传递给决策者,决策者根据反馈内容及时掌握方案实施情况。对于出现的问题立即采取相应的措施,将工作落实到目标轨道上。

客观条件导致目标无法完成时,企业决策者则需要立刻重新识别问题、诊断原因、制订新的方案并再次进行筛选和评估,重新为完成方案目标而努力。

第三节　企业的营销管理

一、营销管理的内涵

营销普遍存在于我们的日常生活以及世界每个角落。从我们早上睁开眼睛开始,一天 24 小时都无法离开营销的影响。我们所使用的产品都是营销的标示物。回想多年前,当有人提及营销这个话题时,中国的百姓肯定一脸茫然,因为闻所未闻;中国的企业肯定不屑一顾,因为没有需求。在市场经济和全球一体化的长期洗礼中,我们今天已经被大量的营销活动所包围、淹没、充斥和影响,各种层出不穷、五花八门的营销活动,潜移默化地修正了我们的消费观念和行为模式,成为我们日常生活中不可或缺的重要组成部分。营销管理的适用范围越来越广泛,企业、医院、学校、教会、政府、社团、城市乃至国家和国际性组织,无不运用营销的手段扩大影响、满足需求、提高目标受众的忠诚度。正是由于营销无处不在,导致现实中的营销活动形式多到"乱花渐欲迷人眼"的地步。现在若提及营销,很多消费者虽然熟悉但依然是一脸茫然的感觉,很多企业虽然需要但依然有不屑一顾的态度。所以,很需要我们正本清源,剖析营销管理的现象与本质,还原营销管理真实的面目。

(一)营销管理的定义

①营销是组织管理职能的有机组成部分,营销不是万能的,必须和生产、财务、人力资源等职能部门整合起来,支撑整个组织的良性运转。各个部门既需要借鉴营销管理的思路,将内部服务的部门视为顾客,识别他们的需要,努力满足他们的需求,也需要以市场为导向,由外而内,都把为顾客提供优质服务、满足顾客需求作为工作的准则。但这种内部营销和全员营销的做法并不是提倡营销要取代其他职能部门的作用。营销能够做到目,只能做到的事情就是识别和满足目标顾客的需求。

②营销管理是一个过程。组织为了能够生存和发展,必须通过分析、计划、组

织、执行和控制等科学管理的手段,充分利用内部资源以应对外部环境的挑战。这个过程不仅是周而复始的闭环的管理流程,而且还是不断调整的动态循环。在分析环节,我们需要对组织的内外部环境进行全面的检测,了解顾客的需求和特点、自身的优势和劣势、竞争对手的强项与不足、合作伙伴的资源与网络,以及整个社会的发展趋势等,为后面的营销决策提供科学客观的基础。在计划环节,我们需要明确组织的市场目标,确定目标顾客和市场定位,确定具体的营销组合策略与实施方案,对组织的整体营销活动进行全面系统的规划,为营销活动的实施提供详细的指引。在组织阶段,我们需要整合组织的各种资源,建立合适的策划、销售和服务部门的组织架构和管理团队,确定科学合理的绩效考核和激励的体系,保证营销方案实施的效率和效果。在执行阶段,我们需要对产品、定价、分销和促销等营销手段进行进一步的细化,落实和相关组织、团队和个人的合作形式并付诸实施,同时要整合各个手段之间的效力,共同为实现组织的市场目标而努力,避免出现相互牵制甚至彼此抵消的情形。在控制阶段,我们需要建立各种信息收集、传递的机制以及科学全面的评价指标体系,对营销活动的过程和结果进行有效的适时评估及时调整或完善具体的实施方案,并为今后的营销决策提供信息。

③营销管理的实质是需求管理。营销管理的中心点是识别和满足目标顾客的需求;整合组织的内外部资源,运用各种手段,影响目标顾客需求的时机、水平以及构成,从而保持业务稳定的局面或业务不断增长的趋势。[①] 正确识别顾客的需求是让顾客满意的重要前提,如果无法正确把握顾客的真实需求,即使企业的营销活动做得再到位,结果都是大相径庭、风马牛不相及。但识别顾客的需求却是一件非常棘手的事情,现实中往往有两种情况会给这项工作造成不同程度的困扰。一是顾客知道自己的需求,但不告诉你真心话;二是顾客根本就不知道自己到底需要什么。不幸的是,这两种情况在很多行业、很多地区普遍存在,尤其是第二种情况。我们需要不断创新营销手段,真正接近顾客,聆听顾客的声音,熟悉顾客的真实想法与需求。

④营销管理的目的是平衡所有利益相关者的利益。能否让顾客满意是评估组织的营销活动是否有效的一个重要标准。顾客只有满意了,才有可能持续购买组织提供的产品和服务,才有可能给组织持续带来丰厚的利润或回报,才有可能支撑组织的长期生存与发展。但一味地让顾客满意最大化,往往不是长期的状

---

①　宋云编.企业战略管理第6版[M].北京:北京首都经济贸易大学出版社,2022.01.

态,特别是以牺牲员工的利益、股东的利益或公众的利益为代价,一定是一种短期的自杀行为。如果组织的员工、股东或公众不满意,一定会传染到组织的目标顾客群体,从而引起他们的不满意。组织的营销管理也要承担起应有的社会责任,理清组织内部与外部各种群体之间的利益关系,营造良性的利益生态圈,力求所有利益相关者的利益达到平衡。

(二)营销管理的实质

组织的营销管理工作主要是围绕着识别与满足目标顾客的需求而展开的。通过影响目标顾客需求的时机、水平以及构成,来维持或扩大现有业务的局面。

按照马斯洛的需求层次论,人的需求从低到高可以分为 5 个层次:生理的需要、安全的需要、归属的需要、尊重的需要和自我实现的需要。每一种产品和服务就是在满足目标顾客以上某一类或某几类的需要。满足需求的层次越高,组织提供差异化和附加值的空间就越大,与此同时,组织运作的风险和难度也随之变大。

各种需求又因为时机、水平和构成的不同,表现出不同的需求状态,营销管理人员需要针对不同的情形,制定合理的应对措施。

1. 负需求

负需求是指顾客对某种东西不喜欢,甚至讨厌、害怕,有时愿意出钱去回避它。当这种不喜欢的局面引起顾客足够的重视时,缓解这种紧张情绪的产品或服务就会受到顾客的青睐。比如,对意外的恐惧而购买人身与财产方面的保险业务。

2. 无需求

无需求是指顾客对某种东西没有意识或没有兴趣。这是营销管理者最不愿意看到的一种需求状态。营销人员需要花费大量的时间和精力对顾客进行教育,改变他们现有的需求构成与偏好,甚至是创造需求,激发他们对产品或服务的兴趣与购买欲望。这种情况下的风险和难度非常高,往往"先驱"没有做成,很快就变成"先烈"了。说到这里,你不妨在脑子里演练一下:如果让你把梳子卖给和尚,你会怎么做呢?

3. 潜在需求

潜在需求是指消费者对某种东西有很强烈的需求,但现成的产品和服务都无法充分地满足。这种情况一旦被发现,往往会让营销管理人员开心不已,但接下来就很快陷入困顿的状态。原来市场的空白并不是那么容易填补的。很多时候,不是大家不知道空白市场的存在,而是由于技术、资源、政策、文化等因素的制约,导致现在大举进军这片"蓝海"可能是一个时机尚未成熟的冒险行径,"空白"有可能就是"陷阱"。比如,最近几年在空调行业经常谈论的一个节能型产品概念——空调热水器,把空调运行时产生的热量收集起来,传输至热水器,加热储存于其中的水节约能源、方便生活。概念很好,潜在需求看起来也很旺盛,目前也没有成熟的产品可以满足这种需求,但因为技术不成熟、生产成本过高、安装不方便等关键问题还没有被攻克,填补市场空白的行为还需蓄势待发。

4. 下降需求

下降需求是指消费者对某种东西逐渐失去兴趣,购买的频次开始减少,购买的数量不断下滑。有很多因素导致消费者对某种东西的需求出现下降,比如人口数量的减少、消费习惯的变迁、替代品的兴盛等。营销人员必须分析需求衰退的原因,决定能否通过开辟新的目标市场,改变产品特色,或者采用更加有效的沟通手段来重新刺激需求。比如大学校园里,学生对加入各种社团的兴趣会随着年龄的增长而越来越淡,而改变这种局面就必须重塑各个社团的特色与定位,清晰确定目标群体,加强活动内容与形式的创新。

5. 不规则需求

不规则需求是指消费者对某种东西的需求,每季、每月、每周、每天,甚至每时都在呈现不规则的波动。很多服务行业都会碰到这种情况。比如每逢节假日,火车站、飞机场、电影院、游乐场、公园等场所,总是人满为患一票难求,大量的设备在低潮期常常闲置不用,而在高峰时又不够用。所以,组织需要通过定价策略、促销推广策略、会员预约制度等手段来平抑需求的不规则波动,改变消费者需求的时间模式。

6. 饱和需求

饱和需求是指消费者对某种东西的需求达到一种满足的状态。此时,组织必须通过保持或提高产品质量,努力维持现有的需求水平。不过,有时还可以通过影响消费者需求的时机和构成,从看似已经饱和的需求中发掘业务增长的潜力,比如牙膏牙刷行业和牛奶行业,通过影响消费者需求的时机,鼓励大家早晚各刷一次牙,早餐、午餐、晚餐和睡觉前都要喝适量的牛奶,成功地将原有产业规模数倍放大。

7. 超饱和需求

超饱和需求是指消费者对某种东西的需求远远超出了其能够或者想要达到的水平。很多奢侈、时尚、潮流或珍贵的东西,一旦受到大家追捧并限量供应,就很容易呈现出需求超饱和的状态。组织可以通过提高价格,减少促销宣传活动,或者提倡量力而行,不鼓励过度消费,降低消费者的需求水平。

8.不健康需求

不健康需求是指消费者对某种东西的需求会引起一些不良的社会反应。比如,消费者对香烟、烈酒有需求,往往会引起周围人群或全社会的抵制与反感。作为身处其中的组织必须承担起应有的社会责任,减少供应,大幅度提价,大力宣传其有害性,或发展替代产品,引导消费者正确消费。

二、营销管理的核心流程

营销管理既然是一个过程,就必须包括分析、计划、组织、执行和控制等环节。在这些环节中,最核心的部分包括了市场环境的分析、营销战略的制定和营销组合策略的规划与实施。

(一)分析市场环境

企业的营销管理活动应该从全面了解企业所处的市场环境开始,其中包括顾客、企业身、竞争者和合作者等微观环境因素,也包括政治法律、经济、社会文化、自然科技等宏观环境因素。对市场环境的详细分析,是企业进行有效的营销管理决策的前提与基础。

在顾客分析部分,企业需要知晓:哪些群体可能会对企业的产品产生兴趣和购买欲望,哪些群体值得企业去吸引并挖掘,哪些卖点会触动他们尝试性使用,哪些因素会促使他们持续购买和使用。

在公司分析部分,企业需要了解:自身到底存在哪些优势和劣势,可以发挥哪些优势最好地满足顾客的部分需求,需要缓解或弥补哪些劣势以减少顾客的不满。

在竞争者分析部分,企业需要熟悉:到底谁才是真正的主要竞争对手;与企业相比,它们到底有哪些主要的优势和劣势;竞争对手在满足顾客部分需求方面有哪些能力是企业无法超越的;企业拥有哪些核心能力可以对抗竞争对手。

在合作者分析部分,企业需要辨识:哪些外部力量可以帮助企业对抗竞争对手,更好地满足顾客的部分需求;企业利用这些外部力量的可能性有多大;企业将这些外部力量连接成为一个稳固的关系网络并形成合力的可能性又有多大。

在宏观环境分析部分,企业需要看清整个外部环境的发展趋势,明确:哪些趋势可以支撑企业发挥优势,哪些趋势迫使企业必须进行变革政治法律、经济、社会文化、自然科技等宏观环境的变化是单个企业无法左右或抗衡的,企业只有顺应潮流和趋势,才能获得良好的生存与发展空间。

(二)制定营销战略

在分析市场微观环境和宏观环境之后,企业可以开始规划营销管理的战略内容,包括细分市场、确定目标市场和定位。

在前面环境分析的基础上,企业对整个市场结构有了一个比较清晰的认识,可以运用一些市场通用的准则或潜在顾客比较敏感的因素对市场进行划分,找到不同群体之间的差异和群体内部的共性,描述符一个群体的基本特征与需求特性。企业不可能满足所有顾客的所有需求,所以往往需要对每一个细分市场的潜力、进入的难度与风险进行评估,从中选择一个或几个细分市场作为企业的目标市场。

一旦确定目标市场,企业需要通过某种优势或特色来区别于其他的竞争对手,吸引目标市场上的顾客购买和使用企业的产品和服务。这种优势或特色,就是一种感知差异,也可以说是卖点,当目标顾客觉得企业的产品和竞争对手的产品是不一样的,而且这个不一样正是他们所看重的,愿意花钱甚至花更多的钱来购买这个差异,那么,企业的定位就获得了成功。

(三)规划营销组合策略

确定了市场定位之后,企业可以综合规划各种营销组合策略,来实现营销管理的战略目标。企业可以用来影响目标顾客、对抗竞争对手的营销策略、工具或手段包括产品、定价、分销、促销等内容。

产品策略包括品牌策略、产品组合策略、产品生命周期管理策略、新产品开发策略、产品包装策略等内容。

定价策略包括基本定价策略、心理定价策略、价格调整策略、价格优惠与折扣策略、价格体系管理与控制策略等内容。

分销策略包括分销广度决策、分销密度决策、分销深度决策、渠道冲突管理策略、渠道整合策略、销售终端管理策略等内容。

促销策略包括广告策略、人员推销策略、销售促进策略和公共关系策略等内容。

为了方便记忆,学者们将营销组合策略的内容归纳为 4 个 P,但实际的工作非常烦琐和庞杂。在企业实际操作过程中,这些工作往往分散在不同的团队、部门、地区和时段实施,最容易出现脱节甚至相互抵触。所以,营销策略实施的重点是组合管理,最大可能地发挥出所有营销策略的合力。

(四)营销管理成功的关键因素

在整个营销管理的核心流程中,我们可以看出,决定企业营销活动成败的关键因素是:系统、逻辑和细节。

系统:企业开始进行营销决策或者碰到棘手的问题时,千万不要就事论事,头痛医头、脚痛医脚,要全面分析各种影响因素,从企业内部和外部寻找问题的症结,对症下药,从根本上彻底解决问题。

逻辑:定位是整个营销管理核心流程中的关键点,它起到了承上启下的作用,是整个营销管理活动的灵魂与重心。在营销管理的核心流程中,前面的分析环节、细分市场与确定目标市场,都是为了帮助企业找到一个合理的卖点或感知差异,而后面的所有营销策略都是围绕着如何在目标顾客的心目中把这个感知差异稳稳地扎根下来。

细节:无论是市场环境分析环节、营销战略制定环节,还是营销策略规划与实施环节,以上列出的要点都要考虑到,尽可能为决策提供详细而全面的信息。同时要尽量把所有可能出现的情况以及应对的预案都要详细规划出来,确保执行和监控的效果。

第四节　企业的质量管理

随着市场经济的深入发展,产品质量标准越来越高。企业不注重产品质量,不注意提升质量管理水平,就难以实现可持续发展的目标。

一、推行质量管理对提高管理水平的作用

质量管理是以ISO9000国际质量标准为准则,在一定的技术经济条件下,为保证和提高产品质量所进行的一系列经营管理活动的总称。它诞生于市场经济环境,是在总结了工业发达国家成功质量管理经验的基础上形成的,对内有利于改善企业内部质量管理体系,对外可用于向顾客承诺企业质量体系,满足顾客对

产品质量的要求,可树立良好的企业形象和质量信誉。企业要按照标准要求,结合企业实际情况,建立和实施文件化的质量管理体系,由经验管理过渡到科学管理,建立起科学的组织机构,明确其内部职责、权限及相互间的关系。企业通过对各环节的有效控制,可以预防和控制各类风险的产生,减少工作中的差错率,提高效益,从而提高经营管理水平。

二、推行质量管理面临的现实问题

(一)管理者作用的发挥及职责的转换

质量管理强调领导作用的充分发挥。这里所说的领导作用指的是管理层的作用,而不是某一个人的作用。只有整个管理层充分发挥了领导作用,整个质量管理体系文件的贯彻落实才会有一个坚强的后盾作保证。管理层的职责要按照文件要求进行转换,管理行为要根据程序进一步标准化。在这个转换的过程中,首先需要对管理层进行全面的质量管理培训,使每个管理者具备质量管理的基本知识和管理技能,然后按照各自权限坚决贯彻落实好质量管理的各项要求,使质量管理真正在实际工作中发挥作用。

(二)旧有管理模式和行为习惯的约束

质量管理是一种新型的现代化的企业管理模式,与旧有的管理模式相比,在工作方法和程序方面存在很大的差别。它对管理行为的要求较为严格,不严格质量管理将会流于形式,且会带来很多不必要的工作量。员工首先要学习、了解和掌握质量管理的基本方法,分清质量管理与旧的管理模式之间有何不同之处,然后自觉按照质量管理的要求进行业务操作,认真对待每一个程序和每一个质量记录,并且形成工作习惯,逐步摆脱旧有的管理模式、思维定式和行为习惯的约束,牢固树立质量管理理念。

(三)政策调整和市场规则的应变

质量管理强调持续改进的原则,企业要结合业务实际,针对政策的不断调整和市场的瞬息万变,不断接受新的政策要求,不断完善工作程序,把最新的政策通过质量管理进行有效的贯彻落实,发挥政策应有的功效,满足市场以及顾客的需求,以适应市场规则的不断变化。这也正是质量管理生命力的根本所在。

综上所述,推行质量管理是企业更新管理理念、转变管理方式的一项战略性选择。企业要在质量管理体系文件运行之后进行进一步的调查和论证,及时发现和解决问题,持续改进,使国际质量标准真正成为完善质量管理、提高产品质量、防范风险、提高效益,促进企业健康发展的一种有效手段。

三、全面质量管理的基础工作

企业开展全面质量管理在我国已有很长的时间,就其效果来看各有差异。而产生这种状况的原因,就是企业在开展全面质量管理的过程中,忽视了开展此项活动必须具备的一些基本条件、基本手段和基本制度。这些方面的工作,就是全面质量管理的基础工作,概括起来有标准化工作、质量培训工作、质量责任制和QC 管理小组等。

(一)标准化工作

为了使企业的经营活动更合理、更高效而必须遵循的做事方法和管理基准就叫作标准(标准三原则:应有的标准有没有,标准是否正确,是否遵守标准并改正)。制定合理的标准,并有组织、体系化地运用标准叫作标准化。

总之,标准化工作是全面质量管理基础工作的主要内容之一,而产品质量标准是最基本的标准,其他标准都应围绕它进行制定。保证质量并不断提高是全面质量管理的目的和归宿。

(二)计量工作是做好全面质量管理的重要环节

计量工作是质量管理的一项基础工作,是确保原材料出入库符合要求、确保产品质量的重要手段和方法。计量工作必须严格按照标准进行,否则会造成浪费,严重的会产生产品质量问题,危及企业的生存。

加强计量工作的主要注意事项是:所用计量器具齐全、完整无缺,保证质量稳定,指示准确一致等,同时要根据不同需要,选择正确的测量方法。

(三)质量信息是全面质量管理的顺风耳

质量信息是反映产品质量供、产、销各环节工作质量的消息、基本数据、原始记录以及产品使用过程中反映的各种信息资料。

质量信息工作是质量管理的耳目,通过及时收集质量信息,可以及时掌握影响产品质量的各种因素及生产经营活动的各种状态、产品使用的情况、市场产品发展变化的趋向。这些资料是改善各环节的工作质量最直接的来源,是认识影响产品质量因素变化和产品质量好坏内在联系的依据,是掌握提高产品质量规律的基本手段。

收集质量信息要求及时、准确、全面、系统。为此,好的质量信息工作必须灵敏、高效。在质量管理中,需要收集的质量信息主要有:一是产品生产准备过程和制造过程中的原始记录;二是在产品的使用过程中收集的用户的反映、要求和意见;三是同类产品的行业信息。

(四)认识全面质量管理,培训教育先行

质量培训工作是质量管理的又一项基础工作,全面质量管理包括两个方面的培训:一是加强员工的技术培训和基础训练;二是培训员工树立全员质量管理的意识,人人争当质量管理员。

全面质量管理涉及企业各个部门,贯穿于生产经营的全过程,与企业每个员工息息相关,是全员性的管理。这就要求每个员工,不仅要为提高产品质量而提升自己的技能、业务水平,还要关心质量管理,做到人人自觉参加全面质量管理;并且在实践中不断总结经验,提高质量管理水平。

(五)制定明确目标,完善质量责任制

企业管理的各项工作有一个总的要求,就是把企业的各个部门、各个环节组织协调起来,使人力、物力、财力得到充分的合理利用,实现生产的持续、稳定、高速发展,以便向市场提供用户满意的产品。

全面质量管理就是要使全体部门、全体员工朝着这一目标开展工作。在一定时期,企业的各类员工朝着一个什么样的总目标去努力,是企业质量管理问题的一个重要表现,必须对目标加以明确。如果目标原则抽象,不具体,没有层层分解展开,缺乏保证措施,那么制定的目标就达不到预期效果。在推广全面质量管理中,工作方针是全面质量管理的一个重要内容。如果说全面质量管理的科学性、全面性表现在质量保证体系中,那么,工作方针就是保证体系开展活动的指导思想和行动准则。

质量责任制是企业经济责任制的重要内容之一,明确了每个员工在质量工作上的具体任务、责任、要求和权利,把与质量有关的各项工作同员工的积极性结合起来,形成一个严密的质量管理系统。

质量管理责任制要分层次地建立与健全。企业的总经理、部门负责人、车间负责人、班组长及生产员工,要在本职工作范围内各负其责,各尽其力,层层把好

质量关。各职能部门及企业的党群组织,也要为贯彻执行质量管理责任做好宣传培训工作,发挥促进保障作用。

只有实行严格的责任制,才能建立起正常的生产运营秩序,加强对设备、工装、原材料和技术工作的管理,才能统一技术操作和工艺,才能从各个方面保证产品质量的提高。

(六)建立各级质量管理组织

有了方针目标,就要抓组织落实,完善组织机构,明确权限和职责。对各部门、各类人员在实现总目标中必须完成的任务、承担的责任及所拥有的权限都要明确、具体。要在企业的各个层面配置长期稳定、合理的组织机构和专兼职人员,承担不断更新的工作内容,保证目标和方针的实现。

全面质量管理的全面性突出地反映在质量活动的全员性上。其活动主要的载体是质量管理小组(也称 TQC 小组),它是推行全面质量管理的基础,是充分发挥员工的聪明才智,促进全员管理和专业管理相结合的一种有效形式,是提高员工技术与管理水平、培养和开发人才的重要途径。质量管理小组这样的基层组织,可以给员工创造一个充分发挥自己才能的机会,造就一个使人感觉愉快而有意义的工作场所,从而有助于产品质量的提高和企业体制的改善。

四、完善全面质量管理的保障体系

企业生产运营的主要任务就是向市场提供符合质量要求的高品质产品。企业要根据质量保证各阶段的要求,针对企业产品的开发、设计、制造、销售服务的全过程,建立起一套严密、协调、高效能的质量管理系统,明确规定各部门和每个员工在质量管理中必须完成的任务、承担的责任及所赋予的权限,明确细化各类标准,建立起信息反馈系统,实现各项工作的标准化、程序化和高效化,保障企业能够稳定地生产出用户满意的产品。

质量管理保障体系是系统的理论和方法在全面质量管理中的具体应用,是保障产品质量实现企业方针目标的手段。建立质量保障体系是全面质量管理的重要组成部分,也是全面质量管理向新一个阶段发展的重要方向。

质量保证体系必须要具备环节、联系、反馈三大机能,其具体内容包括以下几个方面。

①健全组织机构,明确规定各类人员的职责分工与权限。

②规定质量保证体系的目标和工作标准程序。

③对产品设计、制造和使用过程的质量管理规定具体任务和工作内容。制定各种技术、操作和工作的标准。

④建立健全质量信息传递与反馈系统。

⑤对其体系系统本身进行监督、检查，并定期进行评价。

五、市场经济条件下，重视全面质量管理的途径和措施

在市场经济和企业变革的新形势下，重视全面质量管理，是企业每一位员工应有的责任，把此项管理落到实处，必须发挥管理者和员工的积极性，使企业全体员工自觉地为提高产品质量尽职尽责、尽心尽力。具体的途径和措施主要有以下几个方面。

(一)强化管理层意识，重视全员教育，不断提高认识

质量管理在企业已经开展几十年，但是实际落实到位和重视程度远远落后于市场和客户的需求。所以，重视全面质量管理仍然是企业全部工作、全过程和全员参加的重要管理活动。只有企业各部门有力配合，各个环节紧密衔接，各项工作步调一致，才能把此项管理落到实处。很明显，全面质量管理是企业的整体活动，要使此项管理顺利进行，并持之以恒取得较大的成效，关键是管理层。只有管理者重视，身体力行，才能更好地动员与组织员工参加，才能协调好各方面的工作，才能取得整体的最佳效能。

(二)重视发挥质量管理部门的作用

为使全面质量管理工作长期有效开展下去，企业必须要有专职的质量管理部门，配备专业性强、业务熟悉、工作认真负责的专职或兼职人员，并充分发挥他们的作用。

长期以来，各个企业建立了一套自己的制度，并根据企业产品调整和变化，持续不断地补充完善管理部门和专职人员的责任，开展一系列质量管理方面的创新。定期开展全面质量管理的培训教育；组织全员性的质量管理活动；协助管理层进行综合的日常质量管理工作；组织编制各项质量计划，监督检查执行情况，不间断地进行产品质量检查，开展质量分析与评价；开展用户调查与技术服务；进行市场调查与预测，参与产品更新的鉴定；加强员工培训，积极主动接受应用质量管

理的各种变革、管理方法。

(三)全面质量管理的培训常抓不懈

企业员工是参加全面质量管理的主体,只有当员工充分认识到提高质量管理的重要性并具有一定的业务水平时,全面质量管理才有坚实可靠的基础。为此,就要把员工的培训列入议事日程安排之中。

在培训方面,主要关注抓好两方面的培训:一是质量管理的培训,使全员认识到质量管理的重要性和自己关联的责任,进而提高参加与搞好全面质量管理的自觉性;二是注重技术业务培训,使员工不断提高技术水平和业务能力,进而保证减少由此产生的质量问题。

(四)全面开展 TQC 小组活动

质量管理小组是质量管理发展历程中的产物,是全员质量管理的有效形式。开展此项活动,不仅有利于员工对企业产生高度的责任感,坚持质量第一、为用户服务的思想,把质量管理工作更深入细致地长久开展下去,还有利于改善管理层和员工之间及各个部门之间的关系,为提升企业整体的管理水平创造有利的条件。

质量管理小组主要围绕如何提高产品质量,改善质量管理开展活动。进行质量活动内容的顺序是:选定课题——收集整理数据——分析问题——找出主要因素——制定对策——现场实施——检查实施结果——制定防止问题再次发生的措施。

(五)落实质量管理标准,建立长久的激励机制

在全面质量管理中,要认真贯彻执行国家及企业内部的质量要求标准,建立质量考核奖惩制度。对严把质量关的员工要给予奖励,对未完成质量责任或造成质量事故的员工给予处罚。只有奖罚分明,才能激发全员参与到质量管理中去。同时加大对产品质量等级的考核,促进生产产品等级之间的竞争,杜绝残次品,不断提高产品质量,保证全面质量管理工作的有效开展。

第六章
经济管理的信息化

第一节　企业经济管理的信息化成本

一、经济管理信息化成本的内涵

国内外对管理信息成本的本质认识还很少,主要研究的是信息成本。而信息成本的定义如同信息的定义一样存在多样性,不同学者站在不同的角度有不同的认识,有的从市场交易角度看,有的从企业性质看,有的从企业管理看,等等。

所谓信息成本,就是指在市场不确定的条件下,企业为了消除或减少市场变化带来的不利影响,搜寻有关企业交易的信息所付出的代价。现代社会是一个信息社会,市场经济是一种信息经济,信息也是一种稀缺的资源。信息成本是经济学研究经济活动、分析经济成本的一个重要概念。在激烈的市场竞争中,企业交易信息的搜寻起着越来越重要的作用,企业的信息成本在总成本中的比重也将越来越大。主要原因有两点:一是信息不完全,企业始终处于一个信息不完全的状态之中,因此必须花大量的精力去搜寻尽可能多、尽可能准确的信息;二是信息不对称,在市场竞争中,当市场的一方无法了解另一方的行为,或无法获知另一方的完全信息时,就会出现信息不对称情况。信息不对称不仅包括一般状态下自然存在的不对称,还包括人为因素造成的信息失真。面对信息不对称,企业也需要花费大量的成本去搜集相关信息。

企业的信息成本是基于企业的性质要求,为搜寻、纠正效益目标所需要的信息而必需的成本支出。它是为企业效益目标提供确定导向而形成的对各种信息活动的投入。总体来看,企业信息成本分为直接成本和间接成本两部分。

直接成本从内容上看分为:

①为寻找有效信息内容而发生的设计成本;

②为收集和加工处理信息内容而发生的技术性成本；

③为有效使用信息内容和信息技术设施而发生的信息人力资本的投入；

④为营造公共利益与个人利益相协调的信息机制、信息环境而付出的成本等。

而间接成本则是由直接成本派生出来的那部分成本。它在内容上主要包括：

①路径依赖及其负面成本；

②弥补信息流动陷阱的成本，即信息供求严重失衡的情况下企业被迫增加的信息投入；

③由于操作技术不配套而加大的成本；

④因为采用新标准而付出的调整成本；

⑤因特网条件下的信息负面成本；

⑥信息技术设备的无形消耗所造成的无形成本等。

二、经济管理信息化成本的特征

第一，信息成本部分地属于资本成本，且属于典型的不可逆投资。对于信息系统的各种设备和装置的投资，以及对于掌握某种知识或技能的原始投资都可以很好地说明信息成本部分地属于资本成本。

第二，在不同领域、不同行业中的信息成本各不相同。人们在未知领域中获得信息，要比在较为熟悉的领域中获得信息花费更多的成本；具有共同经验或同一行业中的个人之间交流信息，比没有共同经验或不同行业的个人之间交流信息要简单得多，也有效得多。

第三，信息成本与信息的使用规模无关。也就是说，信息成本的大小只取决于生产项目而不是其使用规模。

第四，信息成本的转嫁性。许多类型的信息产品和服务，如教育、图书馆、气象信息，具有公用性和共享性，其成本由公民共同承担；但同样的纳税者所享有的信息产品和信息服务不同，甚至不享有也要交费，或者某些享有者可以不交税或不交费。

根据管理信息成本的内涵，管理信息成本属于信息成本的一部分，除具有上述信息成本的特征外，还有如下一些。

①区域性。管理信息成本的高低受环境、经济因素的影响。一些地区的经济、文化中心，拥有许多区位优势，信息成本较低；反之，非经济、文化或政治中心，

由于信息量较少，或有用信息较少，企业做出管理决策之前会发生更多的费用，或形成更大的代价。

②价值驱动性。管理信息成本的产生的目的是追求效益，其形成动因是信息价值。企业通过信息价值的产生，实现信息成本的补偿，最终获得信息收益。如果管理信息不会给企业带来更大的价值或减少损失，管理信息成本就不会有发生的原动力。

③源于管理决策的信息需求。企业在管理过程中为了科学、有效的决策，需要搜寻、收集、加工、传递、储存信息，在这一过程中必然会投入人力、财力和物力，也就必然会产生成本。因此，管理信息成本源于管理决策的信息需求。

三、经济管理信息化成本的意义

成本一词在管理和管理决策中有很多不同用法……收集、分析和描述有关成本的信息在解决管理问题时十分有用，各种组织和经理人员一直关注成本。控制过去、现在和将来的成本是每个经理工作的一部分。信息技术的发展，推动各种组织朝信息化方向发展，在制定和执行决策前，都会进行信息收集与处理。因此，管理信息成本在知识经济条件下有着重要的意义。

(一)管理信息成本是厂家制定价格和形成垄断的一种控制因素

在信息不完全的市场上，价格制订者不能完全掌握竞争对手们的所有价格信息及其变动趋势信息，因而他所服从的价格制定原则必然来自信息成本的自由竞争。对于消费者来说，市场价格若很少变化，则用于价格信息搜寻的成本将随之减少。但价格制订者付出一定的成本掌握这个信息后，会扩大价格的变化幅度，从而使价格出现离散趋势。此外，管理信息成本的投入能使企业在新产品的开发和新技术的应用方面领先于其他企业，同时又能使企业在销售方面好于其他方面。因此，管理信息成本与边际成本的结合将使那些规模较大的，在信息投资方面更为成功的，易于获得信息的企业占有更多的市场份额和利润。因此，管理信息成本的存在成为形成垄断以及影响垄断形成的一种控制因素。

(二)企业降低或减少管理信息成本的行为动机推进了信息服务业的发展

信息产业的快速发展，资源配置和产业结构也发生深刻变化，经济主体为了寻求相对信息优势的竞争而获取机会利益，不仅对生产性信息和非生产性信息提出了巨大需求,而且随着社会分工的深化,产品花色品种的激增,信息流动速度的加快,经济主体对所需求的信息的质量和传递速度等要求也大幅度提高。在这种情况下,各经济主体仅靠自身的信息部门来提供所需要的各种信息已变得低效率和不必要。为减少或降低企业管理信息成本,于是各经济主体在把自身精力集中于获取一些关键性信息的同时,也把大部分生产经营所需要的信息需求转向专门的信息服务机构,从而直接激发了对信息服务业的需求,推进信息服务业的发展。

(三)管理信息成本的变化是促进管理决策方式改变的重要力量

管理活动不仅仅是建立在物质基础上,更是建立在信息基础上的。无论是宏观经济管理部门还是微观企业或个人,任何层次的管理决策都需要信息,而为收集或获取信息的系列的活动是有成本的,这些成本可以通过市场媒介得以降低,市场媒介的协调作用是通过双向的信息流动来实现的,以协调生产与消费之间的决策,社会分工的发展又进一步促使信息媒介组织独立于生产厂商。管理信息成本的下降也在逐渐改变交易决策方式。管理信息成本的下降使得联系更加容易,各主体可以通过网络等各种形式获取更多的决策信息,增加自己在谈判中讨价还价的能力,并且企业还可以通过内部管理信息系统平台形成管理决策结果。

(四)管理信息成本是推动企业组织结构变革的重要因素

传统社会组织将所有的决策权都交给了决策者,由于组织中知识的分散性,每一个最高决策者都会面临组织结构中的控制和决策问题。由于决策者的智力或沟通能力的局限性,最高决策者不可能拥有作出每项具体决策所需要的所有信息。来自基层的信息源如果都是由决策者收集、整理和分析,势必需要大量的成本。这些成本不仅表现在经费的支出上,而且还表现在信息的延迟和随之而来决策迟缓上。因此,计划经济要比市场经济付出更多的管理信息成本。同时,管理信息成本减少要求也进一步强化委托一代理的管理模式,组织之间也更加依托信息技术,组织内部机构也由传统的专制的金字塔状更加趋于民主的快捷的扁平化。

(五)管理信息成本有利于政府职能的改进和管理力度的增强

由于信息不对称和信息成本,在市场行为中具体表现便是管理信息用户花费的时间和费用,花费的时间越多费用越高,则管理信息成本越大;管理信息的收集并不是越多越好,当信息用户的调查超过一定的限度后,其管理信息成本就会高于他所购买商品的"消费者剩余"价值,也即高于获取信息所增加的收益,这是市场行为中存在着委托——代理关系中的败德行为、商业欺诈行为、信息产品的盗版行为等经济机会主义的重要原因。要消除信息不对称和管理信息成本带来的机会主义,只从微观的消费者角度研究其决策显然是不够的,还需从宏观的政府角度进行研究,除了改进政府管理职能,加强教育和提高市场透明度外,还要政府的宏观调控,加强法制建设和知识产权保护以及强化执法力度。

四、经济管理信息化成本、管理成本与交易成本

成本是商品经济的价值范畴,是商品价值的组成部分。人们要进行生产经营活动或达到一定的目的,就必须耗费一定的资源(人力、物力和财力),其所费资源的货币表现及其对象化称之为成本。它有几方面的含义:成本属于商品经济的价值范畴;成本具有补偿的性质;成本本质上是一种价值牺牲。随着商品经济的不断发展,成本概念的内涵和外延都处于不断地变化发展之中。管理信息成本是一种特殊的成本形态,它与管理成本和交易成本之间既存在一定的联系和区别。

(一)管理信息成本与管理成本

管理成本是企业为有效管理、合理配置管理这一特有稀缺资源而付出的相应成本,或企业在投入了管理这种稀缺资源所付出的代价。企业的管理成本主要由四个方面组成:内部组织管理成本、委托代理成本、外部交易成本和管理者时间的机会成本。其中,内部组织管理成本是指现代企业利用企业内部行政力量这只"看得见的手"取代市场机制这只"看不见的手"来配置企业内部资源,从而带来的订立内部"契约"活动的成本。委托代理成本是指由委托代理关系的存在而产生的费用。现代企业在购买或租用生产要素时需要签订合同,而在货物和服务的生产中雇佣要素的过程则需要有价值的信息,这两者都涉及真实资源的消耗,这种真实资源的消耗被定义为外部交易成本。企业的外部交易成本可分为搜寻成本、谈判成本、履约成本。管理者时间的机会成本是指因管理者在企业管理工作上投入时间而产生的成本,也就是指管理者的时间资源因为用于管理而不能用于其他用途的最大可能损失。

管理信息成本是基于企业管理的信息成本,属于信息成本中的一种。有的专家认为,信息成本是从管理成本中细化出来的一个成本概念,是企业管理成本的一部分。但如果对管理成本和管理信息成本的内涵进行分析后会发现,两者的关系并非如此。管理成本是企业基于管理活动所形成的成本,包括的内容很多,既

有内部组织成本和外部交易成本,还有委托代理成本和机会成本。而管理信息成本有广义和狭义两种,广义的概念包括内部管理信息组织结构发生的成本、购买信息商品发生的成本、管理信息系统发生成本和管理信息的机会成本和决策损失,狭义的概念主要包括广义概念的前三项内容。因此,我们可以看出,管理成本包含了部分管理信息成本,两者又有所区别:管理信息成本中的信息商品成本、管理信息结构成本对应属于管理成本的外部交易成本和内部组织成本,而管理信息系统成本、管理信息的机会成本和决策损失则不属于管理成本的范畴。管理成本和管理信息成本的相同点有两个:一是产生的动因相同,都是管理决策;二是实质相同,都是一种货币表现。两者的差异也有两个方面:一是内涵不同,所包含的内容也不同;二是对企业的影响不同,管理成本对任何一个企业都会产生重要影响,而管理信息成本对企业的影响程度有大有小。

(二)管理信息成本与交易成本

从广义的角度看交易成本就是制度成本,它是从契约过程的角度阐述交易成本的存在,比较直观可操作性强。从社会的角度来看,交易是人与人之间经济活动的基本单位,无数次的交易就构成了经济制度的实际运转,并受到制度框架的约束。因此制度经济学者们认为交易成本是经济制度的运行费用,由此提出交易成本包括制度的制定或确立成本、制度的运转或实施成本、制度的监督或维护成本、制度的创新和变革成本。

交易成本区分为搜寻成本(商品信息与交易对象信息的搜集)、信息成本(取得交易对象信息与和交易对象进行信息交换所需的成本)、议价成本(针对契约、价格、品质讨价还价的成本)、决策成本(进行相关决策与签订契约所需的内部成本)、监督交易进行的成本(监督交易对象是否依照契约内容进行交易的成本,例如追踪产品、监督、验货等)、违约成本(违约时所需付出的事后成本)。交易成本包含:搜寻信息的成本、协商与决策成本、契约成本、监督成本、执行成本与转换成本。从本质上说,有人类交往互换活动,就会有交易成本,它是人类社会生活中一个不可分割的组成部分。结合管理信息成本的概念我们可以知道,管理信息成本部分属于交易成本的范畴,如外购信息商品的成本、搜寻管理信息的成本,既是交易成本,又是管理信息成本。威廉姆森在上面所提及的信息成本仅仅指基于交易视角的信息成本,而不是广义的信息成本。虽然管理信息成本是基于管理的信息成本,是企业信息成本的一部分,但管理信息成本与交易成本之间并不是一种简单的包含关系,无论是概念、内容上,还是视角、动因上,两者都是有区别的。

第二节　企业经济管理的信息化能力分析

一、企业经济管理的信息化能力

从企业理论看信息化,包含两方面工作:一是培育信息资源,使之成为企业管理的主导资源;二是提高信息化能力,使之成为企业核心能力之一和战略基础。

(一)企业信息化能力的性质

①技术性。信息化能力的处理对象是企业业务和管理信息,主要技术工具来源于信息技术。因此,信息化能力是基于信息资源的技术能力。

②管理性。信息化是信息技术向管理渗透并逐步融合的过程,信息化能力不是简单的信息资源配置能力,而是以信息资源为主导的、多种资源综合利用的能力。因此,信息化能力也是管理过程能力。

③组织性。信息技术在企业的应用使员工关系发生了变化,非正式关系得到发展,这种关系是信息技术效率提高的基础。因此,信息化往往伴随着组织变革,信息化能力也是关系能力。

④知识性。企业能力本就具有知识性,信息化能力更是企业进行组织学习、知识创新的基础。从以上性质可以看出,企业信息化能力是一种综合能力,它基于信息资源又不局限于单一资源,它涉及管理、组织、流程,它是企业学习、创新能力的基础。综上,企业信息化能力是使信息资源成为企业战略资源,通过信息技术改变企业管理、组织、流程,支持企业全面竞争的能力。

(二)企业信息化能力分类

企业能力可以分为三大类:业务能力、组织能力、学习和创新能力。业务能力又分为(资源)技术能力和过程能力,组织能力分为组织关系能力和管理控制能力,创新能力分为学习能力、技术创新能力和管理创新能力。

通过对企业信息化能力性质的分析,可以看出信息化能力主体属于业务能力,但与组织和创新能力也紧密相关。其根本是信息资源和信息技术,主体是过程能力,关键是组织能力,与学习、创新关系密切。

1. 信息技术能力(Information Technology Capability, IT 能力)

信息技术主要由企业外引入,IT 能力涉及资源、技术、学习、创新,包括 IT 基础设施、IT 学习能力和 IT 柔性。

2. 信息组织能力(Information Organizing Capability, IO 能力)

主要技术扩散和信息资源控制在企业组织上的表现,包括信息规划和控制能力、信息技术扩散能力。

3. 信息创新能力(Information Innovation Capability, II 能力)

主要是过程管理和业务创新,包括信息化业务创新能力、信息化业务应用能力。

二、企业经济管理的信息组织能力

信息组织能力可以描述为企业搜集、利用、控制信息,进行增值活动的能力,是信息技术扩散和信息资源规划、控制在企业组织上的表现。关于信息组织能力的研究在情报学、经济学、管理学领域都已有所成果。在情报学、经济学领域一般用"信息素质"描述个人搜集、利用信息的能力,后扩展到企业、国家层面,一般用"企业信息能力"描述企业从社会信息资源中获取、处理、分析和利用有效信息提高客户价值和企业收益的能力。从现有文献看,对于企业信息能力的研究尚处于起步阶段,主要是关于定义的探讨和按信息流程的一般性能力划分。

"信息素质"的定义是:"信息素质要求不仅能够觉察信息需求的时机,而且有能力识别、检索、评价信息,并且能随时高效利用信息做出特别的决定或解决特定的问题"。信息素质一般用于描述个人信息水平,在讨论社会、组织时,一般描述其具有较强的"信息能力(Information Competence)",这里信息能力等同于信息素质。

在管理学领域,与信息组织能力相关的是信息战略规划和 IT 治理的研究。IT 战略规划,指的是从帮助企业实施它的经营战略或形成新的经营战略角度出发,寻找和确定各种信息技术在企业内的应用领域,借以创造出超越竞争对手的竞争优势,进而实现它的经营战略目标的过程。IT 治理是最高管理层(董事会)监督管理层在 IT 战略上的过程、结构和联系的机制,以确保这种运营处于正确的轨道之上。它是企业经营权与管理权分离后产生的机制,与 IT 战略规划一脉相承,其重点在于项目管理和信息控制。

(一)信息规划、控制能力

1. 信息规划

目前有关信息规划的研究均来自信息系统战略规划(Information System Strategic Planning,ISSP),也有学者提出 IT 战略规划,包括 BIM 提出的企业经营战略规划(BSP),其实质都是管理信息系统规划,实施过程重点是信息控制。这些规划方法分析了企业业务对信息流的影响,保证信息技术实现部分或全部业务要求,但未考虑信息技术对企业战略的影响,涉及业务流程重组,但基本不涉及组织创新。

信息规划是个广泛的观念,它至少应包含四层含义:①信息资源规划,信息资源是企业管理的核心,是信息化的根本,是信息规划的目标;②信息战略规划,战略是方针、是总的指导,目前的信息化战略基本属于职能战略,在企业战略层次中比较低,因而倾向于信息系统规划;③信息系统规划,信息系统是信息化实现的主要工具,其规划应服从企业战略,兼顾信息技术发展;④信息技术规划,信息技术是实现信息系统的保障和支持,是 IT 基础设施设计的主要依据。

信息资源规划应立足于信息系统规划又不局限于信息系统规划,它是对企业整体信息资源的全盘考虑。信息资源规划的内容有:

(1)信息资源的范围

企业边界资源可利用但不完全可控,呈现出模糊性,典型代表就是关系资源。这部分资源一般并不在企业信息系统的管理范围内,但随着供应链、虚拟企业、动态联盟等理论的盛行,这些资源已日益凸显其重要性。类似的像知识资源、技能资源、制度资源、文化资源等,是否需要列入信息管理的范畴,需要企业进行中长期规划。

(2)信息资源的属性

信息资源的属性指管理信息的准确度、细致度、时效性、成本性。信息的准确性和时效性是信息质量的最根本的两项指标,细致度和成本性则是一对矛盾的指标,需要管理者在管理深度和投入上进行平衡。

(3)信息资源的流动控制

信息资源的流动控制指信息被采集后,在管理流程中的流动路线和相应的权限控制。首先应对信息资源进行大的分类,进行大类的系统划分,然后结合流程进行分析。需要注意的是,如果包含创新性活动或流程,信息往往需要形成冗余,造成企业信息控制的漏洞,可结合其他措施进行防范。

信息资源规划可以作为信息战略规划的出发点,信息战略规划重点考虑信息资源变化和信息技术引入对企业管理方式的影响,通常包括流程变化和组织变化两种。业务流程和组织结构是一对相互影响、相互制约的战略要素,其变化往往需要一起考虑。

企业组织形式是由三方面要素决定的:组织内部关系、业务流程、信息管理方式。企业组织能力本质是关系能力,而信息技术可有效改变企业、团队、员工之间的关系,信息化也需要这种关系的改变。信息管理方式的改变将导致企业决策方式的变化,进而影响企业权力分配。比如,ERP 实施前,财务主管需要审批所有的凭证,对业务部门拥有很大影响力;ERP 实施后,信息流动要求更强的时效性,大部分业务凭证直接由业务主管审批,财务主管对于账务的控制明显减弱。

从组织上,财务部门将更注重投、融资行为,对企业内部将转变为资金支持单位,而非以前的业务调控单位。单纯的组织形式变化很难说在效率上有多大提高。例如,仔细剖析职能制与扁平化组织的信息搜集和传递方式,可以发现,两者几乎没有区别。也就是说,扁平化组织除了领导借助信息工具管的员工多了以外,在信息处理上并无进步,亦即管理效率并无提高。可以说,扁平化组织中决策速度的提高是建立在企业中层员工的辛苦之上的。

企业战略可从内、外两方面考虑。内部战略是发展战略,主旨是以我为主,影响客户观念、行业发展,在业务上以创新和发展关系为主。外部战略是竞争战略,主旨是应时而变,随环境和竞争对手变化而快速应对,业务上以效率和敏锐为特征。信息规划从企业战略出发,其基本步骤如下:信息规划首先要分析信息技术的提高,对管理信息的质量、数量、种类的影响,进而分析其对企业管理方式、经营战略的影响。其次,要全盘考虑企业战略对组织结构和业务流程的影响,确定新的信息流程和组织关系,建立以信息流为主的业务管理。第三,在此基础上,规划信息系统需求,确定信息系统管理策略。第四,将 IS 需求分解为 IT 需求,确定信息技术引入、实施步骤。

信息规划步骤到 IS 需求之后,即与信息系统、管理学领域研究相一致。IS 设计即信息系统战略规划方法,主要有业务系统规划法(BSP)、连续流动法(CFA)、关键成功因素法(CSF)、发展阶段法(SOG)、战略集合转移法(SST)、信息工程法(IE)、战略栅格法(SG)、战略系统规划法(SSP)等等。

信息规划能力的培养首先要进行观念的更新,将战略范围从信息系统扩展到企业,将战略内容从技术扩展为管理和业务;其次要将信息资源视为主导管理资源,注重信息资源变化的影响,特别是组织变革;第三,在规划时,应与企业预算和企业人力资源管理相结合,保证人、财、物的支持。

2. 信息化项目控制

信息系统设计完成,即可进入实施阶段。实施阶段的主要任务是进行信息控制。信息控制就是通过信息技术的使用,对信息收集、整理、使用、流通等过程进行规范和控制,实现信息透明化,提高信息有效性,促进企业运营活动的良性循环。目前,信息化项目规划、控制最有效的方法是采用 COBIT 模型。

COBIT 框架由信息系统管理和控制六个相互关联的部分——管理者摘要、框架、应用工具、管理指导、控制目标、审计指南组成。COBIT 将 IT 处理,IT 资源及信息与企业的策略与目标联系起来,形成一个三维的体系结构。其中,IT 准则集中反映了企业的战略目标,主要从质量、成本、时间、资源利用率、系统效率、保密性、完整性、可用性等方面来保证信息的安全性、可靠性、有效性;IT 资源主要包括以人、应用系统、技术、设施及数据在内的信息相关的资源,这是 IT 处理过程的主要对象;IT 过程则是在 IT 准则的指导下,对信息及相关资源进行规划与处理。从信息技术的规划与组织、采集与实施、交付与支持、监控与执行等四个方面确定了 34 个信息技术处理过程,每个处理过程还包括更加详细的控制目标和监察方针,对 IT 管理过程进行评估。这个模型为企业管理的成功提供了集成的 IT 管理,通过保证有关企业处理过程的高效的改进措施,以更快更好更安全地响应企业需求。

3. 信息安全

在信息规划到信息系统设计,再到信息化项目实施的整个过程中,信息安全是一个十分重要的课题。企业信息面临如下的安全威胁:

(1)信息权限设计与管理不完善

多种信息系统集成的时候,信息权限设计很容易出现矛盾和冲突,如果不能及时纠正,就会造成信息泄漏或信息不全。特别对于企业与外界交互的信息,其进出均应严格管理。

(2)缺乏必要的备份和可追踪性

在手工环境下,企业的业务均记录于纸张之上,这些纸质原件的数据若被修改,则很容易辨别出修改的线索和痕迹。而在信息系统环境下原来纸质的数据被直接记录在磁盘或光盘上,很容易被删除或篡改,并且在技术上对电子数据的非法修改可以做到不留痕迹,这样就很难辨别哪一个是业务记录的"原件"。信息系统故障也是对管理信息的潜在威胁。

（3）为形成创新机制而做的信息冗余、信息集成不完善

目前以信息系统为基础的创新机制还不成熟，企业为营造创新环境，一般都采用开放式管理，员工可接触到远多于业务需要的信息，以形成不同知识体系的碰撞，产生新的知识。这种为创新而形成的信息冗余和信息集成，使企业内信息流由闭环变成了开环，是潜在的信息安全隐患。

（4）网络开放性危及信息安全

网络是一个开放的环境，在这个环境中一切信息在理论上都是可以被访问到的。因此，网络上的信息系统很难避免非法侵袭，极有可能遭到非法访问甚至黑客或病毒的侵扰。这种攻击可能来自系统外部，也可能来自系统内部，而且一旦发生将造成巨大的损失。对于信息安全，目前已有较为完备的对策。

（二）IT 扩散能力

IT 扩散能力是企业知识（技术）扩散能力的一部分。对于知识（技术）扩散的研究集中在系统工程和演化经济学中，企业知识扩散的主要动力有竞争意识、企业家远见、组织效率等，企业知识扩散的主要障碍有地域、文化、不同的知识体系等。

知识扩散有助于企业及其合作伙伴及时推广有益的知识体系，迅速实现知识的价值最大化。但在扩散中，特别是不同企业间，文化和不同的技术体系通常会成为严重的阻碍。这时，需要企业进行技术创新或管理创新，以实现知识和业务的融合。

三、企业经济管理的信息创新能力

企业创新能力所涉及的范围涵盖了发展战略创新、组织创新、产品（或服务）创新、技术创新、管理创新、制度创新、文化创新等诸多方面。信息创新能力包含了两个方面的创新，信息系统应用时所做的组织、文化创新和业务应用信息技术所做的产品创新、过程管理创新。

（一）信息化业务应用能力

组织与制度创新主要有三种：一是以组织结构为重点的变革和创新，如重新划分或合并部门、组织流程改造、改变岗位及岗位职责、调整管理幅度等。二是以人为重点的变革和创新，即改变员工的观念和态度，包括知识的更新、态度的变

革、个人行为乃至整个群体行为的变革等。三是以任务和技术为重点的创新,即对任务重新组合分配,并通过更新设备、技术创新等,来达到组织创新的目的。

在信息化过程中,第一种组织创新主要在战略规划时进行,在系统应用时,主要是第二、三种创新,即文化和流程的创新。企业文化是企业内部影响企业创新与变革的重要因素。最有助于创新的企业文化应该是这样:更加外向型而非封闭型的文化;更加灵活、适应变化的文化而非一味求稳的文化;扁平化而非等级化管理的文化。在支持和鼓励创新中,企业文化如想起到关键作用,就必须着力将文化的作用和影响渗透至企业战略的各个层面,如员工、政策、企业行为、激励机制、企业的语言和系统架构等等。总结以上观点,信息业务应用能力主要包含业务流程标准化程度、(局部)业务流程重组能力和企业文化适宜度。

(二)信息化业务创新能力

信息化业务创新的形式多种多样,包括产品创新、服务创新、技术创新、管理创新、过程创新、文化创新等。对于企业来说,尤以产品创新和过程创新最为突出。产品的信息化创新涵盖了产品全生命周期。

产品信息化创新的关键是将信息技术融入产品之中,客户并不关心你使用了多高级的信息技术,而是对你能提供多少功能、服务,有多方便更感兴趣。

第三节　企业经济管理信息化驱动机制与模式选择的策略

一、选择原则

在全球化和国际化的企业竞争环境下,企业信息化模式的制定和选择是非常重要的,它的适当与否重要影响着企业国际化化经营的成败。因此在企业制定信息化模式时,应该注意把握以下几个基本原则:

①在理念上,企业信息技术模式应支持国际化经营的要求。经济全球化大趋势下,企业参与国际竞争往往是通过国际化经营的方式,而通过施行有效的信息化战略可以使我国企业处于一个相对平等的国际竞争地位,可以提升我国企业在国际化竞争中的实力。由于信息化模式的选择是一个企业整体战略中的重要一环,因此实施国际化经营战略就需要把信息化模式选择问题重视起来。电子商

务、互联网经济等企业新的竞争平台的崛起,使企业产品、营销、服务等战略中都充分涉及信息技术,信息化模式为企业国际化经营战略提供有力支持,已成为了企业的必然选择。

②目标是增强企业国际竞争力。上个世纪末,出现的核心竞争力理论(是以资源为基础)认为,关键经营战略应该是培育企业的核心竞争力的发展。

企业必须保证竞争优势,以获得超额利润。现代竞争主要体现在速度和质量,促使许多企业建立应对市场变化的快速反应系统,比如海尔就是通过创建以信息化平台为基础的市场链和业务流程再造,增强了其在国际市场的竞争力。

实质上,信息化管理是现代化企业管理的基础,它能使企业快速反映市场变化,提升企业产品和服务的质量,所以国内企业必须顺应潮流以增强在国际市场上的竞争力,也就是说通过高效的信息平台,实施信息技术战略,提升企业产品、成本以及市场等方面的竞争力。

③企业的信息技术战略和总体发展战略要一致。应着眼于发展的总体战略制定信息化战略。作为企业整体战略的一部分,实施信息化战略应该有助于实现企业总体战略目标。在企业实施信息化战略一项较大的投资活动,由于存在技术因素的影响,为实现成本效益,信息化战略有时会出现与企业总体发展战略不完全一致的情形,信息化战略包含国家的最先进的信息技术和管理方法,这些新的资源可以帮助企业提升其在市场上的竞争力,这些都是企业在发展的整体战略可能会被忽略的。很有必要适时调整总体战略和信息技术战略,使它们保持一致。

④信息化模式应该与企业不同发展阶段相适应。内部管理是随发展阶段不同而变化的,并决定了差异性的信息化需求。生命周期理论将企业分为起步、成长、成熟和持续四个阶段,而创新与发展仍是企业实现可持续发展关键因素。很多不定因素影响企业发展,人们很难预料信息技术的发展,所以,信息化模式应该是动态的,企业应根据自身所处的发展阶段和总体发展战略目标来确定和调整信息化模式。

⑤应该整体上对信息化模式规划和找出重点。无论什么样的信息化方式,企业应该依据发展阶段和资源,统筹规划,突出重点,逐步实现。企业信息化重点应该放在核心业务和最需要的部分,现实中,企业并不是依据当前的能力和未来发展规划,分阶段、有步骤建设信息化,而是盲目建设,信息化模式常常缺乏预见性,只关注一个受欢迎的产品或技术,盲目的信息化建设就是因为没有细致研究实际需要和信息技术在未来的发展方向而形成的。信息技术应用过程中出现的"信息孤岛""IT黑洞"等现象都是脱离公司整体战略目标的表现。所以,企业若要全面

实现信息化战略目标,就必须建立自己的信息化战略,有了明确方向,再逐步实施。

⑥由于信息化实施过程中企业各个层级都会涉及业务流程再造,必须事先考虑。企业中任何层次的信息化都会牵扯到不同程度和范围的业务流程改造。实践证明,必须根据信息技术的要求重塑传统的金字塔组织结构和业务流程,才能真正实现信息化战争的目标。所以,企业在制定和实施信息化模式时,必须对管理机制进行彻底的创新,充分认识业务流程的重组和再造,业务流程再造和重组要在信息化模式中深度反映,以避免发生措手不及。

⑦要关注信息的文化和语言这两个因素。在企业开展国际化经营时,由于位于不同国家和地区的分支机构是向语言和文化各异的政府、组织和个人提供产品和服务的,其所有的经营活动包括信息的收集、加工、输出都应当遵循所在地的法律法规以及惯例。这将不可避免地发生信息管理问题,就是如何统一和综合不同语言表示的或不同类型的信息,再加以分析的过程。因此,语言和文化的因素是在信息化模式的发展时很有必要考虑的。

二、内部环境建设策略

(一)企业文化革新策略

人是生产力中最活跃的因素。企业在信息化建设中会涉及人固有观念、思维方式以及管理思想的转变,甚至是企业文化和组织结构的改变。所以,知识经济时代的企业信息化建设怎样强调人的因素都不过分。

1. 转变人的观念

转变人的经营观念在企业的信息化建设中占有非常重要的地位。企业在进行信息化建设时,实质上,是对传统落后的管理思想和管理方法的改造,是一种革命,它需要对业务流程和组织结构进行再造或优化,精简管理层次,重新制定规章制度和操作程序。所以,企业的信息化建设需要企业各类人员充分理解企业的信息化,从上到下达成共识。在企业的信息化建设进程中,企业高级管理人员的重视和推进、中层管理人员的参与和支持以及广大职工的响应态度在很大程度上决定着企业信息化进程的成败。

现实生活中,有些企业在信息化建设方面取得了成功,而有些企业却并没有达到预期效果,有的甚至以失败而告终。究其根本原因就在于,成功的企业是把企业的信息化建设项目当成一个人的系统来看待的,而不成功的企业则把信息化建设项目简单地看成是一个计算机系统。当然,它们的区别不仅仅在于系统软件的细小差别,成功企业由于拥有优秀人员从而可以使企业信息化建设走向成功并且不断得到完善,而失败企业由于管理思想落后、意识陈旧,再好的系统也是难以正常发挥作用的。

信息时代,企业的发展在很大程度上依赖信息、知识和创新。而人作为具有功能性的信息处理者,具有很大作用。所以,转变人的观念在企业的信息化建设过程中就显得尤为重要,因为这一过程所需的企业管理系统蕴含了大量先进的管理思想和管理模式。企业在实施信息化建设项目时,高级管理人员应做好观念上的自检,明白企业的需求,把握企业自身发展的特点及优劣势,这样,才能有的放矢,保证企业的信息化建设顺利进行,使企业能够结合自身特点和在管理上的优劣势来进行信息化建设。因此,企业必须在转变人的观念这方面加强宣传。

2. 改革企业文化

当前,企业文化在企业中的作用和地位日益增强。随着计算机应用在企业中的作用进一步深入,企业的组织结构和管理模式正在发生变革,企业文化应该根据企业管理变革的需要也进行相应的变革,以促进企业的发展。在 21 世纪知识经济时代这一大背景下,企业管理对信息量的需求已远远超过了传统管理模式下对信息量的需求。企业必须建立高效快捷的信息网络,迅速搜集、处理和传播信息并及时正确地运用信息,以帮助企业提高市场反应能力。传统的企业文化由于具有严格控制、高度集权的特点,体现出的是一种“刚性管理”思想,所以很难适应当前新的经济环境和企业信息化建设的要求。因此,企业必须对其企业文化进行相应的改革,注重柔性管理,体现以人为本。在这种新的模式下,企业员工所处的组织结构呈现扁平式的网状结构,信息沟通渠道更广,拥有更多的自主权和决策权。此外,新的企业文化,应该更注重个人价值的实现,加强人和人之间的沟通与合作,以利于大家能够协同作战。

3. 企业各级管理人员必须成为建设企业信息化的推动者

企业的各个管理层是企业信息化建设的推动者,因为信息化建设需要上层领导的推动,企业在完成信息化建设之后,各个管理层是企业最先受益的人员。一个企业高度集成的信息化管理系统,是能够按照要求为各级管理人员提供以文字、报表、图形等形式所表现出来的各种信息的,这些信息是管理人员及时掌控内外环境变化和制定决策的依据。所以,各级管理人员在企业信息化建设方面都非常重视且积极参与和支持,在企业信息化建设的后续发展和完善上,他们也都表现出了极大的主动性与能动性。

在企业的信息化建设当中,企业上级领导的推动有利于调动企业其他层面人员参与的积极性,使企业目标统一、自上而下、配合默契。因此,要使企业管理层成为优秀的推动者,必须要对他们进行相关的教育与培训。

(二)信息技术人员设定策略

一般情况下,传统企业都会对职能部门如财务、营销部门的作用以及财务人员的地位给予足够多的重视。企业信息化的成功与否与企业的生存与发展息息相关,而这很大程度上需要依靠信息技术人员。因此,企业需要对信息技术人员的地位予以合理设定。

1. 设置专门的信息部门和信息主管

在企业内部,信息是一种非常重要的战略资源,对其进行集中、有效的管理对企业的发展非常关键。当前,很多企业都设有专门的人事、财务以及供应等部门,而对信息却没有专门的主管部门,这样很容易出现信息管理混乱、信息丢失、冗余等情况,更有甚者会导致信息不准确、不可靠、不及时等问题发生,使企业管理层在做决策时缺乏有效依据。严重的,会给企业带来巨大的经济损失。所以,企业必须设置专门的信息部门和信息主管对信息加强管理。

信息部门集管理与技术于一身,它必须具有明确的管理权限,来管理和协调企业的信息资源。企业的信息主管具体负责信息技术和信息系统等各个方面的工作,来支持企业战略目标的实现。由于信息管理会涉及计算机技术、管理科学、运筹学和系统科学等多领域。所以,信息主管必须掌握多方面的综合知识,且要求具有很强的管理能力。

在信息主管的领导下,企业信息部门应该积极参与到企业信息化建设立项、项目实施、项目完成后的系统运行和维护以及系统完善等各个环节,在确定建设目标、进行建设规划等方面发挥突出作用。

2. 合理定位信息技术人员

在企业的信息化建设当中,人们普遍认为,信息技术人员只需要熟练掌握计算机技术即可。持有这样的观念是非常错误的,它会对企业的信息化建设造成很大影响。企业信息技术人员的主要任务就是要清楚企业的业务状况,否则,就不能对企业的信息化建设提出合理的、符合业务特点的建议或意见,从而不利于企业信息化建设成功性的实现。由于当今信息技术的发展过于迅速,信息技术人员很难在多个领域与计算机发展的最新成果保持一致,所以,我们应当对企业信息技术人员的职责予以合理定位:明确企业信息化建设的任务目标、规划企业信息化的建设和发展、规范企业内部控制与管理制度。

3. 做好信息化建设的人才培养工作

企业的信息化建设,有助于计算机技术广泛、深入地应用到企业管理的方方面面。为了使企业系统得到有效运转,必须对操作规程和工作规范予以严格化,对员工进行经常性的教育培训,使员工摒弃不良的工作方式和工作习惯,提高他们的整体素质。有计划、有步骤地培养和教育人才是企业信息化建设的重要基础性工作。企业在进行信息化建设时,一定要注重人才的教育和培训,把这项工作贯穿到信息化建设的整个过程当中,同时,制定合理的教育培训计划,以保证收到应有的培训效果。总而言之,企业在进行信息化建设时,只有充分重视人的作用,才能够从根本上保证信息化建设走向成功。

(三)基础工作规范策略

企业的信息化建设需要扎实地做好大量的基础性工作,包括企业的标准化工作和规范化工作。其中标准化工作包含的内容十分广泛,最为重要的是信息编码的标准化,这项工作时间花费较多,难度也较大。但是它却是企业信息化建设的最根本要求,不然,就难以实现企业信息资源共享的局面。企业严格按照操作规程进行工作是计算机管理的一大特点,企业必须制定严格的工作程序和规范,保证信息化建设的顺利开展。

1. 规范企业数据

企业数据是计算机处理的主要对象,因此,企业数据必须标准统一,具有严格的规范性。一个企业的数据其内容是非常广泛的,它关系到企业的内外资源和监督管理的各项标准。企业数据可以分为两大类,一大类属于基础性数据,是企业管理系统所必不可少的,如客户信息、供应商信息、存货信息、科目信息、欠款余额、库有余额等数据,这类数据要求都要按照计算机数据处理的要求来制定编码标准,以保证具有明晰的定义和编码以及标准的格式和含义。另一大类数据属于能源、工时、材料耗用等定额和费用开支的标准以及预算数据,是企业进行监督管理所必需的。由于企业往往依据定额进行预测、计划、核算和分析,并对计算机系统设置预警控制,所以对定额非常重视,通常都是比照行业"标杆"找差距,以实现对定额、计量、统计、物料及货品编码等的规范化管理,提高标准化水平。

在规范数据时,有国际标准的,应该采用国际准;没有国际标准的,应该采用国家标准;没有国家标准的,就要采用行业标准;企业自身测定的标准要放在最后再予以考虑。

2. 规范企业业务和信息处理流程

企业的日常业务涉及范围很广,包括生产工艺过程、材料进出库管理、采购订货管理等方方面面,如果企业制度不严、管理不规范,存在"暗箱操作",就会在很大程度上制约企业经济效益的提高。为了使信息满足企业不同管理层次的需求,必须制定严格的制度,对数据的收集渠道和具体内容、数据的处理和传递方式进行明确规定。在企业,很多数据都在各个部门内部流动的,很少出现在不同部门之间横向流动的情况,这样就容易导致同一数据在不同部门归口、收集、汇合使用但不能共享的现象发生,使数据出现遗漏、交叉、重复等问题。所以,应在数据收集方式、传递渠道和存储的责任部门之间理顺关系,明确授权程序、确保数据的完整性、相关性和及时性。信息的处理要遵守事先拟定的业务流程,不能因人而异,这样才能确保信息的完整性,保证制定决策时有据可依,所以,企业在进行信息化建设时,必须要有规范的工作规程和工作准则。

(四)硬软件平台建设策略

企业在进行信息化建设时,其所依赖的软硬件环境是企业信息化的运行平台,其中硬件环境是指计算机的环境,软件环境是企业管理系统包括操作系统,数据库管理系统等的操作环境。

1. 硬件平台的建设

为企业建立信息化基础设施,主要建设计算机网络环境的硬件环境。随着计算机和通信技术的飞速发展,网络可以得到广泛应用,计算机网络的规划和建设,已成为企业信息化建设的硬件环境的首要关注之一。企业计算机网络系统的设计需要考虑的因素很多,像一种特定的技术发展战略、组织结构和布局和业务流程等等。不同的企业有不同的特点,每个企业不能使用相同的标准制定网络环境下的解决方案,对于缺乏经验的企业,在这方面可以考虑聘请专业的队伍来制定解决方案。制定网络技术方案时,应该考虑以下一些原则:

先进性原则。该原则是指制订网络方案要有一定的前瞻性,持有先进的设计思想,采用先进的计算机、通信和网络等技术。

实用性原则。企业在进行信息化建设时要从实际出发,采用成熟的技术和能够适应企业财务、业务、管理一体化信息服务要求的、高质量的网络服务设备,并保证网络带带足够大,以减少信息传输延退情况的发生。

可维护性原则。由于系统是由多种设备构成的较为复杂的系统,所以,必须确保系统所选的产品具有良好的可管理性和可维护性。

安全性原则。也即网络的安全性,表现在以下两方面:一方面采用如防火墙、加密、认证、数据备份等有效的技术安全措施,确保企业内部网不被攻击。另一方面对如服务器、交换机等网络的关键设备采取备份措施,保证网络能够进行不间断的工作。

经济性原则。该原则重视的是企业的投资,通过采用伸缩性强的、灵活的互联网解决方案,确保现有的网络顺利过渡到未来的优化网络,从而使现有的投资得到有效保护。在进行网络建设时,要考虑企业的实际需求和前后步骤的衔接,充分利用现有的资源,使现在的投入成为将来的一个重要有机组成部分,在这个基础上,使投资额达到最小。

开放性原则。该原则和技术标准的开放性有很大关系,开放的标准和协议应该是网络设备选择的基础,所以,网络设备应具有良好的兼容性和可扩展性。

标准化原则。技术标准是该原则最为关心的问题,为了满足性能高、可用性和操作性强的需求,网络设备和服务提供的技术应该具有单一的来源性,体现标准性和开放化。

2. 软件平台的建设

服务器操作系统、工作站操作系统、浏览器和数据库管理系统的首选,这便是软件平台建设的主要内容。

分布式网络计算技术已经非常成熟,而且在各个领域广泛运用。计算机网络服务器附带了四类:数据库服务器、应用服务器、Web 服务器、通信服务器。应选择符合自身网络体系结构需求的网络服务器和网络操作系统,也有许多厂商,如IBM,DELL 是提供专用的网络服务器。目前,Unix、Windows NT 和 NovellNet-Ware 等网络操作系统是比较流行的系统,其中 Unix 作为主要的服务器操作系统比较适合大型企业和适用于基于内部网的系统开发。但是,对 Unix 平台的建立和维护目前还存在着一些困难,而且选择基于该平台的计算机也会对各种流行的应用开发工具产生限制,像 VB 和 Delphi 等。由于一个企业的内部网可以支持多种硬件平台,能够运行多种操作系统,所以,可以根据需要选择多种产品来构成混合性的多平台网络。

第四节　企业经济管理信息化技术

一、企业经济管理信息化技术的内涵

企业经济管理的信息技术(IT),狭义上认为,"借助于微电子学为基础的计算机技术和电信技术的结合而形成的手段,对声音的、图像的、文字的、数字的和各种传感信号的信息进行获取、加工处理、存储、传播和使用的能动技术。"如美国信息技术的基本结构大致可概括为:计算机技术领域是核心;电子技术是信息技术的关键支撑技术,其中包括微电子技术、光电子技术;信息材料技术是基础信息技术,其中包括电子材料以及光学材料技术;通信技术是信息技术的重要的直接组成部分。由此,我们看到,从内涵上来讲,信息技术是指用于实现信息采集、获取、加工、传输、存储、处理、输入输出的一整套技术体系,在这个技术体系中,包含着光、电、声、磁学原理的广泛应用。

信息技术是高新技术的代表,是渗透性强、倍增效益高的最活跃的科技生产力。信息技术从根本上改变了信息收集、信息处理、信息传输的方式和路径,也已引起了企业的组织结构、管理理念、决策方式、业务过程组合和营销手段等渐进的或根本性的变革。事实上,越来越多的工作在计算机辅助下进行,企业对信息技术的依赖性越来越强。企业经济管理信息化就是信息技术应用于企业生产、技术、经营管理等领域,不断提高信息资源开发效率,获取信息经济效益的过程。企业信息化由于信息技术的大量采用,改进和强化了企业物资流、资金流、人员流及信息流的集成管理,对企业固有的经营思想和管理模式产生了强烈冲击,带来了根本性的变革。信息技术与企业管理的发展与融合,使企业竞争战略管理不断创新,企业竞争力不断提高。

二、企业经济管理信息化技术的内容

按上述信息技术的说法,针对企业,将用于支撑企业信息技术的应用,实现企业信息化建设的信息技术,按照企业的生产经营管理思想,为直接解决企业问题而具体集成和应用的技术或应用系统,称之为企业信息化技术。制造业信息技术

(IT)应用是指在制造行业企业应用的建立在计算机系统基础之上的各种以计算机软件为其主要应用基础的信息管理技术和制造技术,如企业资源计划(ERP)、供应链管理(SCM)、客户关系管理(CRM)、办公自动化(OA)、电子商务(EC)、呼叫中心(CC)、PDM 等在一个企业范围内运行的所有 IT 应用组成了企业的 IT 组合系统。

(一)信息管理技术

1. 企业资源计划

ERP 是企业资源计划系统(Enterprise Resource Planning)的英文缩写,是为了适应当前知识经济时代特征——顾客、竞争、变化,整合了企业内部和外部的所有资源,使用信息技术,建立起来的面向供应链的管理工具(具有供应商和客户管理)。ERP 具有鲜明的时代特征,它对企业的业务流程进行了重新定义,用新经济时代的"流程制"取代了旧经济时代的"科层制"管理模式,建立以顾客和员工为核心的管理理念。借助信息技术,使企业的大量基础数据共享,以信息代替库存,最大限度地降低库存成本和风险,并借助计算机,对这些基础数据进行查询和统计分析,提高决策的速度和准确率,体现了事先预测与计划、事中控制、事后统计与分析的管理思想。因此,ERP 系统能够更有效地提高人力资源、时间资源等的使用效率,解决了信息泛滥问题,提高了决策的准确率。

2. 供应链管理

供应链管理(Supply Chain Management)是近年来在国内外逐渐受到重视的一种新的管理理念与模式。供应链是围绕核心企业,通过对信息流、物流、资金流等各种流的管理与控制,从原材料的供应开始,经过产品的制造、分配、运输、消费等一系列过程,将供应商、制造商、分销商、零售商直至最终用户连成一个整体的功能网链结构模式。供应链管理是涉及供应链中所有相关的企业、部门和人员的集成化管理,包括物流的管理、信息流的管理、资金流的管理和服务的管理。供应链管理的目的在于围绕市场的需求,加强节点企业的竞争优势,最终提高整个供应链的整体竞争力,使每个节点企业获得最佳经济效益。

物流成本在制造型企业总成本中所占份额是相当大的,运输与仓储的成本更是突出。然而,企业的物流成本的影响因素是极为复杂的。其一,企业的物流水平跟企业的整体战略规划直接关联,如企业的生产和供应网络的总体布局。其二,它还受地区交通运输环境的制约,如交通网络和承载能力等。再者,企业有可能将物流配送业务外包给第三方机构。信息技术不仅能够提供企业现代化管理的硬件基础设施,而且能够提供用于企业现代化管理的各种信息和数据,用于指导企业进行科学的管理和决策。

物流信息化不能出脱于这些因素的制约,它是物流系统规划与执行的辅助工具,而非其本身。再优秀的物流信息化系统,它降低企业物流成本的效果也会因为需要跟企业业务磨合而存在一个滞后期,并且跟企业的内外部环境、信息系统应用范围等都有密切的关系。

将提升供应链管理作为信息化切入点是个比较合适的选择,事实上,越来越多的企业也开始意识到了提升企业供应链管理的价值。据国通供应链统计,国通用户最广泛使用的几个功能模块是订单、库存和采购模块。这几个尽管都是结构和功能都相对简单的程序模块,但据国通用户反映,他们却能大大改善制造型企业的某些痼疾,如旺季缺货、淡季产品积压等等。这些模块,通过标准化的流程,规范了企业间信息沟通的流程,实现了快速、准确地沟通信息。

3. 客户关系管理

客户关系管理的定义有很多,目前还没有一致的看法。世界商业巨头 IBM 对客户关系管理的理解是:通过改善产品的性能、增强客户的服务、提高顾客的附加值与顾客的满意度等吸引新顾客,留住老顾客,并与顾客建立起相互信任的、长期而稳定亲密关系,以此提高企业竞争优势和实现企业效率。IBM 一贯是以技术领先来赢得客户的,因此倾向于利用信息技术手段来提高产品性能、完善服务、提高顾客的让渡价值和实现顾客满意。

客户关系管理(CRM)实质上是一种旨在改善企业与客户关系的一种新型管理工具,它通过对人力资源、业务流程与专业技术的有效整合,最终为企业涉及客户的各个领域提供完美的集成,使得企业可以更低成本、更高效率满足客户需求,并与客户建立起基于学习型关系基础的营销模式,从而让企业可以最大限度地提高客户满意度及忠诚度,挽回失去的客户,保留现有的客户,不断发展新的客户,发掘并牢牢把握住能给企业带来最大价值的客户群。CRM 不仅仅指的是技术,更重要的它是一种管理理念,是一个经营过程,它是企业的核心,是企业成功的关键。CRM 其实就是一个非常简单的概念,不同的客户不同的对待,也就是我们所说的企业与客户"一对一"的模式。

传统的 CRM 就是企业的客户服务,一般是通过电话服务、传真服务或者是信件服务来进行。随着电子商务时代的到来,企业竞争日趋激烈,传统的产品竞争已经逐渐转化成客户的竞争,CRM 也已经转向 E－CRM,即基于 Web 的

CRM。在前端,E—CRM能够提供统一的呼叫中心的功能,它结合了网页、电话、电子邮件、传真等与客户互动的能力,并提供个人化网页自动组合功能。在后端提供客户消费行为追踪,以及专用于客户服务及客户营销的资料分析等功能,让企业能够做到一对一营销的目的。

4. 办公自动化

企业信息化是一项集成技术,关键点在于信息的集成和共享,为实现关键的、准确的数据及时地传输到相应的决策层,为企业的运作决策提供依据,为了适应瞬息万变的市场变化,办公自动化是企业信息化的重要部分,实现对企业日常的办公事务的科学管理,在提高管理水平的同时达到办公无纸化。

企业办公自动化系统是采用先进的计算机网络、软件技术,将企业各种现代化的办公设备与办公人员组成完整的人——机信息处理系统,用于处理各部门的办公业务,实现办公信息网上共享和交流,完成人与人之间、部门与部门之间进行信息传递和文件批阅等诸多工作,协同完成各项事务,充分利用各种信息资源,提高办公效率和办公质量。

第3代办公自动化是以知识管理为核心的办公自动化系统,它强调以知识管理为核心,能够提供丰富的学习功能与知识共享机制,确保每一个使用者都能随时随地根据需要向专家学习、向企业现有知识学习,使员工在办公自动化系统中的地位从被动向主动转变,从而在提升每个员工创造能力的过程中,大大提高企业与机构的整体创新和应变能力。

5. 电子商务

电子商务(Electronic Commerce)是指政府、企业和个人利用现代电子计算机与网络技术实现商业交换和行政管理的全过程。是一种基于互联网,以交易双方为主体,以银行电子支付和结算为手段,以客户数据为依托的全新商务模式。它的本质是建立一种全社会的"网络计算环境"或"数字化神经系统",以实现信息资源在国民经济和大众生活中的全方位应用。

电子商务技术可以利用覆盖全球的互联网和电话网连接无数企业的内部网络,甚至客户的家中,在买方、卖方和供应商之间架起了一座座桥梁,以先进的技术渗透于售前、订货、签订合同、生产、交货、支付,一直到安装和售后服务整个商务过程。电子商务是指交易各方通过电子方式进行的商业交易,而不是传统意义上的通过当面交换或直接面谈方式进行的交易。先进的电子商务是一个以 Internet/Intranet 为网络架构,以交易双方为主体,以银行支付和结算为手段,以客户数据库为依托,以证书认证体制为安全交易机制的全新商业模式。与传统商业相比,电子商务营销费用低、效率高,可以节约大量用于广告和促销方面的费用,减少许多烦琐的过程,改变企业的业务流程,大大提高企业的竞争力。信息化是电子商务发展的基础,孕育了电子商务,推动了电子商务的发展。企业电子商务的大部分工作在于企业基础管理的信息化。而电子商务的发展,又促进了企业信息化的深入进行。

6.呼叫中心

呼叫中心(Call Center),也叫客户服务中心,是利用计算机与通信技术相结合的技术支持,由计算机辅助,通过以电话、上网、传真形式向客户提供咨询、投诉等服务的服务中心。当前许多大型组织或企业就是通过这种以为基础的呼叫中心来管理用户拨入业务。

呼叫中心具有图形用户接口(GUI),操作方式简单、提供业务种类丰富、服务专业化、智能性高、即时服务以及实时显示用户信息等特点,是集语音技术、呼叫处理、计算机网络和数据库技术于一体的系统。能够实现一般话务台、排队及自动呼叫分配、查号、话间插入、来话转接、代答、自动总机服务,以及留言、用户数据、计费管理、远端用户端话务台、辅助拨号、来话自动识别与显示、话务员夜间服务等多种功能,同时也可以作为制造业企业的公共信息服务中心。

7.PDM 技术

产品数据管理(PDM)是在现代产品开发环境中成长和发展起来的一项管理数据的新技术,它以产品数据的管理为核心,通过计算机网络和数据库技术,把企业生产过程中所有与产品相关的信息(包括开发计划、产品模型、工程图样、技术规范、工艺文件和数据代码等)和过程(包括设计、加工制造、计划调度、装备和检测等工作流程和过程处理程序)集成管理的技术。一个完善的 PDM 系统必须能够将各种功能领域众多的应用集成起来,并符合各种严格的要求。PDM 系统必须具备以下特点:

①能够有效、可控和自动的访问开发和生产的应用及过程,能方便的访问有关的文件和数据。

②系统必须有控制访问的安全机制。

③系统必须具有良好的用户界面和方便的机制来访问和处理数据。

④具有表达零部件、产品配置结构和相关文件和数据的能力。

⑤提供产品、零部件和有关文件的分类方法,以支持产品数据的寿命周期

管理。

⑥能够支持不同地域的人员设计同一产品。

⑦支持相关修改。

⑧具有开放性。

(二)计算机辅助设计、加工和制造技术

1. CAD/CAM技术

CAD即计算机辅助设计,一般认为CAD系统应包括下列基本功能:草图设计、零件设计、装配设计、复杂曲面设计、工程图样绘制、工程分析、真实感渲染、数据交换接口。CAM即计算机辅助制造,是指在产品生产制造过程中,采用计算机辅助完成从生产准备到产品制造整个生产过程的活动。主要包括:工装设计、数控自动编程、生产作业计划、生产控制、质量控制。

CAD/CAM系统是由硬件和软件组成的。硬件主要是计算机及各种配套设备,广义上讲,还应当包括应用于数控加工的各种机械设备等。软件一般包括系统软件、支撑软件和应用软件。

CAD/CAM的关键技术包括:

①产品数据管理(PDM):是指企业内分布于各种系统和介质中关于产品及产品数据的信息和应用的集成与管理。

②曲面造型:是计算机辅助几何设计和计算机图形学的一项重要内容,主要研究在计算机图像系统的环境下对曲面的表示、设计、显示和分析。

③装配模型:其主要的发展趋势是由图表达的拓扑结构向树表达的层次结构发展。装配信息建模的核心问题是如何在计算机中表达和存储装配体组成部件之间的相互关系。

④特征技术:它是CAD/CAM技术发展中的一个新的里程碑,它是在CAD/CAM技术的发展和应用达到一定水平,要求进一步提高生产组织的集成化、自动化程度的历史进程中孕育和成长起来的。

⑤实体模型:在计算机内提供了对物体完整的几何和拓扑定义,可以直接进行三维设计,在一个完整的几何模型上实现零件的质量计算、有限元分析、数控加工编程和消隐立体图的生成等。

⑥参数化设计:设计是CAD技术在实际应用中提出的课题,一般是指设计图形拓扑关系不变,尺寸形状由一组参数进行约束。

⑦变量化方法:是指设计图纸的改变自由度不仅是尺寸形状的参数,而且包

括拓扑结构关系,甚至工程计算条件,修改余地大,可变参数多,设计结果受到一组约束方程的控制和驱动。

⑧数控编程:是目前 CAD/CAPP/CAM 系统中最能明显发挥效益的环节之一,其在实现设计加工自动化、提高加工精度和加工质量、缩短产品研究周期等方面发挥着重要作用。

2. CAPP 技术

CAPP 即计算机辅助工艺设计,一般认为 CAPP 系统应该包括下列基本功能:毛坯设计、加工方法选择、工艺路线指定、工序设计、夹具设计。随着制造技术向计算机集成制造系统(CIMS)、智能制造(IM)方向发展,对 CAD/CAPP/CAM 系统集成化的要求更加提高,CAPP 在 CAD/CAM 之间起到桥梁和纽带作用。在集成系统中,CAPP 必须能直接从 CAD 模型中获取零件的几何信息、特征信息、物性信息、材料信息、工艺信息等,以代替完全交互式的零件信息输入,CAPP 的输出则是 CAM 所需要的各种信息。

CAPP 系统主要由下列模块构成:

①控制模块:协调各模块的运行,实现人机之间的信息交流,控制零件信息获取方式。

②零件信息获取模块:零件信息输入可以有两种方式,人工交互式输入或从 CAD 系统中直接获取或来自集成环境下统一的产品数据模型。

③工艺过程设计模块:进行加工工艺流程的决策,生成工艺过程卡。

④工序决策模块:生成工艺卡。

⑤工步决策模块:生成工步卡及提供 NC(数控)指令所需要的刀位文件。

⑥NC(数控)加工指令生成模块:根据刀位文件,生成控制数据机床的 NC 加工指令。

⑦输出模块:可输出工艺过程卡、工序和工步卡、工序图等各类文档,并可利用编辑工具对现有的文件进行修改后得到所需的工艺文件。

⑧加工过程的动态仿真:可检验工艺过程及 NC 指令的正确性。

CAPP 系统分为三种基本类型:

①派生型 CAPP 系统:利用成组技术原理按零件的结构和工艺的相似性,利用分类码系统将零件区分为若干个零件加工族,并以零件族的复合零件为代表编制零件的标准工艺,以文件的形式存储在计算机中。

②创成型 CAPP 系统:是一个能综合加工信息,自动为一个新零件所需要的

各种工序和加工顺序,自动提取制造知识,自动完成机床选择、工具选择和加工过程的最优化。

③综合型 CAPP 系统:是将派生型 CAPP 和创成型 CAPP 结合起来的一种工艺设计方法,如在对一个新零件进行工艺设计时,先通过计算机检索它所属零件族的标准工艺,然后根据零件的具体情况,对标准工艺进行修改,工序设计则是采用自动决策产生,这样很好地体现了派生型 CAPP 系统和创成型 CAPP 系统的优点。

产品生产过程是从产品需求分析开始,经过产品结构设计、工艺设计、制造,最后变成可供用户使用的产品。具体包括产品结构设计、工艺设计、制造加工、装备、检验等过程。每一过程又划分为若干个阶段,如产品结构设计可分为任务规划、概念设计、结构设计、施工设计四个阶段;工艺设计可分为毛坯设计、定位形式确定、工艺路线设计、工艺设计、刀具、量具、夹具等设计阶段;加工、装备过程可划分为 NC 编程、加工过程仿真、NC 加工、检验、装备、测试等阶段。计算机在产品生产过程不同阶段形成 CAD/CAPP/CAM 过程链,实现不同的辅助作用。产品设计阶段计算机实现辅助设计,即 CAD;工艺设计阶段实现计算机辅助工艺设计,即 CAPP;加工、装备阶段实现计算机辅助制造,即 CAM。CAD/CAPP/CAM 反映了计算机在产品生产过程中不同阶段的不同层次的应用。

第五节　企业经济管理信息化的发展策略

一、经济管理信息化人才的培养

(一)人才构成与职责

1. 首席信息官(CIO)

企业必须首先有一个信息化的领导者与推动者,这个领导者就是 CIO,他对企业的信息资源管理负有全面责任。他要从企业的全局和整体需要出发,直接领导与主持全企业的信息资源管理工作。他必须是一个业务人员,充分了解企业的业务流程,因为 CIO 做贡献的能力是直接和他的业务知识,而不是他的技术能力成正比。他必须有充分的权力来推动信息化,要和企业的 CEO 配合无间,他要非常清楚企业的发展方向,并且明确,他正和CEO两个人共同向着这个方向努力。CIO必须是真正的复合型人才,要既懂信息技术又懂企业管理,了解国内外信息技术发展及应用情况,理解企业信息化的内涵,清楚企业信息化建设和开发应用的策略、方法与步骤,全面负责企业信息化建设的规划、管理,领导企业内信息资源管理职能部门,统一领导与协调企业其他部门信息资源的开发、利用与管理工作,组织信息化建设工作的具体实施,指导企业信息系统的运行。

未来CIO要具备的素质是理解人、认识人,从而建立良好的人际关系,这样在工作中才能充分调动各方的积极性,发挥各部门应有的作用。此外,CIO还需要有敏锐的预见能力,当企业所在的经营环境发生了变化时,他必须能够敏锐地预测到这种变化可能产生的后果,并能够判断它对自己企业所带来的影响,以及今后对于企业经营所产生的新的机会,针对这一变化,做出相应的对策调整,把握机会,规避风险,从而保证企业在市场经济的竞争中保持其优势。

2. 管理人员与核心技术人员

这类人才是企业信息化工作的中坚力量。首先,企业需要具有一批核心管理人员,他们要能够正确熟练地运用企业信息化平台,辅助制定决策,组建基于信息化系统有效运行的工作团队,保证信息化系统最大的发挥效用。另一方面,企业信息化系统运用了大量的信息和通信技术,要保证系统的正常运行,需要强大的技术支持,信息化应用技术人员必不可少,这其中包括系统建设人员和系统维护人员。

系统建设人员需要熟悉计算机及网络知识,他们的职责是对企业的信息系统进行建设,使之有效运行。系统建设人员还包括系统分析人员、系统设计人员和程序员等等。其中系统分析员在整个信息系统建设过程中起基础性作用,是系统开发者与实际应用者的桥梁,他们需要掌握计算机软件工程、企业管理、系统理论等多方面的知识,在工作中要从企业的各种业务需求中抽象出数据需求,并能够在这个过程中带领其他人员分析系统的现状,发现和更正企业经营过程中不合理的业务过程,确定系统的目标,进行可行性分析,把计算机技术与产品设计、制造工艺与生产经营管理技术结合起来,并与信息系统的使用者一起来开发新的系统和改进现有的系统。在工作过程中他们还要和大量的企业管理人员和工作人员进行交流和沟通,因此还要求其具有较好的沟通能力。系统设计人员和程序员的工作是根据系统分析报告完成系统的逻辑设计。这就要求他们必须精通计算机语言、软件工程方法和管理信息系统原理。

系统维护人员的工作主要集中在系统建成后的使用阶段,任何复杂系统在建设中都不能保证绝对正确,其在运行过程中经常会出现各种软硬件问题,因此必须要不断地进行维护以保证物理设备可靠运行和系统数据的正确性,这就是系统维护人员的主要作用。为此,他们需要掌握各种计算机设备及网络系统,对其进行安装调试,对运行情况进行监控,及时维护,预防故障发生。

3. 执行层人员

执行层人员主要是指系统操作人员,这类人才是企业信息化工作的基础人员。他们是系统的直接使用者,因此他们必须能够正确掌握信息化工具,并对外部信息能够快速而准确地采集、录入系统和从系统中得到所需的管理数据,以保证企业各部门通过信息系统高效协同工作。企业信息化系统建好后最重要的是运用,他们必须能够真正理解企业信息化的内涵、正确掌握信息化工具、实施正确的安全策略并具有对外部信息能够作出快速而恰当反应所具有的协同工作的能力。

(二)人才素质

1. 丰富的知识

信息化人才,必须掌握充分的业务知识,这包括宽厚的基础知识、全面的数学方法和计算机应用技术以及扎实的经济和管理知识和一定的人文社会科学知识,并能够在实践中正确运用,这是信息化人才发挥作用的基本条件。不同岗位的信息化人才,需要的知识构成是不同的,各类人才都有相应的知识,他们必须具备实际组织和建设信息系统的能力,并能够维护系统的正常运行。

2. 敏锐的头脑

信息化人才需要有敏锐的头脑,才能对经济活动中出现的各种问题作出科学而正确的决策判断,提出正确的企业战略。而企业战略所研究的都是属于全局性、整体性和长远性的问题。科学的战略可以开拓企业的未来,引导企业走向成功。因此,信息化人才必须具有这种敏锐的头脑,和胸怀全球的战略思想。

3. 创新能力

创新是任何企业走向成功必不可少的要件,创新能力则是指复合型人才应能不断激发创新意识、培养创新能力。企业信息化往往涉及企业流程的再造,这对企业而言,实际上是企业经营管理全面创新的一个过程,信息化人才必须充分发挥创新能力,使再造后的企业流程实现高效的运作。这要求复合型人才在实施企业信息化时,还要具备坚韧不拔的进取精神和不怕挫折的顽强毅力,敢于创新,才能创造出一个崭新局面。

4. 学习能力

学习能力是指复合型人才应具备不断更新知识、学习新技术、新知识的能力。现在市场竞争越来越激烈，涉及方方面面，而信息化本身的含义在不断地丰富，对企业信息化人才的要求也在不断地提高，因此，信息化人才必须不断的自我增值，学习先进东西，才能保证企业的需要不断得到满足，才能使企业信息化顺利地实现并不断保持先进性。

5. 沟通能力

企业信息化是一项复杂的大工程，是多种知识综合实践的过程，涉及多方的关系，无论高层，中层还是执行层人员，都需要有良好的沟通能力才能使信息化顺利地进行下去。其整个过程，包括系统的建立、使用和维护都需要所有参与人员发扬团队合作精神，相互学习，进行有效沟通，以确保系统能得到充分发挥。

6. 责任心和事业心

企业信息化是一项庞大的、复杂而艰巨的系统工程。在推进信息化的进程中，可能会遇到各种各样的困难，这要求信息化人才必须具有强烈的责任心和事业心，无论遇到什么困难都能持之以恒，坚韧不拔，利用一切手段克服困难，才能保证信息化的顺利实现。

（三）人才管理对策

由于以上因素的影响，对信息化人才的管理成了非常重要的一环。企业的制度、规则、惯例以及文化等等会培养出一种氛围，这是企业的行为，而这种行为会间接的影响信息化人才的行为以及能力的发挥。因此企业要想吸引人才，用好人才，必须在这方面多下功夫。具体措施有以下一些方面：

1. 建立有效的激励机制与竞争机制

在管理中，要建立起良好的激励机制，采用多种激励手段，激发和调动人才资源的积极性。激励包括物质激励和精神激励两个方面。物质激励主要满足信息化人才对经济利益的追求，这是人才的基本需要。精神激励主要是满足信息化人才社会属性方面的需要，这一层次内容众多，非常复杂，也是形成企业特色的环节。同时还应该建立适度的竞争机制，根据信息化人才在工作中的表现，以及取得的成果，科学的对其进行评价，奖优罚劣，形成既有动力、又有压力的适度竞争机制。在企业中建立这种良性竞争有利于员工奋发向上，积极进取，不断提高自身素质。

2. 培育良好的企业环境

这包括两层意思,一方面是客观的工作环境,这是基本的条件,要给工作人员以舒适的感觉,并尽量能够方便他们工作;另一方面是更重要的软环境,要让人才感受到企业是尊重知识尊重人才的,让他们觉得企业有足够的空间给他们发挥自己的才能,这样会激励信息化人才继续丰富自己,不断地自我增值,为企业将来的进一步发展积蓄力量。

3. 塑造企业文化

企业文化的建设首先应该注重团队精神的培养,将各种类型的人才牢牢地团结在一起,为了实现企业信息化这一目标而共同努力;其次是良好的学习氛围,通过不断的学习和内部交流提高员工的素质;最后是创新精神,勇于进行创造性的活动,充分发挥企业成员知识结构的整体优势。企业应该多组织员工进行有益于身心健康的体育活动,参加野外拓展训练,在活动中培养他们的团队精神和协作能力。

4. 建立战略性人才储备

这是企业的后备策略,由于信息化人才严重供不应求,其竞争十分的激烈,企业的人才管理策略做得再好,也有失去人才的可能,为了防范这一风险,在失去人才的时候不至于造成太大的损失,使企业的信息化工作可以继续,就必须建立起人才储备。企业要对信息化人才市场的整体状况有所了解,一方面到高校去考察,吸收人才,另一方面也要密切注意竞争对手的动态,对同行业的人才给予关注,经常沟通,做好铺垫,以便在失去本企业信息化骨干的时候,能够及时地补充,保证工作的顺利进行。

二、基础设施建设

(一)信息化建设资金的投入

企业信息化建设是一项投资需要很大的综合性工程。设备的购买、系统的建设与维护、人力的投入以及专业机构的协作等等都需要大量的资金投入。而从黑龙江省目前情况看,绝大多数企业信息化建设资金投入严重不足,并且缺乏长期稳定的资金渠道。这已经成为制约企业信息化建设的重要因素。

企业在信息化建设上的资金投入在一定程度上决定了企业信息化的规模和水平,因此必须强化企业自身的信息化投入,首先,应保证企业信息化建设的资金充足；其次，企业也可以设立专项资金，用于企业信息化的发展。企业的信息化建设需要大量的资金，如果资金不足，必须会制约企业信息化的发展，企业可以通过多元的投资体系，来增加信息化建设的投入资金。例如，企业可以通过增加投资在产品销售额中的比重，或者进行股份制改革，面向社会来吸收资金等等。

企业信息化建设的核心内容是信息资源的开发与利用，企业在不断发展，企业信息化的技术也应当同步升级，因此企业信息化建设之后，仍要对其进行后续的技术升级投入，这是信息化能够取得成效的重要的保证。企业信息化的技术升级投入是必需的，但是要避免这种投入的两个误区：一是认为信息化建设的投入是个无底洞；二是认为信息化建设就是购买和安装设备。这两种说法都是不恰当的，企业的信息化是企业不断地整合资源，提升自身整体素质的过程，企业需要认识到资源对航天科工企业发展的重要作用，重视信息化软件的开发、维护，使企业的资源、管理和技术都能够协调发展。

此外，需要政府与企业两方面的共同努力，实施产业扶持政策，以市场为导向，以企业为主体，充分发挥企业和社会各方面的积极性。在政府方面，要逐渐加大对信息化建设项目的财政投入，并在信贷、税收政策等方面给予大力支持，加强资金导向作用，引导企业加大对信息化应用的投入，鼓励社会资金和民间资金投入企业信息化应用项目；企业方面，首先要对信息化的重要性有充分的认识，才能够愿意投入足够的资金，进行信息化建设，而资金的筹措，需要采取多种措施，例如贷款、引入外资等等，也可以结合技术改造或技术创新项目，将企业信息化建设的资金列入技改或技术创新项目的总投资。此外，在企业信息化建设中，要进行技术、经济的可行性研究，做出详细的投资预算，制定恰当的投资策略，把有限的资金优先用于建设核心业务系统，并注意资金投入比例的合理性，统筹安排资金的使用，兼顾硬件建设和软件建设两个方面，让有限的资金发挥出最大的效能。

（二）以信息资源集成为核心

企业信息资源集成管理与企业信息战略管理过程是同步的，更确切地说，信息资源集成管理是企业信息战略管理的主导方法和主要内核之一，是依据企业信息战略管理过程而展开的。信息资源集成是贯穿企业战略管理全过程的一种主导思维，信息资源集成思维的成熟与否和应用程度在很大程度上决定着企业战略管理的质量和效果。

①结合企业竞争优势培育和应用信息资源集成思维。竞争优势归根结底来源于企业为客户创造的超出其成本的价值，而超额价值产生于以低于竞争对手的

价格提供同等的效益,或通过为客户提供独特的效益从而获得溢价,即竞争优势有两种基本形式,总成本领先和差异化。而这些都是综合企业内外部信息资源所打造的一种集成的优势或能力,正是集成使竞争对手无法简单地模仿,正是集成为企业提供了可持续发展的基础和潜力。

②结合企业核心能力培育和应用信息资源集成思维。核心能力是作为竞争优势来源的资源和能力的集合,核心能力同样是集成的产物,任何单一的能力不可能构成企业的核心能力。核心能力通常应具备4种特征,即增值性、稀缺性、难以模仿性和难以替代性。它是在创造性地利用资源的过程中形成的,是一种集成的综合能力。

③结合企业价值链的重组培育和应用信息资源集成思维。企业价值链是所有企业价值活动的组合与集成,企业价值链重组的基本方式包括:清除(Eliminate),取消不必要的功能和非增值活动;简化(Smiplify),化复杂过程为简单过程;整合(Integrate),整合相关的特别是重复的功能和活动:自动化(Autmoate),运用信息技术实现企业流程的自动化;新增(New),增加企业不具备但又需要的新功能。联系竞争优势和核心能力进行分析,价值链重组是实现竞争优势和建设核心能力的手段,价值链重组的所有方式都是围绕竞争优势和核心能力进行的,都是一种集成行为。

④结合企业信息文化的建设培育和应用信息资源集成思维。信息文化的核心是信息价值观和信息规范。所谓信息价值观是指企业上下对信息、信息资源、知识及其价值和重要性的认知,其实质是确立信息资源观念,肯定信息的价值,尊重信息工作者。切实发挥信息在企业运行、管理和发展过程中的特殊作用。所谓信息规范是指企业在运行和发展过程中形成的用以控制、调整、干预企业信息行为的各种手段,主要包括信息法律、信息政策、信息标准和信息制度等。信息价值观和信息规范本身也是企业在长期的发展过程中所积累的资源,这种资源必须内化为企业管理者和员工的理想、目标、信仰、习惯和自觉的行为方式,才能充分地实现其价值。

⑤结合企业信息化规划培育和应用信息资源集成思维。企业信息化规划的内容主要包括信息化目标、信息技术管理、信息化愿景、信息资源管理、信息化战略、信息化预算、知识管理、信息化组织和信息化环境等。信息化建设一旦步入战略管理阶段,企业就要首先确立战略意识。目前我国企业信息化规划还远未成熟,追赶潮流的思维还比较严重,要改变这种现状,关键是要在信息战略中体现信息资源集成思维,并使这种集成思维成为服务和支持企业战略的指导思想。

(三)信息资源共享

计算机网络基础设施是推进企业信息化建设的前提。良好的网络基础建设能够有效地将企业人、财、物等资源更好地优化配置,这是企业信息化建设要考虑的一个重要方面。

网络基础设施建设主要包括各种信息传输网络建设、信息传输设备研制、信息技术开发等设施建设。随着新经济时代的到来,传统的管理模式在企业运作中的弊端日益突显出来。一方面各部门之间缺乏有效的信息交流手段,资源共享利用困难,影响企业的运行效率,另一方面信息的下行和反馈行为滞缓,不能高效率地组织好信息资源。这已经不能适应企业发展的需要,在信息化的建设中,就要认清这一缺点,利用现代信息技术来改善传统的生产经营管理模式,架构一个供大家共享资源的信息网络平台,理顺企业关系,使企业能够高效地运转,以充分发挥企业信息化各要素的作用。

具体来说,要在构建企业局域网建立企业信息数据库的基础上,积极建设企业骨干网,使局域网系统、数据库系统在统一的企业网络平台环境下,发挥各自的功能作用,并积极采用新的信息技术支持系统,不断优化局域网系统结构和功能,有效扩充数据库系统设置和功能,使企业的网络平台功能不断优化,信息化水平不断提高。

第七章
企业实现经济管理创新的方式

第一节 企业技术方面的创新

只有不断地进行技术创新,才能够使企业拥有发展前进的动力,在技术创新中不断有新的创造和发明,所以,这些新技术、新发明的研究过程以及实际应用过程都属于经济管理的内容,其中还包括把这些技术成果转化成实际生产力的整个过程以及把这些技术创新推广应用到市场当中。

一、知识经济下企业技术创新特征

(一)知识经济下企业技术创新特征

1. 知识经济特征

随着数字化网络化信息技术的飞速发展,知识对经济增长和社会进步的作用日显突出,远远高过以前历次产业革命。知识已经被认为是提高生产力和实现经济增长的驱动器。

综合来看,知识经济具有如下特征。

①知识化、信息化、网络化趋势知识经济的发展主要靠知识和智力。无论是制造业的高技术化还是服务业的高科技化本质上都是将相关业务知识提到竞争前沿。信息技术产业是知识经济的主要产业。网络诞生后,信息化更是与知识化并肩发展。网络是人类文明进程的重要标志,工业经济的最重要的基础是公路网、电网、铁路网和电话网。知识经济正是以这种高速、互动、传递信息、共享知识的新一代特征为基础的经济结构。

②无形化趋势加强,虚拟化、柔性化组织大量出现知识经济是以无形资产投入为主的经济,知识、技术、信息在企业之间高度流通,形成了张无形知识网络。

由于产业链厚度的增加,技术创新速度的加快,企业之间、产业之间的分工合作日趋明显,出现了大批虚拟化组织、战略联盟、柔性生产组织等。以知识为基础的产业在产业体系中占主体地位,与知识有关的项目在成本中占很高的比重,知识在经济增长中越来越起到主导作用,对生产力构成起关键性影响。

2. 知识经济对技术创新的影响

技术创新的实质是将科学技术应用于产品工艺以及其他商业用途,以改造人们的生活方式,提高人们的生活质量。其主体是敢于将科学发现、发明首次引进生产体系的企业家,其目的是获得潜在超过平均利润以上的那部分超额利润;其过程是伴随新的科学研究开发,产品开发,生产,进而随新产品、新工艺和服务的成功销售而终止,内在包含着创新的扩散过程不论创新何种来源,以何种形态出现,但有一点是不变的:创新使知识成为商品。可以说,以知识为基础的经济基本发展模式的诸多环节和方面上,技术创新的生成、扩散和再创新过程是首要的、基本的环节和方面。因为:

①知识经济时代的国际竞争,依然是以经济为基础,以科技特别是高科技为先导的综合国力的竞争,这种竞争更突出地依赖于一个国家的科学技术储备和创新能力。创新将是知识经济时代发展的主题。

②知识经济以数字化、网络化的信息技术为特征之一。数字化、网络化大大消除了知识生产、传播、扩散和应用所受到的时空限制,知识和创新成果具有极大的共享性创新者要保持创新收益的独占性,除依法保护外,必须不断地谋求和实施新的适应市场需求的再创新。

③知识经济以高技术产业为支柱,高技术产业以高科技为最主要的依托。高科技不是传统工业技术的简单创新,传统技术中注入一些高科技仍不是高技术,只有当高技术组分大大提高,创新出现群集现象时,按照国际科技工业园区的规范超过70%时,传统技术才能转变为高技术,如联合国组织确定的高技术有:信息科学技术、生命科学技术、新能源与可再生能源、新材料科学技术、空间科学技术、海洋科学技术、有益于环境的高新技术和管理科学技术等。当然技术创新离不开科技知识的积累。创新过程的良性机制还有赖于知识经济基本发展模式的其他环节和方面,如教育与培训等环节和方面的协调与支撑。

3. 知识经济下技术创新特征

知识经济作为一种经济形态,与工业经济、农业经济定义有很大不同现在要准确、全面地描述它的特征,还为时尚早,但许多学者专家已从不同角度归纳出知识经济的一些特点。

（1）绿色化

知识经济是以知识的生产、扩散和应用为基础，以知识和技术为生产力诸要素中的主导因素，注重人与自然的协调和可持续发展的经济，在人与自然的协调和可持续发展的目标下，技术创新的指导思想是尽可能多地考虑环境效益、生态效益，降低物质原材料能源消耗，减少环境污染，提高资源的利用效率，技术创新过程的各个方面和环节均强调"绿色"标准。

（2）柔性化、虚拟化

知识经济以数字化、网络化的信息技术为表征，信息技术的发展使得技术创新的实现，除了依靠传统的改进技术设备生产工艺等实现外，更多向柔性的软件创新方向转化，更多依赖于物理空间之外的虚拟的媒体空间一方面，通过技术创新，软件不断向硬件中渗透、扩散，软、硬件日益紧密结合，生产中包含的物质因素越来越少，包含的知识越来越多；另一方面，技术创新从研究开发，到设计、生产、进入市场的整个过程更多地在虚拟空间中操作，这可以大大降低技术创新投资的风险性，增强了技术创新活动的可控制性和可预测性。

（3）短周期化

知识经济时代，由于网络化信息高速公路的出现，新技术的推广、扩散速度大大加快，范围更加广泛；民众的文化技术素质普遍提高，对新技术的接收能力、吸收创新成果的能力大大增强；市场竞争中，创新成为能否获胜的关键，技术创新过程中研究开发与应用日益趋于一体化，因此使得技术创新的周期大大缩短。

（4）群集化

知识经济时代不仅有网络式信息高速公路，而且交通工具也将空前发达，信息流、物质流速度极大提高，技术创新扩散速度加快，范围也相当广泛。横向扩散上会呈现不相关各种技术的创新群集，纵向扩散方面，会出现由少量相关的或根本性的创新迅速扩散成渐进创新、二次创新、三次创新，进而形成创新群集。

（5）高技术化和复合化

知识经济时代的支柱产业是高技术产业。按国际科技工业园区标准，高技术组分超过70%时，相应产业才能称为高技术产业。这决定了技术创新的方向是向高技术发展，并且高技术呈复合趋势。

（二）知识经济对企业技术创新管理的影响

在知识经济时代，企业的生产经营活动环境将发生重大变化，消费观念由数量型转向质量型,以追求享受和发展;知识产权对技术创新的保护更加有效,技术贸易壁垒也更趋坚实;新技术不断涌现,技术生产周期不断缩短,在这种情况下,企业不进行技术创新就会灭亡。

①知识经济时代,企业生产经营进入网络化、信息化、国际化,技术传播交流速度加快。这使得技术扩散更加迅速,一个企业的技术创新在某一领域的短期存在是可能的,但长期存在难以有效维持。其他企业可以利用技术创新成果的外部经济效应,进行相应的模仿和进一步的创新,致使企业因技术创新带来的收益期缩短。收益/减少,比较优势丧失这在客观上要求企业不断进行技术创新,不断取得比较优势。

②知识经济时代,人们的生活水平不断提高,消费观念将由数量型转为质量型,以追求更高层次的享受。而且这种追求将会随知识经济的进展和科学技术的进步不断加深,会随不同的企业提供的差异产品而不断变化,作为向市场提供产品为基本任务而存在的企业,则必须以满足消费者的这种变化着的需求为宗旨进行不断的技术创新。

③知识和技术是经济社会的重要资源,是经济增长的重要来源和实现可持续发展的有效途径。在这种情况下,不同的企业和国家会通过知识产权的完善来严格维护技术创新成果的一系列权利,会通过技术贸易壁垒减少技术的国际贸易量。这不仅使得技术的引进和模仿更加困难,而且引进技术所获得的比较收益将相当有限。这要求企业必须自身进行技术创新,不能单纯依赖引进和模仿。

④知识经济时代,由于新技术的创新不断涌现,技术因无形磨损而使其周期越来越短,企业难以像现在这样,可以在较长的时间里享受某一技术创新的成果,而必须制定相应的技术创新计划,使技术创新具有连续性,从不断的技术创新中获取收益,从而持续地向前发展。

(三)知识经济下企业技术创新的变化趋势

知识经济的到来,使企业组织管理模式、战略发展、技术创新都发生了明显的信息化、网络化和知识化变化。企业竞争前台由原来的产品产量、生产效率竞争过渡到了信息竞争、规范标准竞争、品牌服务竞争和技术研发竞争。技术创新已越来越重要,是赢得竞争的关键。

知识经济的特性,导致了企业技术创新模式的变化从直线、线性模式变化到网络形式、多重反馈非线性的模式在这个过程中,企业技术创新活动速度和频率都很高,与外界合作也日趋紧密。

近期,随着企业业务外包、战略联盟等组织形式的兴起,技术创新的过程和组织也越来越呈现出分工与合作的趋势,技术在各个环节由不同的企业开发,或者由主导企业涉及规则,集群内企业合作研发,共同开发,对降低风险,提高研发效率,越来越具有重要的意义。

这一点也可以从企业新型的组织管理模式看出:在知识经济时代,知识是企业最关键的资源,变化是企业生存环境的主旋律企业生存环境的变化包括市场的变化、竞争标准的变化、顾客需求的变化、技术的变化、社会环境因素的变化等,对环境变化的快速反应成了制造企业生存和发展所面临的主要:问题制造企业对环境变化的快速反应包括主动创造变化和被动地响应变化,而灵捷性是对制造企业这两种能力的综合反映。随着制造业竞争环境的加剧,灵捷性被认为是企业成功甚至生存的一个先决条件。

目前,随着对灵捷制造等先进制造生产模式及其管理问题的研究,虚拟企业的思想和运作模式日益受到企业和学术界的重视,对虚拟企业的研究也成为热点。虚拟企业是指法律上相互独立的,具有独特核心能力的企业、研究院(所)、个人等在不涉及所有权(股权)的前提下,为了赢得某一市场机遇而结成的非永久性企业联合体(或称为动态联盟)。一旦合作目的达到,该联合体解散它是企业之间合作的一种形式可以将这种不涉及股权关系,临时性的合作称为虚拟合作或虚拟一体化;由于灵捷虚拟企业是根据市场机遇结成的动态联盟,因此,它具有生命周期。

灵捷虚拟企业的生命周期按时间顺序可划分为机会识别与确定、伙伴选择、组建、运作、解体等五个阶段其中伙伴选择与组建时利益分配方案的制订是灵捷虚拟企业最为重要的两个问题此外,一个成功的灵捷虚拟企业在其整个生命周期内的组织和运行,应有四个基础性环境(或称为平台)的支持,灵捷虚拟企业就是建立在上述四个平台的基础上形成的基于市场机遇的合作契约组织灵捷虚拟企业的盟主和成员不应该是制造资源信息网的加盟成员,必须遵守制造资源信息网的章程规定根据市场机遇的不同,一个加盟成员可以同时参与一个或多个灵捷虚拟企业。

企业的组织形式柔性多变,必然导致了企业技术中心创新管理模式多变和与外界持续的互动。

二、知识经济下企业技术中心创新管理模式

(一)两种传统企业技术中心管理模式

技术创新是一个过程,是一个企业内实现的过程。企业是由一系列职能部门构成的,是一种组织,从而,企业的组织结构必然影响到技术创新的效率。企业的不同组织结构必然以不同的组织形式去组织创新活动。常见的企业组织有 U 型企业组织和 M 型企业组织,对应这两种企业组织则分别有职能部门型技术中心管理模式和事业部型技术中心管理模式。

1. 职能部门型技术中心管理模式

不同的企业组织结构以不同的方式影响着企业的创新活动,目前,在我国企业盛行的企业组织形式是 U 型组织。这是一种依职能而设立的组织结构。它强调信息的纵向联系。这种组织的设计原则和最大优势是职能分工的专业和规模经济。它方便企业管理,一般适用于中小型企业。

2. 事业部型技术中心管理模式

事业部型技术中心管理模式的组织结构具有下列特点:

①它使企业更具有战略协调能力,更有效地协调各种专业化投入;

②它增强了企业的创新能力。

这是因为,在 M 型组织结构下,多个部门的创新、管理、生产的报酬都可单独核算,从而改善了创新的组织和激励方式,使大企业保证了小企业的灵活创新能力、各个产品间的协调、总部的重大创新战略,又保证了大企业的创新优势。

(二)企业技术创新管理模式变化的原因

经济全球化的趋势给区域经济带来了深刻的变化,给企业管理也带来了革命性的变化,企业技术创新也与传统时期不同。经济全球化、网络化不仅导致了区域内和区域间的企业分工与合作成为正常,也使产学研合作日渐被大家接受。特别是企业之间的技术合作(或 R&D 合作)已成为诸多企业倡导,企业的完全自立和封闭在经济开放的今天已过时,当前技术发展的特征已使合作创新成为一种必然趋势。

所谓合作创新,是指企业间或企业、研究机构、高等院校之间的联合创新行为

合作。创新一般集中在新兴技术和高新技术产业，以合作进行 R&D 为主要形式。

1. 当前技术发展特征

①创新的不确定性。对新技术的研究探索是一项充满风险和不确定性的活动。这种不确定性常常使企业对创新时间、新技术特性和创新的经济效果的预测变得难以把握，有时甚至毫无意义。在纷繁复杂的外部环境作用下，企业的创新活动常常无法用新古典的最优化理论解释。

②技术溢出。技术知识由于其公共产品属性，很难被创新企业单独占有，因此技术创新存在溢出效应。技术的非完全独占性使企业意识到他无法得到创新带来的全部收益，这通常会挫伤企业创新的积极性。在主流经济学理论中，企业被看作是相同的。新技术的公共产品假设使我们很容易得出结论，企业将通过知识产权保护以隐藏他们的技术诀窍。创新理论并不完全否认这一事实，但它同时强调，当不同的企业进行互补性的创新活动时，技术溢出有助于产生新的创意。因此，尽管企业有动机对其技术诀窍实行保密，但很多情况下共享技术的合作创新战略也是合理的选择。创新的产业实践表明，很多时候企业非但没有对自己的技术诀窍进行保密，反而将专有知识和技术提供给其他企业，这种企业间的技术学习活动改变了以往的技术发展特性，随着技术复杂性的提高，封闭式的技术创新模式愈发显得难以生存。

2. 合作创新的原因

我们可以运用不同的理论对合作创新的原因进行解释，这些理论观点大致可归纳为三大类：即企业资源和能力理论、交易成本理论和产业组织理论。

①企业资源和能力理论。根据资源和能力的观点，企业长期竞争优势的源泉在于企业的核心能力，而核心能力蕴含在组织内部和人力资源的经验性知识中间，内部资源成为企业取得竞争优势的必要条件。而不同的自然环境、地理环境，各国经济结构的差异性，使得企业对外部资源的需求及对伙伴资源的依赖性也日益加强。合作创新为企业的技术学习、知识和能力的创造提供了一条有效的途径，在异质性资源基础上合作产生新的核心能力是企业参与合作创新的一个主要动机。合作创新能够实现双赢的效果，合作双方资源和能力的组合不仅适应了技术发展的要求，提高了创新效率，而且合作还具有协同优势，不同知识领域的结合常常能够产生全新的技术。

②交易成本理论。交易成本经济学将合作关系作为一种介于市场交易和层

级组织之间的经济形式。市场交易有较强的灵活性和资源优化配置能力,但是在面临信息不对称和不确定性时,交易成本较高。

③产业组织理论。产业组织理论这样来解释合作创新的原因:由于技术存在溢出效应,而专利制度只能起到部分的保护作用,因此企业无法独占研究开发产生的技术成果,这通常会挫伤企业技术创新的积极性,导致企业在研究开发上的投资少于社会最优投资。因此,社会应对技术创新活动提供补贴并加强专利保护。但是,对研发活动进行补助将干预市场机制的作用,专利制度有时并不十分可行。

3. 合作创新动机

随着合作创新研究的逐渐深入,许多学者在文献中提到了企业参与合作创新的动机,一般地讲,企业合作创新的动机主要有以下几个方面:

①分担研究开发成本、分散风险。

②获得研究与开发的规模优势。

③促进企业间知识的流动,获得企业范围以外的技术专长。

④企业合作伙伴间的资源共享和能力互补。

⑤快速获得新技术或市场。进一步的研究发现,企业参与合作创新的动机可以归纳为三个方面:与研究开发有关的合作动机,与技术学习和技术获取有关的合作动机,以及与市场进入有关的合作动机。

第二节　企业制度方面的创新

所谓制度创新指的是引入新的管理制度,小的如企业的运行机制和组织形态,大的如国家的经济体制,制度创新从本质上看也可以归结成管理问题。我们知道,我国的改革活动已发展到产权革命阶段,把有关产权的新制度安排引进企业经济中,突破原有的固定所有权在时间和理论上的局限,了解产权是权力,是从出资者的所有权所演变出来的各种行为权力的集合;泛指人们排他性地拥有的所有使他人或者自己都能够受到利益的权利,而不是仅仅局限于生产资源;另外,产权是可以进行分割的,各种权利也可相互分离,并且,也可以将同一财产所具有的产权划分成若干份。只有这样,产权交易和流动才能够真正发挥市场资源配置的作用,促进经济走上繁荣发展道路。

一、企业制度创新的概述

(一)什么是制度创新

企业制度创新的核心问题就是变更和安排企业的产权结构,以便消除和减少市场运行机制的社会费用,改善资源配置的效率。

对制度创新的含义比较准确的理解是创新理论与企业制度的有机结合,它是创新理论在企业制度范畴内发展、应用的体现。具体地说,所谓制度创新,就是要改变原有企业制度,塑造适应社会生产力发展的市场经济体制和现代化要求的新的微观基础,建立起产权清晰、权责明确、政企分开、管理科学的现代企业制度。制度创新意味着对原有企业制度的否定,而不是在原有制度上的修补,制度创新必然经历一个破旧的过程。

但为什么说企业是创新的主体呢?首先从微观角度看,企业是创新活动的决策主体、风险承担主体和利益享受主体;从中观层次看,从创新活动的开始到实现最终绩效的多环节复杂系统中,企业是创新成果与市场营销的结合点;从宏观创新体系看,企业的创新活动影响着整个社会经济活动,是国民经济快速发展的中坚力量。

(二)企业为什么要进行制度创新

1. 有效的制度重于资源禀赋

制度管理落后,不仅导致大量资源处于闲置、浪费状态,或人不能尽其才、物不能尽其用、地不能尽其利,使资源效率低下。一些庞大的制度机构,不仅维持成本高,而且因制度的无序而造成浪费。因而,企业应通过自身的创新,建立高效的企业制度,通过制度的高效进而带动企业效益增长的高质量。

正因为制度约束了企业的发展,因而创新成为企业起飞的前提。企业面临着多元的产业结构、企业文化,现代管理制度的建立,且"非经济因素"对企业的效益影响甚大,那么,要实现企业效益的飞跃,就必须有一些前提条件尤其要对不合理的制度进行变革,建立产权清晰、权责明确、政企分开、管理科学的现代企业制度,把国企改革引导到制度创新的轨道上来。

低效率的制度安排使资源的边际生产力非常低,甚至接近于零,因此,资源的开发不仅未使效益攀升,而且因为开发的低效率与掠夺性,导致了不好的社会影响。因此,只有良好的制度才能使各种资源发挥其作用,只有人人都动,并且有严格的制度能保证劳动者所有,减少收入分配的数量与规模,这样,才能调动劳动者的积极性。

因此,制度创新是生产要素合理流动和优化组合的需要。

2. 成本与收益分析

当制度的非均衡出现后,制度就可能被创新,产权会得到修,正因为它表现为个人或团体渴望承担这类变迁的成本,他们希望得到一些旧有的制度安排下不可能得到的利润收益,这从人性的假设中(不论是 X 理论还是 Y 理论)也能得到的结果。

3. 创新是根治投资膨胀,防止国有资产严重流失的需要

在市场经济中,任何投资者必须在投资前对投资成本、收益和前景进行核算和预测,只有当预期收益至少高于银行利息时,投资者才愿意进行投资。而在国有企业中,投资者(中央部门、地方、企业)都没有实实在在的资产权利。因而不存在以自身财产损失来弥补资产失败的机制。因此,地方、企业在投资中往往只注重局部效益,在没有风险机制、约束机制情况下,且由于无主产权使我国数千亿国有资产不知去向,目前还以数百亿的规模在继续流失,形成了国有资产的一个巨大黑洞。

(三)企业制度创新的目标模式

①产权关系"层次化"第一层,出资者所有权;第二层,法人财产权(即拥有出资者投资形成的全部法人财产权);第三层,企业经理阶层,拥有企业的经营权,这样就形成一个比较明晰的多层的产权关系体系。

②企业财产"法人化",出资者责任"有限化",企业运行"市场化"。

③完善的人力资本考核制度、激励制度、监控制度以及人员培训与人才储备制度。"以事就人"以人为主,人使其所,人尽其才,使企业的制度创新配合个人能力的发展,企业的目标与个人有机地统一,人力资本决定企业的前途。

④建立企业和职工双向选择的劳动用工制度,真正打破企业内部干部与工人的身份界限,实行全员劳动合同制。按照效率优先、兼顾公平的原则创新企业制度,建立多种分配形式,按高效、精干、统一的原则设置企业内部人员结构。

⑤企业经营者市场的建立与完善。构建企业家职业化工程,造就一支高素质的企业家队伍。形成对经营者的有效激励和约束机制,保证经营者尽可能按委托人的利益和意愿行事。企业家的本质是创新,职业企业家阶层的形成和企业经营

者市场的不断完善与发展,才能保证企业制度创新的顺利进行。

二、企业产权制度创新

产权制度创新是企业制度创新的核心问题,也是市场经济运行的基础。有什么样的产权制度就有什么样的组织框架和约束条件,产权制度的变动必然引起基本组织构架和约束条件的变动,因此,企业制度创新的核心问题就是变更和安排企业的产权结构,以便消除和减少市场运行机制的社会费用,改善资源配置的效率。

(一)产权制度的含义

产权制度是以产权为依托,对财产关系进行合理有效的组合、调节的制度安排,是社会生产力和生产关系发展到一定阶段的结果。

当社会资源的稀缺程度达到了必须有社会的强制力量来组织和规范其财产关系的时候,产权制度便有了产生的经济根源。从产权归属的对象看,产权制度可分为共有产权和私有产权;从产权界定的角度看,产权所界定的财产所有权分为终极所有和法人所有。

历史上曾经经历了和出现过五种产权制度:

①小生产者的产权制度。

②以资本经营为特征的企业产权制度。

③劳动合作制企业制度。

④社会主义计划经济体制下形成的企业制度和产权制度。

⑤法人制度。

法人制度是市场经济发展的产物。法人产权制度以法人企业制度的形成为前提,以股份有限公司为其典型形式,法人产权制度的典型特征是产生了原始产权(表现为投资人股权)与法人产权的双重产权结构,从而引起了企业制度的根本变化。

(二)产权制度对物的协调功能和增进配置效益功能

社会正是借助这种实际占有关系的制度化,一方面实现所有权,另一方面维护经营权这种占有关系的复杂性、多样性,乃是现代市场经济的固有特征。这一特征要求人们对资产的实际占有权主体进行定位以及对占有权限进行界定以约束和规范各种财产占有人的行为;正是由于产权制度的建立,使各种占有主体的权、责、利规定得更加明确、划分得更清楚,使千差万别的经济活动得以顺利地进行,进而保证现代市场经济的正常运行。

生产要素的合理流动离不开产权界定、产权流动(即产权转让),因为资源的转移实际上是资产营运权的转让,而产权界定又是产权转让的前提。因此,建立合理的产权制度,是资源得以合理利用和优化配置的重要条件。提高资源利用效率乃至提高整个社会经济效益必须进行生产要素的合理流动,使资源在动态中优化配置。

(三)产权制度创新的原则

产权制度创新并不是国有资产变为私有资产,而是将一元的国有产权制度变为多元,使其资产经营步入高效率的轨道。

①产权必须有商品性。这是因为在市场经济条件下,一切生产要素都是商品,产权也不例外。产权作为商品只有在交换中才能实现其价值,并且必须是等价交换。只有这样才能处理不同所有制之间以及全民所有制内部企业间的利益关系,使产权转让遵循等价规律。

②企业必须是市场的主体,企业必须有独立性,每个企业都应有经营自主权和一定收益权,通过市场来决策问题,政府不应干涉。

③企业必须拥有投资决策权并承担风险,承担风险同时是以产权界定为条件的。因为市场经济是一种竞争经济、利益驱动经济。

④企业产权制度必须法律化,因为市场经济是法治经济。只有法律化,才有可能避免权力间的相互侵犯和权力过分集中,从而提高经济运行效率。

⑤企业产权制度必须适应国内外市场的发展、竞争、演变的需要,加强横向、纵向、混合联合,形成规模效益。当今世界各国的企业产权制度,向着明晰化、法律化、股份化、证券化等方向发展,在产权制度的创建过程中我们也必须遵循国际惯例。应创建和完善国际产权市场,促使生产要素在国际范围优化组合,并借以增强国内企业在世界范围内的竞争力。

三、企业组织制度创新

(一)企业组织结构的基本类型

随着企业的产生和发展及领导体制的演变,企业组织结构形式也经历了一个发展变化的过程。迄今,企业组织结构主要的形式有:直线制、职能制、直线——职能制、事业部制、模拟分权制、矩阵结构等。

1. 直线制

直线制是一种最早也是最简单的组织形式。它的特点是企业各级行政单位从上到下实行垂直领导,下属部门只接受一个上级的指令,各级主管负责人对所属单位的一切问题负责。厂部不另设职能机构(可设职能人员协助主管人工作),一切管理职能基本上都由行政主管自己执行。

直线制组织结构的优点是:结构比较简单,责任分明,命令统一。缺点是:它要求行政负责人通晓多种知识和技能,亲自处理各种业务。这在业务比较复杂、企业规模比较大的情况下,把所有管理职能都集中到最高主管一人身上,显然是难以胜任的。因此,直线制只适用于规模较小,生产技术比较简单的企业,对生产技术和经营管理比较复杂的企业并不适宜。

2. 职能制

职能制组织结构,是各级行政单位除主管负责人外,还相应地设立一些职能机构。如在厂长下面设立职能机构和人员,协助厂长从事职能管理工作。这种结构要求行政主管把相应的管理职责和权力交给相关的职能机构,各职能机构就有权在自己业务范围内向下级行政单位发号施令。因此,下级行政负责人除了接受上级行政主管人指挥外,还必须接受上级各职能机构的领导。

职能制的优点是能适应现代化工业企业生产技术比较复杂,管理工作比较精细的特点;能充分发挥职能机构的专业管理作用,减轻直线领导人员的工作负担但缺点也很明显:它妨碍了必要的集中领导和统一指挥,形成了多头领导;不利于建立和健全各级行政负责人和职能科室的责任制,在中间管理层往往会出现有功大家抢,有过大家推的现象;另外,在上级行政领导和职能机构的指导和命令发生矛盾时,下级就无所适从,影响工作的正常进行,容易造成纪律松弛,生产管理秩序混乱。由于这种组织结构形式的明显的缺陷,现代企业一般都不采用职能制。

3. 直线——职能制

直线——职能制,也叫生产区域制,或直线参谋制,它是在直线制和职能制的基础上,取长补短,吸取这两种形式的优点而建立起来的。目前,我们绝大多数企业都采用这种组织结构形式。这种组织结构形式是把企业管理机构和人员分为两类,一类是直线领导机构和人员,按命令统一原则对各级组织行使指挥权;另一类是职能机构和人员,按专业化原则,从事组织的各项职能管理工作。直线领导机构和人员在自己的职责范围内有一定的决定权和对所属下级的指挥权,并对自己部门的工作负全部责任。而职能机构和人员,则是直线指挥人员的参谋,不能对直接部门发号施令,只能进行业务指导。

直线——职能制的优点是:既保证了企业管理体系的集中统一,又可以在各级行政负责人的领导下,充分发挥各专业管理机构的作用。其缺点是:职能部门之间的协作和配合性较差,职能部门的许多工作要直接向上层领导报告请示才能处理,这一方面加重了上层领导的工作负担;另一方面也造成办事效率低。为了克服这些缺点,可以设立各种综合委员会,或建立各种会议制度,以协调各方面的工作,起到沟通作用,帮助高层领导出谋划策。

上述三种结构统称为 U 型结构(United structure)。

4. 事业部制

事业部制是一种高度(层)集权下的分权管理体制。它适用于规模庞大,品种繁多,技术复杂的大型企业,是国外较大的联合公司所采用的一种组织形式,近几年我国一些大型企业集团或公司也引进了这种组织结构形式。

事业部制是分级管理、分级核算、自负盈亏的一种形式,即一个公司按地区或按产品类别分成若干个事业部,从产品的设计,原料采购,成本核算,产品制造,一直到产品销售,均由事业部及所属工厂负责,实行单独核算,独立经营,公司总部只保留人事决策,预算控制和监督大权,并通过利润等指标对事业部进行控制。也有的事业部只负责指挥和组织生产,不负责采购和销售,实行生产和供销分离,但这种事业部正在被产品事业部所取代,还有的事业部则按区域来划分。

5. 模拟分权制

这是一种介于直线职能制和事业部制之间的结构形式。有许多大型企业,如连续生产的钢铁、化工企业由于产品品种或生产工艺过程所限,难以分解成几个独立的事业部。又由于企业的规模庞大,以致高层管理者感到采用其他组织形态都不容易管理,这时就出现了模拟分权组织结构形式。所谓模拟,就是要模拟事业部制的独立经营,单独核算,而不是真正的事业部,实际上是一个个"生产单位"。这些生产单位有自己的职能机构,享有尽可能大的自主权,负有"模拟性"的盈亏责任,目的是要调动他们的生产经营积极性,达到改善企业生产经营管理的目的。需要指出的是,各生产单位由于生产上的连续性,很难将它们截然分开,就以连续生产的石油化工为例,甲单位生产出来的"产品"直接就成为乙生产单位的原料,这当中无须停顿和中转。因此,它们之间的经济核算,只能依据企业内部的价格,而不是市场价格,也就是说这些生产单位没有自己独立的外部市场,这也是与事业部的差别所在。

模拟分权制的优点除了调动各生产单位的积极性外,就是解决企业规模过大不易管理的问题。高层管理人员将部分权力分给生产单位,减少了自己的行政事务,从而把精力集中到战略问题上来。其缺点是,不易为模拟的生产单位明确任务,造成考核上的困难;各生产单位领导人不易了解企业的全貌,在信息沟通和决策权力方面也存在着明显的缺陷。

6.矩阵制

在组织结构上,把既有按职能划分的垂直领导系统,又有按产品(项目)划分的横向领导关系的结构,称为矩阵组织结构。矩阵制组织是为了改进直线职能制横向联系差,缺乏弹性的缺点而形成的一种组织形式它的特点表现在围绕某项专门任务成立跨职能部门的专门机构上,例如组成一个专门的产品(项目)小组去从事新产品开发工作,在研究、设计、试验、制造各个不同阶段,由有关部门派人参加,力图做到条块结合,以协调有关部门的活动,保证任务的完成。这种组织结构形式是固定的,人员却是变动的,需要谁,谁就来,任务完成后就可以离开。项目小组和负责人也是临时组织和委任的。任务完成后就解散,有关人员回原单位工作。因此,这种组织结构非常适用于横向协作和攻关项目。矩阵结构的优点是:机动、灵活,可随项目的开发与结束进行组织或解散;由于这种结构是根据项目组织的,任务清楚,目的明确,各方面有专长的人都是有备而来。因此在新的工作小组里,能沟通、融合,能把自己的工作同整体工作联系在一起,为攻克难关,解决问题而献计献策,由于从各方面抽调来的人员有信任感、荣誉感,使他们增加了责任感,激发工作热情,促进了项目的实现;它还加强了不同部门之间的配合和信息交流,克服了直线职能结构中各部门互相脱节的现象矩阵结构的缺点是:项目负责人的责任大于权力,因为参加项目的人员都来自不同部门,隶属关系仍在原单位,只是为"会战"而来,所以项目负责人对他们管理困难,没有足够的激励手段与惩治手段,这种人员上的双重管理是矩阵结构的先天缺陷;由于项目组成人员来自各个职能部门,当任务完成以后,仍要回原单位,因而容易产生临时观念,对工作有一定影响。

矩阵结构适用于一些重大攻关项目。企业可用来完成涉及面广的、临时性的、复杂的重大工程项目或管理改革任务。特别适用于以开发与实验为主的单位,例如科学研究,尤其是应用性研究单位等。

(二)企业组织结构发展趋势

1. 企业组织结构变化趋势

(1)垂直等级制度

正逐渐失效历来认为直线式的等级制度最有效,命令可以畅行无阻的层层下达,这是工业时代典型的企业管理形式。不过,这种管理系统依赖的条件是:现场要有大量精确的反馈,决策的性质大致相同。如果决策者面临的问题是重复性的,种类又不多,经理人员就能够收集到与它们有关的大量信息,而且能从以往的成败中积累有用的经验。

如今,森严的垂直等级制度正逐渐失效,因为它所依靠的两大根本条件已难以为继了。摆在决策者面前的问题,种类日渐繁多,除了复杂的技术、经济决策外,政治、文化、社会责任也压得他们不胜其苦,而现场的反馈却越来越少。就绝对数量而言,领导部门从来没有掌握过这么多来自下层的信息,其数量之大,绝非一个经理能够吸收和处理。可是,与当前问题的规模和多样性相比,与越来越快的节奏相比,反馈又少得可怜。

(2)企业组织结构模式特征的转变

总的看来,当前企业组织结构变革呈现出非层级制趋势,它要求减少甚至消除"高耸型"层级制组织中常用的直接监控方式,而主张采用自我管理、文化价值观等形式的组织手段。并体现出以下几个特征:

①由纵向结构向横向结构转变。传统组织结构均是按照工作的相似性来进行职能分工和部门化,纵向层级链较长,从而管理和信息成本较高,降低了组织灵活性。而现在,通信技术的快速发展和员工素质的不断提高,使得大量复杂的信息能被迅捷传输和及时处理,从而可以大大压缩组织纵向层次、扩大管理幅度等,致使整个组织结构扁平化,组织的适应能力和战斗力也大为增强。

②组织状态由刚性向柔性转变。所谓"刚性组织"是相对"柔性组织"而言的,传统的"刚性组织"以规章制度为中心,坚持正式的职权层级和统一指挥的原则,作业行为简单化、常规化和标准化。而这在产品开发周期不断缩短、市场需求瞬息万变的今天颇显迟钝,因而,组织结构需柔性化,以充分利用其所掌握的资源,增强其对环境不确定性变化的应变能力。这主要表现为集权与分权、稳定与变革的统一,并常采用微型组织结构、核心开发计划、策略联盟等形式增进组织的柔性。

③组织边界由清晰向模糊化转变。即组织结构的无边界化倾向,这主要是因

为在新环境中经营的企业,仅凭其单个力量难以实现充分利用市场机会和资源的目的。它主要包括组织本身打破内部各种不必要的部门分割,再造企业流程,强化组织内部的沟通和协调能力;消除企业、客户和供应商之间的外部障碍,要求组织与外部利益相关者加强信息交流和共享,必要时还可与它们(包括竞争者)建立策略联盟,共同应对市场变化,这样一来,组织边界就变得有点模糊了。

④由组织的非人格化向人性化转变。传统的组织设计强调"因岗择人"和组织的刚性,很少考虑到人的因素。这在智力资本成为构筑企业核心竞争能力主导来源的今天,已不合时宜。因此现代企业需注入人格化的因素,如推行弹性工作制、工作轮换、职务丰富化、网络办公等制度,让员工能充分感受到组织浓厚的人文氛围,为广大员工提供一个"人尽其才"的机制和环境。

⑤由强调组织的"硬件"能力向强调组织的"软件"能力转变。以前,组织追求的是诸如土地、机器设备、资本等"硬件"要素。而在知识经济时代,企业的战略资源是知识资源,企业的竞争优势主要来自对知识资本的有效开发和管理。这时,"组织"这个有机体应更多地强化其"自组织"和创新等"软件"能力,不断提高组织的学习能力。

2. 企业组织结构模式的类型及演变趋势

面对新经济环境下出现的多角度、多形式、全方位的挑战,企业唯有变革原有的组织结构模式,才能立于不败之地。具体而言,主要表现为:

(1)网络型组织结构模式

所谓网络型组织是指企业间的一种联盟方式,它把若干个具有某种经济联系的、相互分散且具有独立法人资格的企业通过资源、品牌、信息、服务等要素连接而形成一种实体或虚拟企业组织形式。它是一种超越了传统组织边界和空间障碍的"功能群体"。根据组织对其所属资产的控制力和影响力大小,可把网络组织结构分为外部网络组织和内部网络组织。

①外部网络组织。是基于传统组织边界外的一种企业与企业之间的组合形式,企业相互之间的控制力和影响力比较弱,其主要实现形式是企业战略联盟。企业联盟是一种介于传统的合约关系和紧密的股权关系之间,关系较为松散的组织形态。那么企业间为什么不选择一体化整合战略或直接在市场价格机制下进行交易呢?其中最重要的原因是现代技术进步和社会进步产生需求多样化、个性化的张力,同时要求企业提高生产多样化、定制化产品的能力。而且现在的企业愈来愈追求把规模经济、范围经济和速度经济融为一体。这使得企业在整合和改

进内部能力的同时,还需要企业与外部企业之间建立比市场交换更加紧密、比管理协调相对弱些的战略联盟。

更为重要的是,企业可通过战略联盟来获得使用他方优势资源的机会,能够实现强强联合和弥补公司的"战略缺口"。因此那些专业化程度较高的企业,特别是那些跨国公司都寻求通过合约或非合约关系,共享市场利益,实现优势互补。

②内部网络组织。实质上是传统职能型企业结构的对外扩展,是指集团公司发展到一定规模或阶段后基于交易费用问题和组织适应性等原因而分化成若干个分公司(或一直分解下去),它一般以产品或地理区域为中心,各子公司都具有独立法人资格。由于母公司主要通过股权安排来形成对子公司的控制,因此相对外部网络组织而言,它拥有较强的控制关系。

为了适应新环境要求,从 20 世纪 90 年代开始,各跨国公司纷纷进行以分权化、扁平化、多元化为特征的组织结构调整,变革后的公司总部从传统的决策中心变为支持性和战略协调性机构,只保留一些诸如主要零部件采购、主要人事任免等职能,而把具体的生产经营决策甚至是技术研发等职权下放到各分公司。而且各公司还注重通过建立组织内的讨价还价机制和经理人激励机制等措施来实现公司内部的市场化,把母公司与分公司之间传统的"命令——执行关系"转化为"协商——交易关系",以强化它们的竞争意识和"企业家意识"。如通用电气公司的组织结构就是一种典型的内部网络结构模式,它取得了自由和控制之间的平衡,有效协调了公司规模和效率之间的矛盾,从而大大提高了这一巨型跨国公司的灵活性和适应能力。

总之,不管是以战略联盟为主的组织外部结构调整还是以分权化、扁平化、多元化为特征的组织内部结构重组,都表现为企业组织结构的一种网络化趋势。

(2)水平型组织

水平式组织主要采用团队工作形式,其特点是高度分权,极力打破部门与部门之间的界限,把决策权下放到团队成员手中,从而组织灵活性较强、组织效率和适应能力都较高。工作团队也有很多形式,而且不同的工作团队形式起着不同的作用。根据团队存在的目的,把企业的工作团队分为三种类型,即问题解决型团队、自我管理型团队、多功能型团队:

①问题解决型团队。是指其成员主要针对如何改进工作程序、工作方法、操作技能,互相交流意见并提出各种建议,但这种团队很少有权力对各种建议进行决策及采取行动,如质量管理团队;

②自我管理型团队。被授予较大的决策权和自主权,并有权调度完成任务所

需的资源;

③多功能型团队。是为完成某项技术性和复杂性很高的任务而组织的,它由来自同一等级、不同工作领域、不同部门的专业人员组成,任务一完成即自行解散。

(3)虚拟型组织

所谓虚拟组织是指"运用技术手段把人员、资产、创意动态地联系在一起。"换言之,它是指由多个独立的企业法人实体,为迅速向市场提供产品和服务、在一定时间内、通过电子契约结成的动态联盟。它本身不具有法人资格,也没有固定的组织层次和内部命令系统,是一种开放型组织。

虚拟组织中各专业合作成员是经纪人组织通过竞争招标或其他方式精选出来并结合在一起,迅速形成各专业领域中的独特优势,实现对外部资源的整合利用,从而以强大的结构成本优势和机动性完成单个企业难以承担的市场功能,如产品开发、销售等。而且各加盟成员共同分担成本费用,共享活动成果,项目目标一旦完成,虚拟组织就宣告解散;当有了新的目标,"战略经纪人"又组织新的合作者,组成新的虚拟组织。显然,这不同于传统企业内部的一体化扩张,它是通过与其他企业合作或联盟来扩大组织的经营规模与范围,拓展组织的边界。从某种意义上说,虚拟组织结构是一种无边界的、动态的网络结构,是网络型组织结构的一种极端形式。

(4)学习型组织

一般来说,首先,要建立一个适合于组织学习的结构模式,力争消除结构制度方面的"组织的学习智障";接着,就是要重塑企业文化,营造组织的学习氛围,培育组织的学习习惯,让学习融入员工的日常行为;最后,企业应加强与外部组织的交流和沟通,组建知识联盟,积极汲取外界知识。总之,学习型组织的构建不能脱离组织结构、管理模式、组织文化而孤立存在。

(5)自适应型组织

所谓自适应型组织是指那些能根据环境变化而有能力从根本上改变自我的组织,也称之为自我设计型组织。它如同一种生命体,当遇到险境或受到某些伤害时,能够通过自我调整和自我修补来适应新的环境或再生出新的机体组织以继续生存下去。而这种自适应能力的获得正是组织不断学习的结果,因此也可以说自适应型组织就是学习型组织的拓展和应用,它促进了学习型组织的发展。

3.企业组织发展方向

近代企业组织有一个明显的变化趋势,即从常规企业向集团型和微型方向发展。究其原因,主要是市场竞争的结果。企业为了分散和减少风险,不得不联合起来,或干脆"以小卖小",以充分发挥大企业和小企业的经营优势。

(1)大企业的优势

①可以获得规模经济效益。

②可以充分发挥专业化管理的作用。

③可以实行多角化经营,将业务扩展到市场经济生活的各个领域,以增强实力,分散风险。

大型企业扩展的方向可以从三个方面考虑:

①横向扩展。其策略要点在于收购或兼并同类企业,其目的在于消除同行的竞争,提高自己的产品在市场上的占有率,以达到对市场的较好控制。此外,更可以集中资源,做更有效的运用。

②纵向扩展。其策略要点在于收购或兼并与业务有关的原料供应企业,或自己产品的分销企业。其目的在于确保原料充足和价格合理,有利于市场拓销,可以稳定企业业务,有利于进行计划与协调工作。

③多元化扩展。这种扩展策略,其主要收购对象是与本身业务或行业毫无关联的企业,其目的在于将投资风险分散,将季节性波动的企业业务稳定下来,使企业的资源获得更佳的利用。

(2)小企业的优势

从现代微型企业的经营内容来看,小企业的发展有以下几种类型:

①科研型。即用自己的资金和设备进行产品研究和开发,并进行新产品经营。故也叫研究开发型小企业。一般说来,这类企业规模小,经营者既是股东,又是研究人员,年纪较轻,他们有专门的知识和技术,从事某一领域或某一方面的研究开发,目标明确,全力以赴,这种科技型企业经营者有旺盛的企业家精神,为达到自己的目的敢于冒险,这类企业往往发展速度很快,它们是新技术革命的开拓者。

②智力型。即指那些从事智力劳动,把为别人提供知识产品和知识服务作为主要经营内容的小企业。这类企业主要特点是人员少,智力高,资金少,产品中知识高度密集。

③物质产品型。即指那些以生产和经营某些零部件为主的微型企业这类企业在现代微型企业中所占比重较大,它们拥有固定生产场所和专用设备,专业化程度非常高,其产品主要是为集团型大企业服务,因而它们对大企业有很大的依附性,但工艺先进,经营灵活,特点是产品更新速度快,对市场有很好的适应力。

④服务型。即指那些为物质生产部门和人们的物质、文化生活提供专门的劳务和产品,进行定向服务,满足某一方面特定要求的微型企业。现代社会对服务的要求越来越多样化,需要千千万万个企业提供多种多样的劳务和产品。这种服务型小企业集中在第三产业,它们是整个小型企业群体中的主要组成部分,经营范围非常广阔,企业形式也是形形色色,五花八门,为社会提供了非常广泛的就业机会。

⑤个体型。如果称之为企业,即是最小的微型企业。它们利用各种可以利用的时间和机会,以单个或几个人的形式,进行个体劳动,劳动场所可能就是自己的家这类企业的业主主要是一些大学生、工程师、教师还有退休人员,它们主要从事一些咨询、中介,从事计算机的软件开发和新产品研究等以脑力劳动为主的活动。

第三节　企业管理机制的创新

随着经济形势的发展变化,社会组织和经济组织都应该进行创新。在从前的管理理论当中普遍把企业看作是生产函数,视组织创新为技术创新。事实上,这只是说明技术创新对组织活动所做的要求,并不是组织创新自身。我们可以通过组织本身来看组织创新,它是指组织交易的工段、程序或者方式的变化。大致上,我们可以将这些变化归结为两种:①从根本上改变规则结构的彻底创新;②不改变其原有规则结构性质的前提下进行的组织度量式创新。

一、企业管理创新是实施创新驱动发展战略的关键

"科技创新是创新驱动发展战略的核心,企业管理创新是创新驱动发展战略的关键。"改革开放以来,我国经济快速发展主要源于发挥了劳动力和资源环境的低成本优势。进入发展新阶段,我国在国际上的低成本优势逐渐消失。与低成本优势相比,技术创新具有不易模仿、附加值高等突出特点,由此建立的创新优势持续时间长、竞争力强。但是企业管理创新是实现科技创新的前提,企业管理不率先能实施创新,将制约企业的科技创新,将阻碍着全国的创新驱动发展战略的实施。

目前,我国正处于经济转型的关键时期。企业管理是否能实现真正意义上的创新,将决定着科技创新转型升级这一重大举措的成败。

二、企业管理创新的主要内容

现代企业管理创新是指创造一种新型的、有更高效率的资源整合的模式,它既可以是有效整合资源以达到组织目标的全过程管理,也可以是某个具体方面的细节管理

(一)管理思想创新

管理思想创新,是指从独特视野、另类角度出发,系统的阐述管理活动的新观点、新见解。

(二)制度创新

坚持以实践基础上的理论创新推动制度创新,构建系统完备、科学规范、运行有效的制度体系,是当前经济工作重要任务。制度创新是从社会经济角度来分析企业系统中各成员间的正式关系的调整和变革。制度是组织运行方式的原则规定,企业制度主要包括产权制度、经营制度和管理制度等三个方面的内容。产权制度、经营制度、管理制度这三者之间的关系是错综复杂,实践中相邻的两种制度之间的划分很难界定。

一般来说,一定的产权制度决定了相应的经营制度。但是,在产权制度不变的情况下,企业具体的经营方式可以不断进行调整;同样,在经营制度不变时,具体的管理规则和方法也可以不断改进。而管理制度的改进当发展到一定程度,则会要求经营制度作相应的调整;经营制度的不断调整,则必然会引起产权制度的革命,因此,反过来,管理制度的变化会反作用于经营制度;经营制度的变化会反作用于产权制度。

制度创新的方向是不断调整和优化企业所有者、经营者、劳动者三者之间的关系,使各个方面的权力和利益得到充分的体现,使组织的各种成员的作用得到充分的发挥。

(三)智能创新

职能创新就是在计划、组织、控制、协调等管理职能方面采用新的更有效的方法和手段。计划的创新、控制方式的创新、用人方面的创新、激励方式的创新、协调方式的创新是职能创新的几个方面。

(四)结构创新

结构创新是指设计和应用新的更有效率的组织结构。结构创新按其影响系统的范围可分为技术结构的创新和经济与社会结构的创新两类。技术结构创新是调整人们的分工、协作方式以获得更高的效率;经济与社会结构的创新是调整人们的责、权关系,以提高组织效能。

(五)环境创新

环境是企业经营的土壤,同时也制约着企业的经营。就企业来说,环境创新的主要内容是市场创新。市场创新主要是指通过企业的活动去引导消费,创造需求。

从企业管理创新的内容可以发现,企业管理创新决策对于企业的生存和发展越来越重要,其重要性越来越接近企业的战略创新。

三、企业管理创新的措施

针对我国的经济现状,尤其我国正处于经济转型的关键时期,企业为了寻求更广泛的发展,需要健全管理机制,完善现有的管理措施,从实际出发,优化管理理念,进而促进企业的可持续发展以下将对转型升级期间企业进行管理创新的措施进行系统的分析。

(一)建立高效的企业管理体系

规范企业产权制度、治理结构和管理制度,引导中小企业树立现代企业经营管理理念,加强基础管理,强化精益管理、现场管理,推动企业建立现代企业制度。面对现有的经济发展形势要求,企业要想在激烈的竞争市场中有一席之地,必须抓住转型升级期的机会,根据当前市场发展前景,确定完善的管理体系。通过管理创新,要求企业内部必须健全各项管理制度,将各种生产要素有机结合在一起,进而形成企业的核心竞争力。在转型阶段需要有战略目标,改变原有的管理思想,不断吸收先进的管理理念,将管理理念纳入企业经营战略管理中,尽量消除企业管理创新的障碍,此外企业管理者要以创新管理制度为突破口,从经营管理、人事管理、组织管理等多方面进行创新。同时要建立自下而上的监督管理体系,从各个部门、环节等多方面相互监督、相互制约、进而形成一个健全、合理的管理制度体系。创新驱动,人才是根本。加强人才引进和培育,组织实施中小企业经营管理领军人才培训,激发企业家精神,提高企业科学化管理水平。[①]

(二)加强技术及产品创新

增强科技进步对经济增长的贡献度,形成新的增长动力源泉,推动经济持续健康发展。

建立科技创新的协同机制,以解决科技资源配置过度行政化、封闭低效、研发和成果转化效率不高等问题。

要想提升企业发展的整体竞争力,首先必须从知识、技能、技术等方面入手,在培育企业核心竞争力的同时,加强技术及产品创新,积极借鉴其他优秀企业的管理经验及先进技术,保证信息的畅通性,在沟通交流的同时,不断提升自身研究能力。拥有一定的技术创新能力时,需要不断提升自身市场竞争力,建立和完善企业技术创新体系,尽力建立属于自己的技术研发中心,培养创新人才和创新团队的科技人才队伍建设,增加技术研发力量,加快研究具有知识产权的技术和产品。其次积极探索新技术创新模式,让其他科研机构及大学科研力量加入企业自主研究中,实现技术上的突破,促进科研成果向现实生产力转化。最后要建立有效的技术及产品创新机制,深化企业人事制度和分配制度改革,真正实现技术、资本等生产要素相统一,创造能吸引人才的企业氛围,进而提升企业的整体发展能力。

(三)建立信息沟通平台

为了促进本企业的长远发展,需要建立信息沟通平台,在市场竞争激烈的背景下,需要实施国际化战略发展目标。在现有的市场经济发展背景下,如果企业坚持原有的发展原则,会导致失去很多发展机会。因此需要在网络的帮助下,建立信息沟通平台,尤其是大数据、云计算的应用,将人力资源管理、物流配送管理及资金管理纳入统一考虑范围内,保证信息的畅通性。推动开展中小企业管理咨询服务,探索建立中小企业管理咨询制度,帮助企业提升管理水平。在实践过程中需要建立多种渠道和方式,构建经济合理的运作方式,满足当前发展需要。

(四)提升企业整体素质

建立积极、健康、向上的企业文化是企业的重要工作之一。需要管理者从整体出发,了解员工的日常生活,不仅给予工作上的帮助,同时给予生活上的支持。

---

① 李纯青,张文明. 现代管理理论与方法创新论坛 2021[M]. 北京:中国经济出版社,2022.03.

尤其在转型阶段,给予适当的激励,可激发员工的工作积极性,增加员工的认同感,进而提升员工对企业的归属感。其次建立特色企业文化,根据转型原因及未来发展趋势,将企业文化融入企业管理中,更好地进行企业管理,提升企业的整体素质和发展能力。推动企业管理创新,引导中小企业参加全国企业管理现代化创新成果申报活动,加强管理创新实践和创新成果推广,提升企业管理能力。

知识被认为是和人力、资金等并列的资源,并将逐渐成为企业最重要的资源。企业需要更多地通过组织学习、知识管理和加强协作能力来应对知识经济的挑战。

(五)加快产业转型升级,应对形势发展变化

加快产业转型升级,这是经济发展新常态的倒逼。在当前"三期叠加"的大背景下,资源环境不堪重负,人口红利优势逐渐消失,过去那种拼资源、拼环境、拼投资的老路再也走不通了,除了积极探寻新的发展路径,别无他途。新旧转换间,发展动力从何而来?毫无疑问,只能从转型升级中来,从结构调整中来。唯有加快产业转型升级,走集约化、内涵式的发展道路,才能主动适应并引领新常态,充分释放发展内生动力,调动各种积极因素来对冲经济下行压力,实现有质量有效益的增长。

在较短的时间内,完成我国企业的转型升级,突破瓶颈,摆脱困境。要坚定不移地大力推进企业向依靠技术创新转变;大力推进企业向绿色发展转变;大力推进企业向服务型制造转变;大力推进企业向内外销兼顾转变;大力推进企业向知识密集型转变。

(六)创新机遇的预测

在激烈的市场竞争中,企业面临着许多环境条件随机变化的情况,由于条件的改变,企业将面临新的挑战与机会,企业的竞争地位会受到巨大的威胁。同时,也会给企业的创新带来机遇,为企业的发展带来商机。因此,企业把握创新机遇,预测成功率,对于制定创新企业的经营战略和部署是关键的环节。

创新机遇的预测需要企业有良好的运作组织,高层决策者要有极为敏锐的观察发现能力。这是因为:不论是引人注目的创新还是微不足道的改进,大多数创造性活动不仅事先未曾计划好,而且完全出乎企业的意料。企业要充分发挥信息沟通平台的作用,利用大数据、云计算的优势,可通过宏观经济数理统计模型预测企业发展中可能出现的风险和蕴藏的机遇。

第八章
多元视角下企业经济管理的创新

第一节　现代企业经济管理的创新

在市场经济体制下,尤其是随着我国社会主义市场经济体制的日益完善,企业依照创新特别是制度创新来赢得更大市场份额、获取更大市场竞争力的要求越来越迫切,所谓的经济管理,主要是指企业依托自己的长远规划和战略目标,采用系统理论发现企业管理中的不足,并提出有针对性的解决措施,以期能够提高企业的核心竞争力、增加企业的经营利润,并获得可持续发展能力。

一、企业进行经济管理创新的途径和方法

(一)以先进理念作为指导思想

探索新的历史形势下企业进行经济管理创新的途径和方法,必须要有先进的理念作为指导。只有在先进理念的指导下,才能够确保经济管理制度创新方向和原则的正确性,才能够保证企业的创新规划符合企业的根本发展战略,才能够保证企业制定出科学的、合理的管理策略和执行方法,具体而言,在企业进行经济管理创新中贯彻先进理念,必须要做好以下两点:第一,坚持上下结合的理念贯彻路径。企业的管理层和领导人需要自觉地掌握先进理念,作为企业发展的领头人,他们的经营理念是否先进将会直接决定企业的发展状况;同时,企业职工作为企业数量最多的集体,他们是执行先进理念的一线人员,他们的理念是否先进,将会直接影响企业各种管理制度、经营方针的执行效果。因此,贯彻和落实先进理念需要企业高层和企业基层共同努力,让企业的全体人员均能够以先进的理念创新经济管理,并高效执行各种相关政策。第二,要勇于破除旧理念。破除旧理念需要极大的勇气和卓越的见识。企业领导层在逐步纠正旧理念的过程中,需要循序

渐进,严禁急功近利;坚持步步为营,让企业组织在彻底消化一部分新理念的基础上来逐步推动新理念的完全落实,避免因为行动的过激和过急导致企业无所适从。

(二)实现经济制度的创新与完善

制度的完善与创新能够让经济管理的改革持久发挥作用,这是在探索企业经济管理创新过程中总结出的重要经验。企业经济管理的创新成果需要通过制度的建立来进行巩固。完善和创新相关制度,企业必须要学会通过建立约束性条款的方式来让企业自身和全体员工依照相关规定自觉运行,并密切企业和全体人员之间的联系。[1] 为了激发企业潜在的创新能力,需要构建起全面、有效的激励体系,让员工的各种有益创新行为能够得到奖励,形成示范效益,进而增强整个企业的创新氛围和创新活力。另外,与制度创新相匹配的组织建设和组织创新也应该同步进行,让组织成为制度得以落实的有力载体,推动企业的全面可持续发展。

(三)强化企业的内部控制管理

第一,加强对企业各部门的调控。企业的内部控制是经济管理中重要的组成部分,一些以财务为依靠的企业不能适应市场经济发展的要求,所以,相应地,需要对财务部门做出改变,使财务管理向着全面化的发展趋势发展下去;第二,完善企业监督体系。随着市场经济的发展,完善一定的财务内部监控工作,对于竞争激烈的市场经济体制有着不可估量的作用,建立以财会控制为核心,实行内控机制,提高财务等各部门的认真、负责的态度,避免各种不合规章制度的行为发生

(四)提高企业的信息化技术实力

信息化技术是实现经济全球化和经济一体化的基本保证,是当代社会化生产高速发展的首要条件之一。建设能有效降低成本和加快技术的革新,帮助企业转换经营机制以及推行现代企业制度,来增强企业产品的市场竞争力。当前企业信息化实现的标志之一就是对信息的快速反应能力,其是企业检验整个企业效率和其产业链在市场的竞争力的重要指标实现企业信息化,既是社会改革的需求,也是企业适应市场发展的需要。当而我国企业随着信息化技术的不断发展,企业内部的改革不断地深入,绝大部分企业管理方式正在向创新管理方面迈进。为在未来更加激烈的市场站稳脚步,企业必须变革管理方式,加强管理信息化创新方面

---

① 李莉,杨文胜.数据驱动的营销管理决策研究[M].北京:中国经济出版社,2022.01.

的建设是未来必然的选择和出路。

在新的历史形势下,企业的经济管理制度必须要与时俱进,不断适应变化的客观环境,满足企业新环境下的发展需求因此,创新企业经济管理制度,必须要高度契合企业的发展宗旨,有清晰明确的经营目标和管理措施,能够保证获取完成企业发展目标的各种必需资源。

二、企业经济管理创新应把握的重点环节

企业经济管理作为企业一项核心工作,其创新的价值对企业发展具有重要作用,因此要抓住重要的环节,以点带面促进企业经济管理质量的跃升。

(一)经济管理的观念创新是基础

经济管理必须要紧密结合市场的发展变化和企业现实的特点,而不能一味地沿袭传统的模式,因此首先要在观念上树立与时俱进的意识,一是管理层要树立创新是核心的意识,就是要求企业管理层要将创新作为企业管理的重点,将创新作为考评员工工作质量的重要依据,为其提供良好的外部环境,二是工作人员树立创新是职责的意识,就是要培养其创新的内在动力,使其随时改进管理模式、创新工作方法作为工作的重要职责,加以贯彻落实,是员工要树立创新是义务的意识,就是要积极鼓励普通员工,加入企业经济管理创新的活动中,集思广益,实现企业经济管理质量的提升。

(二)经济管理的技术创新是保障

要发挥当前科技进步的优势,将电脑、网络、自动化平台等先进的设备加入经济管理活动中。一是建立完善的管理数据库。企业经济管理涉及企业的方方面面,因此建立完善的数据库能够有效地提高管理的质量和效益,为管理人员提供精确的数据,促进管理质量。二是建立亲民的管理平台。要建立科学的互动平台,能够让员工有通畅的渠道反映问题、提出建议,为经济管理工作的改进提供支持,如建立企业论坛、聊天群等模式。

(三)经济管理的组织创新是关键

组织模式代表了一种对资源的配置方式,包括对人、财、物资源及其结构的稳定性安排。特别是在当前信息量大、市场变化剧烈的环境下,如何建立适应市场要求,满足企业发展需要的管理组织模式就成了企业经济管理创新的关键。因

此,一是建立精干的管理组织,就是要通过职能分工细化等方法,结合先进的科技手段建立精干的管理组织体系,摆脱传统的机构臃肿、人浮于事的问题。二是培养核心的团队精神,就是要通过企业文化的影响、管理结构的改变,提高企业管理人员的凝聚力、向心力,形成企业经济管理的合力,为创新的落实提供可靠保证。三是树立高效的组织形式,就是通过分工合作、责任追究等方法,促进企业管理模式的改变,建立高效、务实的管理特点。

(四)经济管理的人才培养是核心

一是加强现有人员的培养。对企业现有的经济管理人员可以通过在职培训、脱岗培训等方式,提升其素质,将创新的观念渗透其思想,促进管理质量提高。二是提高新进人员的素质。在对新进人员的招录方面,提高标准,改变传统的以学历为条件的方法,对其创新能力、综合素质进行考核。三是科学规划人员的发展。企业要为其经济管理人员的发展提供保障,在岗位设置、薪酬等方面给予保证。

三、企业经济管理创新的重要性

一个企业的精髓所在就是该企业的经济效益,这不但是判断某个企业运行是否良好的关键标准,而且是企业之间相互竞争的依据,而提高资金使用效率正是提高经济收益的前提条件。因此,加强企业经济管理提高资金使用效率在企业经营的过程中占据着核心地位,是每个现代企业不可忽视的一个重要问题。

随着经济全球化与一体化进程的不断加快,市场竞争日益激烈,在此时代背景下,企业要想在竞争中脱颖而出,必须不断更新设备设施,提高经济管理水平,不断创新,让企业的经济管理更好地服务于生产经营,认识到经济管理的创新对企业发展的重要性,但目前我国企业的经济管理过程中还存在不少问题。

随着现代企业的不断涌现,在企业管理方面的经验也在不断得到积累和丰富,对于企业所面临的种种问题也在各个企业精英的思考和探索中得到解决。当下,对于如何加强企业经济管理提高资金使用效率也正是众多企业亟待解决的一个重大问题。

(一)经济改革的要求

企业经济管理作为优化和整合企业资源的重要手段,从一定程度上来讲,可以将其看成是一种生产力的表现形式。当今市场经济处于高速发展的时期,科学技术的更新也日新月异,知识经济和互联网经济在当今社会中的作用也不断凸显,企业在新经济时代下,如果不加强对经济管理创新,就会落后于其他企业,不能适应时代发展和市场经济的发展,在竞争中也会处于不利地位。

(二)企业发展的需求

对于不同的企业而言,其经营的环境和管理体系上也是不同的,但是影响企业经营环境和管理体系的因素是基本相同的。首先,企业经营环境和管理体系都受到了全球经济化趋势日益加强的影响;其次,受到了以知识经济为主体的新经济发展形势的引线;最后,还受到了互联网技术发展的影响,在外部环境影响下,企业面临外部环境的逐渐开放,企业在国际市场中的竞争压力也越来越大。就当前来说,新经济环境和新经济形势对企业来说,既是挑战,也是一种机遇,企业要加强竞争实力,必然要创新经济管理,才能不断地发展和进步。

四、企业经济管理的职能

随着企业的各项制度的不断完善,组织结构的不断建立健全,作为企业管理核心内容之一的经济管理,其具体的管理和职能的内容也在发生着变化。就企业的经济管理职能的含义而言,其实就是企业的经济管理通过企业的再生产环节而体现出来的所具备的功能。具体一点说,经济管理的职能由两方面的内容决定,一方面,是指财务工作的本质的影响;另一方面,是指来自管理的理论和实践发展的影响。由于现代社会的经济利益体制及关系的逐渐丰富,企业给经济管理划定的范围逐渐扩大、同时,也给经济管理的职能赋予更多的可能和更大的权限。经济管理的主要职能体现在这样几个方面:首先,财务计划职能,主要体现在规划和安排未来某一个时间段的财务活动。其次,财务组织职能,主要体现在科学地对财务系统中相关的各种因素、各个部分等按照一定的顺序和关系进行合理的组织整理。再次,财务控制职能,这一职能的设立是十分有必要的,这是为了实现对财务工作中的失误和偏差的及时发现和改正。最后,财务协调职能,这是为了避免一些不必要的财务纠纷,从而利用各种合理的财务协调工段和途径等来维护企业良好的配合关系,以及舒适的财务环境。经济管理自从被企业管理独立划分出来并得到广泛使用以来,其职能得到了相当快速的发展。

五、现代企业经济管理中的创新策略

(一)企业经济管理理念创新

思想观念的转变、思想理念的创新都是企业经济管理理念创新的先导,要正确理解企业经济管理理念创新的概念,切实贯彻理念创新。纵览我国企业现状,陈旧的经济管理理念仍阻碍着我国企业经济管理的发展,大部分企业管理者思想观念落后,思想更新意识薄弱,竞争意识、危机意识不强。[①] 所以,企业要大力倡导理念创新,把理念创新视为经济管理创新的根基,日后的其他管理创新机制都要以理念创新为指导。企业经济管理理念创新不仅纠正了陈旧的、过时的思维模式,还通过独特的视角、思维方法、管理机制为企业经济管理创新提供指导,在企业里树立创新管理与科学管理的理念,真正做到创新管理,让企业的生产经营在理念创新的道路上越走越远。

(二)加强对企业经济管理理念的创新

企业要实现经济管理的创新,首先就要实现对企业经济管理理念的创新,只有企业掌握了现今的管理理念,才能更好地带领企业的员工实施创新活动企业高层领导对此也要引起重视,可以在企业内部营造种积极向上的创新环境,让企业所有员工在创新氛围的感染下积极地学习和创新,掌握必要的创新知识和创新能力。在当前市场经济环境发展的新形势下,企业在市场中的竞争压力也越来越大,因此,企业应该建立一种危机意识和制定战略管理机制,从市场环境出发,结合企业当前存在的实际问题,做到统筹全局。

(三)加强对企业经济管理制度的创新

企业要实现管理,离不开企业制度的支持,企业在经济管理创新中,也受到了企业管理制度的制约。因此,企业要实现经济管理的创新,就要加强对企业经济管理制度的创新。首先,应该坚持以人为本的人性化管理机制,为企业员工创造良好的发展条件,加强对人力资源管理的重视,完善人力资源管理制度,建立健全的监督机制和决策机制,并让企业所有员工,都积极参与进来,调动员工工作的积极性。

(四)加强对企业经济管理组织模式的创新

在企业经营发展的过程中,经济管理组织在其中也发挥着巨大的作用,实施

① 李莉,杨文胜.数据驱动的营销管理决策研究[M].北京:中国经济出版社,2022.01.

有效的经济管理组织可以提高企业经济管理效益。因此,企业要认识到企业经济管理组织模式的重要性,加强对经济管理组织模式的创新。首先,在管理组织的建设上,要实施柔性化的管理方式,促进管理组织的多样化;其次,要实现企业经济管理模式的扁平化,简化企业组织层次,提高企业经济管理效益;最后,要促进虚拟化管理机制的建立,借助先进的计算机技术对经济管理组织进行合理的规划,实现对经济管理信息的整合,从而建立起一种无形的经济管理机制,促进企业经济的发展。

随着经济全球化进程的加快和市场经济改革的完善,企业也面临着巨大的竞争压力。创新作为企业发展的基本动力,在当前经济发展的现代下,也是企业提高竞争实力的基本途径。企业要想在当下获得更好的发展,提高企业在市场中的竞争实力,就必须对经济管理引起重视,针对企业当前存在的问题,制定出有效的经济管理创新对策,不断提高企业经济管理水平。

第二节　新媒体时代下企业经济管理的创新策略

随着我国经济的高速发展,我国的中国特色社会主义也进入了新时代,经济的发展模式也转为高质量发展,同时也要优化经济的结构,在新时代也迫切需要改变我们的战略目标。所以我国的企业也要跟紧时代的步伐,在企业的经济管理的方式上也要谋求创新,不断改革,学习和成长。在新的时代寻求新的企业管理思想和管理制度。

一、新媒体时代对企业经济管理创新的影响

新媒体时代的快速发展,不仅带来了信息的自由沟通和信息全球化,还促进了经济的全球化的发展。新媒体时代的到来使得信息的传递更为快速、敏捷,更是突破了时间、地域的限制,打破了原有的故步自封模式,为企业的发展带来无限可能,给企业经济管理创新带来不可忽视的影响。

(一)优势

企业的发展应与时代的发展相结合,与时俱进。在新媒体时代的背景下信息

传播更迅速和方便,信息传递的范围也越来越广泛,为企业的经济发展带来更为广阔的空间,由于信息交流的速度越来越快,省略了许多信息传播的中心环节,实现信息的实时同步,也就提高了企业的工作效率。

企业内部之间的信息交流的畅通让企业各部门之间的联系更加紧密,增加了员工之间的交流,公司也可以与每位员工零距离沟通,听取员工意见,及时反馈,并且还能帮助企业员工对企业的各种动态更为了解,增强企业内部的凝聚力,增强员工的归属感。也使得员工的视野更为开阔,使员工可以在第一时间获取行业信息和企业的发展情况。

信息,对于公司经济管理来讲是最为关键的,及时地获得信息,并在第一时间做出反应,可以为企业带来更多的机会和效益。新媒体下,信息传递的敏捷性就解决了这一关键问题,不仅使得企业对于同行业的发展动态可以实时掌握,并对于同行业的企业的了解程度也不断地深入,"知己知彼,百战不殆",对自己对手的了解程度也影响着企业的竞争力,而且对国家的新政策也可以在第一时间甚至更为提前的了解,以便及时做出应对措施,提高企业的灵活度。

(二)劣势

事物的相对性标志着新媒体时代为企业的经济管理带来的影响不仅仅有好的方面,信息的快速传递的敏捷迅速带来的还有一些无法掌握和不可预见的问题。新媒体下的信息传递不仅有快速、广泛等特点,还有不可选择性,就是在所有的信息都摊开在群众面前后,对于不想让人知道的信息也同样地被晒在阳光下,隐私信息就不存在了,这种状态下企业内部矛盾也极容易引发,多元化的信息和观念也在逐渐地改变着人们的思维方式、行为习惯,企业员工之间的关系也变得极不稳定,企业员工之间假公济私、消极怠工的现象也随之增加,甚至还极易引起公司机密的泄露,稍有不慎就会造成难以预测的后果。

传播越来越自由,沟通越来越随时,带来的一些问题也是无法避免的。企业员工之间容易拉帮结派,工作和生活没有了特定的界限,企业之间的信息流通不受约束,新媒体为企业带来竞争对手的信息的同时也会将公司的信息透露给竞争对因此在这种信息共享的状态下企业经济管理者如何有选择地运用信息也是对企业管理者的考验。

(三)机遇

新媒体的发展对企业的经济发展也带来了更多的机遇,特别是使得网络营销快速发展新媒体时代下,信息的传递更为广泛,打破了地域的桎梏,为网络营销带来极大的便利。网络营销的成本低、覆盖率广、互动性强等优势,成为新媒体条件下的重要的经济活动,所以越来越多的企业都加入网络营销的行列之中。

首先,新媒体时代带来的信息全球化,为企业带来更广泛的发展空间。其次,信息技术的高度应用,信息资源的高度共享,使每个人每个企业的智力潜能、经济潜能以及社会物质资源潜能被充分发挥,个人的行为、企业的组织结构、组织决策和社会运行趋于合理化的理想状态。最后,新媒体时代下的信息全球化,促进了经济的全球化,而经济的全球化将世界各国连成一个整体,各国之间的依赖性增强,生产要素也在世界各国快速流通,弥补了我国国内的资金短缺、技术落后等短板,为中国参与经济全球化提供了一个相对缓和的环境,迅速实现技术进步、制度创新和经济发展,也为国内的企业在国际上的经济发展提供了契机。所以企业管理者一定要抓住机遇,及时调整企业组织结构,调整企业的经营模式,并且及时地转变企业员工的心理状态,与员工一起携手为企业的经济发展共同努力。

(四)挑战

新媒体时代带来的信息爆炸给企业带来很大的挑战,就要求企业更快速、更准确地收集内外部有用的信息,并进行快速反应日前信息的过度泛滥为企业搜集准确有用的信息带来极大阻碍,在信息的爆炸时代,"我们离真相越来越近,还是越来越远"的思考此起彼伏,有人说"如果想要隐藏片树叶就把它藏进森林,如果想要隐藏一个谣言最好让它满天飞",这句话,深刻反映了新媒体时代下信息爆炸的现状,企业如何在虚假信息和无用的信息的森林里寻找那一片有用的树叶,无疑是对企业管理者提出的更高的要求。

经济全球化背景下,网络新媒体的发展正在逐渐地改变现代企业的基本商业运作模式,对于企业来讲这是一种机遇,也是一种挑战。企业的优势信息很容易被同行业的对手获取,对手很快就会采取措施提高他们的竞争力,因此企业内部的核心竞争力很难保持,就得要求企业时刻保持警惕,灵活转变,再者,人才仍是这个社会制胜的关键,但是由于信息的广泛参与性使得企业员工的视野宽阔,"择优"的思想使得企业人才跳槽频率增大,所以企业管理者必须要充分认识到员工参与管理的重要性,必须制定出适合企业发展、留得住人才的员工参与管理模式。

随着新媒体的快速发展以及经济全球化进程的不断加快,企业要想在企业之林立于不败之地,就要不断地创新和发展,新媒体的崛起是一把双刃剑,在带来社会进步的同时也必然会带来负面影响,企业要从各个方面抓住新媒体带来的优势和机遇,正视企业劣势,积极地应对挑战,建立完善的经济管理制度,构建强大的经济管理体系,提高企业综合能力,以促进企业的长期生存发展。

二、新媒体时代下我国企业经济管理的出路

(一)重视企业人力资源管理

人力资源是企业经济发展的第一资源,重视企业人力资源管理,充分调动员工的积极性是企业发展获得成功的关键。企业人力资源部门是对企业员工进行组织管理的专门机构,而合理的人员任用和岗位分配,以满足企业经济发展需要是人资部门的主要工作任务。从企业经济发展的全局角度考虑,企业人力资源部门应当充分地做好招人、用人、留人的作用。具体来讲,人资部门的工作应当服从企业经济发展的大局,积极为企业招聘合适的人才、紧缺的人才。用人是人资部门要根据工作岗位的特点和员工的能力结构,以最大化发挥员工的才能和满足工作岗位的要求为目的,做好人员分配和岗位分配。留人就是要根据市场的条件满足优秀员工的需求。

(二)尽快建立适合企业现状的经济管理制度

经济管理制度是企业进行日常经济管理的依据,是保障企业经济目标实现的规章制度。企业要想取得较好的发展首先应对自身的情况有一个全局的了解,弄清楚企业的不足和企业的优势,根据企业现有的不同工作岗位和工作任务制定符合实际情况的管理制度,把企业的各项工作流程化、规范化,使企业的一切经济活动有章可循。保障企业的经济管理工作按照管理制度顺利实施,必要的监督制度是必需的。企业应当对员工的日常行为和工作规范进行约束,对于经我管理过程中出现的问题及时进行处理,以及时的响应,合理的处理方式,最大化的降低企业损失,确保企业发展的持续性和快速性。

(三)转变经济管理理念适应新的发展要求

转变企业经济管理理念是新的市场形势和新的发展趋势对企业经营管理的

要求。企业经济管理想要做出成绩,首先必须对企业的经营管理理念做出调整。一方面,企业领导者要对经济管理的重要性有一个深刻的认识,在经营管理决策制定过程中要具有长远的眼光和全局的视野,不能仅仅关注短期的眼前的利益,应当从长远发展的角度考虑问题。另一个方面,仅仅企业领导者认识到经济管理的重要性还不够,还需要通过各种培训教育和宣传手段,让全体企业员工对经济管理的重要性有一个清醒的认识。通过各种有效途径不断更新他们的工作观念,使其在具体的工作过程中能够自觉规范自己的行为,主动地履行企业的经营管理制度规范。

(四)加强企业的文化建设

企业的经济管理要以人为本,要想企业的工作人员有凝聚力,就要注重企业文化的建设,通过多种宣传方式将企业文化灌输到每位员工的思想中去,这样才能够让他们更加积极努力地工作。

第三节　"互联网十"视域下企业经济管理的创新策略

一、"互联网十"环境下企业管理创新的意义

随着"互联网十"时代的到来,企业若想保持自身的市场竞争力,就必须要积极创新经济管理模式:经济管理是企业管理中的重要组成部分,涵盖了企业各个生产经营环节,这就需要企业充分结合社会发展趋势,对自身进行重新定位,探索出适合自身发展需求的经济管理模式。企业需要加强现代信息技术与经济管理的结合,借助信息技术准确把握市场的变化,从而根据市场需求对生产经营进行合理的调整,进而保持自身的竞争力,提高经济效益。[①] 随着全球经济一体化的推进,企业发展也迎来了国际化,在此转型的关键时期,如果对经济管理进行积极的创新,那么就能借助互联网技术准确的抓住机遇,不断提升自身的管理效率,实现整体实力的提升;而如果缺乏对经济管理的创新,那么必定会产生诸多问题,无

---

① 孙贵丽.现代企业发展与经济管理创新策略[M].长春:吉林科学技术出版社,2022.01.

法适应社会发展需求,久而久之难逃淘汰命运。因此,对经济管理进行创新具有十分重要的意义。

二、"互联网十"时代企业经济管理的特点

(一)营销对象变革

传统的企业生产经营模式大多是大批次、大批量的模式,虽然我国消费者的数量十分巨大,但却无法满足消费者的实际需求,很难受到消费者的青睐,进而影响了企业的经营。在当前"互联网十"时代下,企业可以借助互联网与消费者进行实时互动沟通,了解消费者的个性化需求,销售对象转变为了消费个体,通过对不同消费者制定不同的营销策略,能够为消费者提供具有特色的服务,进而提高消费者对企业的满意度,逐渐转变为企业的忠实客户,自发地将企业产品介绍给他人,实现企业销售量的增长,提高企业的经济效益。同时,这样的方式也进一步加强了企业与消费者之间的联系,对企业的可持续发展有着积极的作用。

(二)营销基础变革

当前时代下,企业营销理论发生了极大的转变,不仅要了解消费者的需求,为消费者提供良好的服务,强化彼此间的交流,同时还需要合理控制营销成本。企业需要站在消费者的角度考虑,对消费者心里可能承受价格、购买意愿以及所花费的时间等进行全面的考量,倾听消费者的心声,进而在售前、售中、售后都能为消费者提供优质的服务。这样对提升企业的核心竞争力,适应和占据市场有着积极的推动作用,最终使企业成为行业中的佼佼者。

(三)营销方式变革

互联网不仅为企业与消费者之间构建了良好的交流平台,同时还为企业的宣传提供了渠道,能使更多的消费者了解企业的产品和服务这样的方式转变了传统的营销方式,企业由间接营销转变为了直接营销,能够直接了解消费者的需求去制定合理的营销计划,这已经成为当前时代的基本要求同时,企业通过对大数据的整合分析直观了解营销成效,并通过客观的评价对营销方式和内容进行优化调整,进而不断提高企业的经济效益,保证企业健康、稳定的发展。

三、"互联网＋"下企业经济管理模式创新路径

(一)加强管理思维创新

在"互联网＋"背景下,企业若想在市场中占据一席之地,首先就必须要对经济管理理念进行创新,打破传统经济管理模式的束缚。企业必须要认识到现代科技产物的重要性,并将其与经济管理进行有机结合,使经济管理呈现现代化、智能化,从而提高工作的效率和质量,并还能降低人员的工作压力,保证经济管理的精准度。其次,强化经济管理人员的创新意识。企业需要深入贯彻以人为本的理念,充分的尊重员工的主体地位,满足员工的实际需求,调动员工的积极主动性,引导员工参与到经济管理之中,利用现代信息技术手段掌握市场变化,并结合企业自身发展对经济管理进行大胆的创新,合理分配企业资源,为企业的发展奠定基础。最后,企业要具有长久发展的战略眼光,不能只注重眼前的利益,要保持忧患意识,不断地对经济管理工作进行总结,分析遇到的问题及影响因素,采取合理的方式解决问题,并且要多思考、多质疑,这样才能有效加强管理思维的创新,保证经济管理工作的稳定开展。

(二)加强管理机制创新

要想实现企业经济管理的创新,不仅需要加强思维意识的创新,同时还需要加强管理机制的创新,健全经济管理制度,从而为经济管理工作的开展提供依据,更好地去约束工作人员的行为,明确各岗位、各人员的职责,最终实现企业经济管理的创新"互联网＋"为企业经济管理机制的创新提供了极大的便利,企业可利用互联网去借鉴成功企业的经济管理创新经验,结合自身企业实际情况进行完善,制定出符合自身需求的管理机制,使经济管理工作更好地开展和落实。例如,在营销管理中,企业借助信息技术,能够实现对信息数据的收集和分析,从海量信息中挖掘存在的价值,分析市场消费者需求,从而有针对性地对产品、服务等进行完善,更好地促进服务转型,并且还能为产品的研发提供数据参考,有效提升了企业的经济效益同时,在财务管理中,通过对相关财务数据进行定性和定量的分析,能够为企业的投资活动提供帮助,并且能够优化资源配置,帮助企业规避风险,提高信息数据的利用效率。

(三)创新管理平台

企业需要借助网络技术搭建全新的经济管理平台,注重提供良好的技术支持和服务支持,加强大数据统计分析的应用,做好日常生产经营数据信息的采集,并且及时对数据进行分析和统计,将结果反馈给企业的管理者,管理者通过对分析结果中存在的异常进行探讨,从而了解影响企业发展的因素,及时地做出调整和部署,进而在管理上得到有效的突破,使经济管理模式呈现出多元化的发展方向,管理内容朝着资产管理、资金管理、风险管理以及企业发展管理方向拓展。同时,企业将"互联网+"技术应用到经济管理平台中还可以实现信息数据和资源的共享,能够实时对管理过程进行监管,及时地发现运营风险,并且有效地进行规避和控制,使企业损失控制在合理范围内。此外,企业在搭建经济管理平台时,还需要强化信息资源的利用率,充分地发挥各种资源的优势,使经济管理工作更加的系统化和多元化,并借助第三方机构获得更多的消费群体,有方向地调整和创新经济管理模式,进而不断促进企业的健康、稳定发展。

第四节　经济新常态下企业经济管理的创新策略

一、经济新常态下企业经济管理创新的重要性

由于企业经济管理涉及企业的内部审核、人力资源、生产技术等诸多方面,这就需要企业在经济管理中积极转变管理理念,从战略高度来进行创新,强化危机意识,加快内部机制的改革,从而构建现代化的经济管理制度,提高企业的市场竞争实力二通常经济新常态下企业经济管理创新的重要性主要表现为三点:

第一,适应时代发展需求。由于市场经济体制的深化改革,我国经济发展速度逐步趋向于平缓,但是企业在经济新常态下的经营发展中还存在不足,在经济管理方面缺乏完善的法律体系,依旧是以粗放型的管理模式为主,而经济管理的创新发展可以在很大程度上实现企业的现代化发展,满足时代的发展需要,提高经济管理效率与作业流程运作效率,实现自身的长足发展。

第二,提高经济效益,企业经济管理的创新不仅可以改变传统的管理理念,有

效落实相关制度,实现短期经济目标,还能够明确企业发展定位,科学组织企业投融资活动,制定切实可行的战略部署,实现现有资源的优化配置,增强企业活力,促进长期经济目标的有效实现。

第三,实现可持续发展。大部分企业在实际经营管理中部采用粗放式的管理模式,存在效益低下、管理混乱和资源浪费的现象,不能很好地适应市场竞争环境,影响自身的长远发展。而经济管理的创新可以从市场需求出发,构建效益型、人本型和集约型的管理模式,有效改进生产方式,实现自身的长足稳定发展。

二、经济新常态下的企业经济管理的创新策略

(一)创新理念

在企业经济管理活动中,思想理念发挥着先导性的作用,目前我国企业经济管理成效不高的重要因素之一就是管理理念的滞后,没有结合任务和形势加以创新,缺乏对先进理念的学习意识。[①] 在经济新常态下,企业的经济环境有所改变,这就需要企业积极创新理念,吸收与借鉴先进的经济管理思想,与时俱进,通过全新的思维模式及视角来进行经济管理活动,树立强烈的危机意识,增强人员的竞争意识和创新精神,进而为企业的经济管理活动提供完善的理论指导,实现企业的良性发展。

(二)创新制度

企业经济管理的前提与基础就是制度,企业经济管理的创新深受制度的制约,要想实现经济管理的创新发展,企业必须要从目前的经济形势出发,积极创新经济管理制度,构建科学完善的经营管理制度,突显经济管理制度的柔性特征,实现自身的稳定发展。首先,企业可以按照以人为本的理念,构建人性化管理机制,如绩效考核制度和奖惩制度等,为企业员工提供良好的发展条件,充分调动人员的工作积极性和创造性。其次,企业可以创建决策与监督机制,鼓励全体人员积极参与其中,增强人员的忠诚度和归属感,使其心甘情愿服务于企业,保证企业的生机与活力。

---

① 陈晶.经济管理理论与实践应用研究[M].长春:吉林科学技术出版社,2022.08.

(三)创新战略

在经济新常态下,企业的经营管理环境发生了明显的变化,这就要求企业结合这些变化来制定科学可行的发展战略,综合分析新面临的机遇和挑战,积极调整发展目标,准确判断未来所面临的发展任务及形势,强化全局性与前瞻性,借助品牌价值与市场宣传等强化战略创新的实效性,提高自身的市场竞争力。同时企业对发展战略加以制定时,应该结合自身的实际情况与经营水平,使发展战略突出企业的特色,符合利润目标。除此之外,企业在构建和实施经济管理战略时,需要从市场经济发展状况出发,综合评价市场经济发展水平,认真考虑企业对外经济的开放程度,确保经济管理战略的合理性以及科学性。

(四)创新人力资源管理

人力资源管理的创新是企业经济管理创新的重要内容,已经成为必然的要求,这就需要企业从自身的实际发展情况,积极创新人力资源,以此实现经济管理的创新与发展。通常企业在创新人力资源管理的过程中,需要从文化建设方面出发,通过精神建设来增强员工的向心力和归属感,使员工认同企业的文化,为企业的繁荣发展贡献出自己的一份心力。同时企业需要不断完善与创新招聘和晋升机制,针对晋升与招聘中的不足来制定全新的管理手段,采取标准化和科学化的管理模式,保证职位晋升和人才招聘的规范性、公正性、高效性,有效完善人力资源管理。

(五)创新组织

在经济新常态下、企业传统的经济管理组织结构已经不再适应时代的发展,难以满足市场经济的实际需求,因此企业需要积极创新组织结构,将组织结构的效用加以有效发挥,合理缩减内部的职能部门,继而提高经济管理的水平,促进经济效益的良好实现。此外,企业可以优化创新垂直多层管理结构,对内部组织结构进行重新构建,更好地适应经济发展要求,保证信息传递时间的节省,以便及时反馈经营管理信息,提高决策的准确性与科学性当然,企业也可以科学运用现代化的信息技术,积极调整管理政策、实现管理的数字化与信息化,确保经济管理活动的顺利实施。

第五节　知识经济背景下企业经济管理的创新策略

一、知识经济内涵的分析

在实际的生活中,知识是指人类在社会和生活中所创造出来的一切知识和技能的总称,其中包括科学技术、管理以及行为科学方面的知识。在传统经济管理思想中,劳动力、原材料、资本和能源是重要的内因,而知识与技术是影响生产的重要外因,知识能提高投资人投资的回报率,反过来,良好的投资回报又能促进知识的积累。因此,联合国经济合作与开发组织将知识经济的定义概括为:建立在知识与信息的生产、分配及使用方面的经济。

但在实际生活中,知识经济与信息经济既有着较为密切的联系,又有着一定的差别。这是因为知识经济关键的地方在于创新能力,只有通过信息的共享,同时与人的认知能力相结合,才能产生相应的效果,并促进新知识的出现所以,知识经济更注重人的大脑和智能的发展,因此,信息经济为知识经济的发展提供了基础和必要的支持。

二、知识经济下企业创新经济管理的重要意义

在企业生产经营的过程中,进行管理是为了达到一定的目标而制定并实施的一系列规则的过程,其本质是一种社会活动,而其作用是调动企业员工工作的积极性,以提高企业的经济效益。随着社会经济的发展,当前我国的经济已经步入到了发展的新常态,在经济发展新常态下,传统的企业经济管理方式已经不适应时代的发展,无法保证企业在激烈的市场竞争中继续健康、稳定和可持续地发展。[①] 因此,在当前情况下,创新企业的经济管理模式,使企业明确发展的目标和方向,同时,还要创新企业的各项规章制度,以激发员工工作的积极性,促使他们发挥出自身的主观能动性,为企业创造更多的经济价值,在激烈的市场竞争中赢

---

① 陈昌盛,许伟.数字宏观数字时代的宏观经济管理变革[M].中信出版集团股份有限公司,2022.08.

得更好的发展,同时这样也能促使员工获得更好的发展。

三、基于知识经济下的企业经济管理创新与实践的策略

(一)更新企业经营的理念

在知识经济时代,企业要想创新经济管理的模式,首先要更新经营的理念,为知识经济发展营造出良好的环境和氛围。当前企业的经营管理模式已经严重滞后于时代的发展,但很多企业的管理者仍然抱残守缺,不思进取,这样就严重阻碍了企业的经济管理模式创新。因此,在经济发展新常态下,基于"互联网+"行动,企业必须更新生产经营的理念,重视信息技术在企业生产经营以及管理中的应用,同时引入大量的具有创新意识的高素质复合型人才,为企业的发展注入新鲜的血液,同时创新企业经济管理的制度,激励员工发动自身的主观能动性,正确认识个人的利益、个人的发展与企业的利益以及企业的发展之间的关系,从而实现企业各方面的创新发展,为企业的健康、可持续发展营造出良好的氛围。

(二)制定完善的企业管理制度

在知识经济时代,企业要想创新经济管理的模式,还必须制定出完善的企业管理制度,这是企业创新经济管理方式最重要的内容,同时这也是企业创新发展基础性的工作。在企业的管理工作中,完善的管理制度是保障企业各环节工作有序运行的基础和前提,所以,创新管理制度也就意味着企业创新了管理的工作方式,这样一来,就能在经济新常态下整合企业的内部资源,实现供给侧结构性改革的进一步深化,从而促使企业能够满足市场经济的变化和实时需求因此,基于知识经济下的企业经济管理创新与实践就必须坚持"以市场为导向"的原则,制定完善的企业经济管理制度,构建完善的企业组织结构,使纵深化管理转变为扁平化的管理,增加上下级之间的交互,从而有效提高企业经济管理的运营效率,促进企业的健康、可持续发展。

(三)重视知识人才的培养

在知识经济时代,人才是企业发展最可靠的载体,为此,企业必须重视人力资源建设,重视知识人才的培养。为此,企业应从以下几个方面着手:首先,企业的高层管理人员必须具备创新的理念,能够利用更具创新精神的人性化管理理念开展企业的管理工作,从而营造出重视人才并尊重人才的良好氛围,这样一来,就能

充分激发并调动企业员工工作的积极性,促使他们发挥出自身的主观能动性,将自身的知识转变成生产力,提高企业生产经营的效率;其次,企业还要定期对员工的创新性思维进行培训,使员工能够更加充满激情地投入到工作当中;最后,企业还要适当引入人才,利用猎头公司挖掘适合企业创新发展的优秀人才,以增强企业的竞争能力,实现人力资源管理工作的创新。

(四)制定健全的人才激励制度

知识经济时代,企业要想创新并实践经济管理模式,还必须制定健全的人才激励制度。在实际工作中,激励制度主要的作用有两方面,一个是制约,一个是保护。其中,制约是在构建激励机制的过程中,促使员工了解并明确知识共享的重要性;而保护则是指进行有条件的知识共享,促使知识所有人能够获得一定的回报,同时也能获得相应的发展。

参考文献

[1]王成,李明明.经济管理创新研究[M].北京:中国商务出版社,2023.02.

[2]魏化,果长军,王子花.经济管理与会计实践研究[M].哈尔滨:哈尔滨出版社,
2023.01.

[3]王业篷,宫金凤,赵明玲.现代经济与管理的多维度探索[M].长春:吉林人民
出版社,2022.05.

[4]宋云.企业战略管理(第6版)[M].北京:首都经济贸易大学出版社,2022.01.

[5]李纯青,张文明.现代管理理论与方法创新论坛2021[M].北京:中国经济出版
社,2022.03.

[6]靳杰.数字经济下的绿色消费——影响因素及促进机制[M].北京:知识产权
出版社,2022.08.

[7]李莉,杨文胜.数据驱动的营销管理决策研究[M].北京:中国经济出版社,
2022.01.

[8]孙贵丽.现代企业发展与经济管理创新策略[M].长春:吉林科学技术出版社,
2022.01.

[9]陈晶.经济管理理论与实践应用研究[M].长春:吉林科学技术出版社,
2022.08.

[10]陈昌盛,许伟.数字宏观:数字时代的宏观经济管理变革[M].北京:中信出版
社,2022.08.

[11]贾国柱,张人千.经济管理概论[M].北京:机械工业出版社,2021.

[12]吕振威,李力涛,王惠荣.企业经济管理模式规范化与创新研究[M].长春:吉
林科学技术出版社,2021.06.

[13]龚代华.科学决策学派——基于独立信息的经济管理模式[M].南昌:江西高
校出版社,2021.09.

[14]张继亮,王映雪,王佳薇. 管理场域中的社会资本[M].北京:光明日报出版社,2021.09.

[15]王玲芝,刘红侠.多元视角下的经济管理原理与实践探索[M].北京:中国财政经济出版社,2020.10.

[16]陈莉,张纪平,孟山.现代经济管理与商业模式[M].哈尔滨:哈尔滨出版社,2020.07.

[17]麦文桢,陈高峰,高文成.现代企业经济管理及信息化发展路径研究[M].北京:中国财富出版社,2020.08.

[18]雷宏振.经济与管理教学创新研究[M].西安:陕西师范大学出版社,2020.11.

[19]张屹山.资源、权力与经济利益分配[M].长春:吉林大学出版社,2020.12.

[20]庞永洁.中国经济模式转换的理论和实践探索[M].北京:东方出版社,2020.08.

[21]刘强.中国经济政策与运行研究(1977—1984年)[M].武汉:武汉大学出版社,2020.07.

[22]郭春荣.基于国际视阈的经济管理人才培养理论研究与实践探索[M].北京:中国时代经济出版社,2019.08.